FINANCE

金融学专业应用型本科人才培养特色教材
JINRONGXUE ZHUANYE YINGYONGXING BENKE RENCAI PEIYANG TESE JIAOCAI

公司理财

GONGSI LICAI

第二版

主编◎孙进军　陈　辉　程华强

- 紧扣应用型人才培养目标
- 配有丰富的案例和习题
- 与最新的行业规范接轨

中国金融出版社

丛书策划：王效端
责任编辑：王　君
责任校对：潘　洁
责任印制：丁淮宾

图书在版编目（CIP）数据

公司理财/孙进军，陈辉，程华强主编．—2版．—北京：中国金融出版社，2023.5
金融学专业应用型本科人才培养特色教材
ISBN 978－7－5220－1901－7

Ⅰ．①公…　Ⅱ．①孙…②陈…③程…　Ⅲ．①公司—财务管理—高等学校—教材　Ⅳ．①F276.6

中国国家版本馆CIP数据核字（2023）第035056号

公司理财（第二版）
GONGSI LICAI（DI-ER BAN）
出版
发行　中国金融出版社
社址　北京市丰台区益泽路2号
市场开发部　（010）66024766，63805472，63439533（传真）
网 上 书 店　www.cfph.cn
（010）66024766，63372837（传真）
读者服务部　（010）66070833，62568380
邮编　100071
经销　新华书店
印刷　河北松源印刷有限公司
尺寸　185毫米×260毫米
印张　14.5
字数　300千
版次　2023年5月第1版
印次　2023年5月第1次印刷
定价　43.00元
ISBN 978－7－5220－1901－7
如出现印装错误本社负责调换　联系电话（010）63263947
编辑部邮箱：jiaocaiyibu@126.com

总序言

在当今经济全球化和结构转型的大潮中，金融的核心地位更加凸显，金融创新不断加快。中国的金融改革开放更是异彩纷呈：对内消除民营资本进入障碍，对外拓宽资本跨境流动渠道，证券发行管理模式由核准制向注册制转变，以放开利率、汇率为核心的市场化改革不断推进，诸如产业金融、科技金融、民生金融、网络金融、农村金融等新的金融范畴不断涌现。这使得金融机构的经营领域不断拓宽，企业及个人投融资的选择空间不断扩大，同时，各金融主体面临的风险种类和程度也不断扩大，金融对经济的促进作用及可能带来的冲击同步增强。金融改革创新浪潮对金融教育提出了新的需求，也要求高校培养出能紧紧把握和跟随时代脉动的实用型金融人才。

人才培养的核心在于教学建设，教学建设的核心在于课程建设，课程建设的核心在于教材建设。虽然改革开放以来我国的金融教育随着金融实践的发展也得到了长足进步，但仍然明显落后于现实需求。金融本科教材建设方面存在的突出问题有：缺乏统一、规范的建设框架，开设的课程及教材版本多种多样，教材内容各不一致；教材内容与金融现实存在脱节，有些从西方教材中直接照搬过来，与中国的金融现实不对接，有些内容过时、陈旧。正是基于存在的问题和适应新形势下金融人才培养的需要，我院利用成为教育部金融学本科教育专业标准委员会成员的机会，力图从规范与发展教学内容的角度出发，对金融学本科专业课教材的建设进行一次发展的尝试。

广东金融学院是原隶属于人民银行总行的行属院校，金融学专业是国家教育部的首批特色专业。长时期行业办学的经历，促成了学院的人才培养具有重视行业需求、突出强调金融应用的特征，同时也造就了一支较为过硬的教师团队。鉴于国内金融学本科教材的使用现状，本系列教材只涉及金融专业课教材，包括《商业银行业务与经营》《金融风险管理》《个人理财》《公司理财》《国际结算》《创业金融》《商业银行模拟实训教程》《征信理论与实务》，都是发挥学院师资优势、涉及具体金融业务的核心专业课程教材。

学院组织了一批具有深厚理论功底和丰富教学经验的中青年教师，联合区域内金融业界的高管人员及我院兼职研究生导师，编著了这套专业核心课程教材，希望对金融本科教学建设和应用型金融人才培养发挥一定的推动作用。

感谢为本套金融专业核心教材编著付出艰辛劳动的各位教师及金融业界同仁，感谢中国金融出版社对本套教材出版所给予的大力支持。

广东金融学院副院长

2022 年 1 月　广州

序

金融是现代市场经济体系的核心，社会对金融人才的需求呈现多样化的趋势，这对金融教育提出了更高的要求：研究型和应用型金融人才的分层培养。由于国家的经济实力在很大程度上体现为企业的竞争力和绩效，所以企业层面的资金运动问题备受关注，这导致越来越多的人希望理解公司金融问题。在这样的背景下，非研究型和研究型院校的金融人才教育应根据自身的比较优势体现出差异，对于应用型本科财经院校而言，应专注于培养针对实务的应用型金融人才。

根据非研究型、应用型本科财经院校的特点和培养目标，我们认为在教材内容上不仅要包含本领域的基本理论，以期让学生对基本概念有透彻的掌握，而且还应该加强理论与实务之间的联系，以期让学生掌握一定的实务操作方法，以应对未来工作的挑战。另外，基于对公司财务实践工作的认识，我们认为企业财务管理人员所需的知识包括三个方面：公司理财的基本理论、公司理财原理与实务之间的联系以及公司理财的逻辑。

您手中的这本书并非一部“大而全”的教材。这本教材舍弃了公司治理、并购与重组等专题内容，将公司金融的内容分成资本预算、资本结构、股利政策等几大知识模块，这满足了实务工作所要求的基本理论；为加强基本理论与财务实践之间的联系，这本教材在每章的前面都从实务案例出发引出本章的基本内容，并且在思考与练习中专门设置了一些实务性的问题；这本教材很少使用数理模型描述公司金融基本理论，而是注重各基本理论的经济解释，这不仅符合应用型本科院校的定位，而且也有利于学生形成公司金融的思维逻辑（掌握原理很重要，但更重要的则是形成公司理财的逻辑思维方式）。因此，我们将这本教材推荐给有志于从事公司理财理论和实务工作的读者。

广州工业投资控股集团总会计师 何利民

奥园美谷董事、副总裁 陶文胜

2023 年 1 月

再版前言

本书第一版成书于9年前，在这9年的时间里，公司理财的理论研究和实践发生了深远的变化。在“百年未有之大变局”加速演进的时代，随着中国资本市场的完善与发展，学者立足于制度变迁下中国公司的财务实践，在使用“中国公司素材”讲好“中国公司故事”方面取得了长足进展。这些成果既加深了我们对公司财务决策的理解，也对公司理财的理论与实践探索提出了新的挑战。

与公司财务研究的日新月异相比，自1958年发展至今的现代公司理财学的理论框架大致保持稳定，依然以公司的资金运动为线索，主要探讨公司的投资决策、融资决策、股利分配决策以及营运资本管理。因此，遵循本书第一版的框架，我们去繁化简、编写了这本适合于应用型本科财经院校金融学专业的《公司理财》教材。本教材具有如下特点。

第一，结构体系清晰。根据资金运动的不同形态，我们将《公司理财》分成五大知识模块：公司金融目标、投资决策（资本预算）、融资决策（资本结构）、股利分配决策以及营运资本管理。本教材以五大知识模块为主要内容，既吸收公司财务的经典理论，又兼顾公司财务理论的最新发展；而在章节内容上，既有主体内容之前的引导语，又有主体内容之后的小结、重点概念、扩展阅读以及简答题与计算题。这样的安排应该符合应用型本科院校的定位与实际。

第二，基本原理与实务联系紧密。作为一本针对应用型本科院校学生的教材，基本原理是基础，在实践中的应用是引申。因此，在多年教学经验的基础上，我们力求将学生在学习中可能遇到的疑惑讲解清楚，巩固学生对基本原理的把握。特别地，我们发现很少有学生具备将公司财务理论与资本市场热点相联系的敏感性，而这样的敏感性是激发学习兴趣、获得研究契入点以及形成公司理财逻辑的必要条件。出于这样的原因，在尊重公司财务理论的基础上，我们有意识地联系金融经济的现实热点选择案例，加入了一些最新的、还未有定论的案例，希望以此开拓学生的视野以及增强理论与实务之间的联系。这种安排既讲授了公司理财的重点原理和基础内容，增强了学生对实务中公司财务决策的理解，同时也可以通过专业学习培养学生基于公司理财理论思考经济现象的习惯。

第三，内容深入浅出。现代公司理财虽然发展时间短，但是却运用了许多深奥的数学模型。我们始终重视培养学生基于直觉的公司理财思维，因而本书修订的指导思想依然是以基本原理为中心，尽量避免不必要的数学模型与技术性细节，使用简洁的语言阐述五大知识模块内部以及之间的逻辑思路和联系，增加学生对知识点所包含的经济意义的理解，以达到帮助学生完成理论基础与实践能力自我建构的目的。

本书的具体修订内容如下。

1. 完善文字表述，力图精练与精确。

2. 修改部分章节导言，补充新案例和新数据。

3. 增加“扩展阅读”模块。章节导言偏向于案例分析，扩展阅读偏向于理论拓展，同时也适当兼顾案例分析。有些文献对公司理财原理提出了挑战，这充分反映了学术研究的争议性，这种争议性也是推动公司财务研究向前发展的动力。

4. 每章适度增加了一些练习题。

5. 第一章根据2018年版《中华人民共和国公司法》从几个方面对企业组织形式做了进一步探讨。我们认为，这样的探讨体现了思辨的重要性。

6. 第四章对现金流量估计中的几个问题进行重新表述，修改现金流量计算公式，并以一家虚拟的公司为例，展示了现金流量的完整计算过程。

7. 第六章丰富了不确定条件下的项目评估方法，对章节内容进行调整，并使用新数据改写了决策树、实物期权的内容和例题。其中，关于“元宇宙”的实物期权分析是新内容，意在引发学生的兴趣。

8. 在丰富杠杆分析内容的基础上，将该内容调整至第七章，主要目的是从资本成本、财务杠杆两方面引入现代公司财务理论的核心问题——资本结构。

9. 第九章根据行为公司金融的研究进展，补充了行为金融学视角的资本结构理论。

10. 为了考虑企业价值分析中的不确定性因素，用蒙特卡洛模拟对一家虚拟的海豚公司进行估值分析，同时将蒙特卡洛模拟的内容调整至第十一章。

11. 补充了主要参考文献。

本教材第一版是团队合作的成果：孙进军博士负责第一章、第三章、第四章、第五章，程华强博士负责第二章、第六章、第七章、第十二章，陈辉博士负责第八章、第九章、第十章、第十一章。本教材第二版的修订沿袭第一版的分工。另外，李琰钰博士用改写的案例完成了实物期权（第六章第五节）和蒙特卡洛模拟（第十一章第四节）的编写工作。

第二版教材的出版有赖于广东金融学院王醒男副校长的无私支持，在此表示诚挚的感谢！本书修订也得到了中国金融出版社王君编辑的及时督促和大力支持，中国金融出版社的编辑付出了辛勤的工作，谨致谢意！在教材的编写过程中，我们阅读了大量相关的著作、文献和教材，并从中获得了极大的启发，在此一并致谢！

与此同时，我们要对使用本教材第一版的教师和学生表示感谢，他们的反馈意见为本次修订提供了重要参考。由于时间和编者水平有限，本次修订难免存在一些错误和疏忽，我们希望使用本书的读者们继续提出宝贵意见。

编者

2023 年 1 月

目录

第一章

导论：公司与公司财务

在财经新闻中，我们经常看到“公司”和“企业”。事实上，一些学者对公司的出现推崇备至，认为公司是最震撼人心、加速人类文明进程的伟大发明。比如，管理学大师吉姆·柯林斯说：“人类历史上，一些最令人叹为观止的发明其实并不是技术或产品，而是社会发明……它们永远都是人类最伟大的发明创造。作为20世纪的产物，现代公司也属于此类发明。”那么，究竟什么是公司，什么是企业，二者之间可以通用吗？为什么说公司是人类历史上最伟大的发明？

在华尔街，投资银行业自诞生以来的很长一段时期，其组织形式主要是合伙制。华尔街投资银行业巨头高盛公司直至1999年前均为合伙制，美林证券也是在1971年才改制为股份公司并上市。与投资银行改制运动几乎同时进行的是美国会计师事务所的有限责任制改制运动。20世纪80年代，美国储贷协会发生了全行业破产事件，美国政府起诉了几家负有责任的会计师事务所，使这几家会计师事务所及其合伙人付出了巨大代价。于是，许多会计师事务所为了在惹出麻烦后避免被追究无限责任，纷纷改制为有限责任合伙制以规避风险。投资银行和会计师事务所的改制运动引出了公司理财的另一个基础问题：为什么投资银行和会计师事务所会进行企业组织形式的变更呢？

公司要实现其长远计划、抢占市场份额，必须实施新的投资项目。那么，公司应该实施什么样的长期投资项目？公司如何为投资项目筹集资金？公司如何解决短期资金不足的问题？哪一种融资方式的成本更低、更有利于提升公司价值？公司盈利如何在投资者之间分配？这些问题也是公司理财研究的基本问题。

第一节　企业组织形式

公司理财是基于企业生产经营过程中客观存在的财务活动和财务关系而产生的，因此，想理解公司理财，首先必须理解“企业”。根据企业组织形式的发展历史，我们可以将企业组织形式分为古典企业制度与现代企业制度。前者包括独资企业（业主制企业，Sole Proprietorship）、合伙制企业（Partnership），后者的典型代表则是公司制企业（Corporation）。本节我们将介绍企业的三种主要形式：业主制企业、合伙制企业和公司制企业。

一、业主制企业

业主制企业是由个人独资拥有和经营的企业。独资企业的建立非常简单，其不必准备正式的营运章程，受限制较少。在这种企业组织形式中，我们不能在法律意义上将企业与所有者分离开来。因此，独资企业不必缴纳公司所得税，企业主须就全部盈余支付个人所得税。也正因为如此，当企业不能按照债务契约如期偿还借款时，若企业的资本不足以偿还其负债，则业主必须提供个人财产来偿债，即业主对企业的负债负有无限的偿付义务。当然，如果业主耗尽其私人财产后仍然无法偿还欠款，那么他个人将面临破产。一般来说，受制于规模较小、业主个人信用往往不高的现实因素，独资企业通常难以筹措大量的资金。这意味着为了满足企业成长的资金需要，独资企业在发展到一定阶段之后，可能将转变为有限责任公司等其他企业组织形式，从而实现企业融资从个人信用的无限责任向公司信用的有限责任的转变，以期扩大融资来源。另外，个人独资企业的寿命受制于所有者的自然寿命，并且个人独资企业的所有权转移往往非常困难。

二、合伙制企业

合伙制企业是由两位或两位以上的人合资经营一家企业。合伙制企业的合伙协议由全体合伙人协商一致，并签署正式的书面协议。合伙制企业的出资形式多样，可以包括现金、实物资产和无形资产等。由于企业存在多个所有者，因此与业主制企业相比，合伙制企业可以扩大资金来源。

如果所有合伙人同意按照一定比例提供资金，分享相应的利润或亏损，并承担相应的债务，那么这种合伙企业被称为一般合伙制企业。在一般合伙制企业中，所有合伙人被称为一般合伙人，都对公司的债务承担连带责任，即债权人可以要求任意一个一般合伙人来偿还公司未偿还的全部债务。由于一般合伙制企业的所有权转移困难，一般合伙企业会随着某一合伙人的死亡或退出而进行清算。

如果合伙企业允许某些合伙人的责任仅限于个人在合伙制企业的出资额，那么这种合伙企业被称为有限合伙制企业。有限合伙制企业中至少有一人是一般合伙人，承担无限责任，其他合伙人则称为有限合伙人，承担有限责任。有限合伙人不参与企业管理，没有合法的决策权，其所有权可以转让，所以有限合伙人的死亡或退出并不会导致有限合伙企业的解散。

三、公司制企业

现代企业制度的典型代表是公司制企业。公司是一种法律上独立于其出资者的商业组织形式，有独立的法人财产，享有法人财产权，并以其全部财产对公司的债务承担责任（公司出资者承担有限责任）；具体可分为有限责任公司与股份有限公司。有限责任公司的每个股东以其所认缴的出资额对公司承担有限责任；股份有限公司的全部资本被划分为等额股份，股东以其认购的股份为限对公司承担责任。

与古典企业制度相比，公司制企业的优点在于：公司的法人属性独立于其出资者或股东的自然人属性，使其在理论上具有永续的生命；公司股东仅负有限偿债责任，这使股东对公司的投资与其个人财产被明确区分，从而也有利于所有权或股份的自由转让，吸引更多的投资者；在融资方面拥有合伙制企业所没有的权利，比如股份公司可以公开募集股份、可发行债券等，这扩大了公司的融资来源，有利于公司扩张规模。公司制企业的缺点在于：成立公司的手续比较复杂；公司作为企业法人缴纳公司所得税，股东还需为获得的红利再缴纳个人所得税，这个特征被称为双重课税（Double Taxation）；必须维护公司法规定的治理结构，而这会产生成本。

四、有关企业组织形式的几个问题

第一，有限责任还是无限责任。法律赋予公司独立的法人资格，拥有独立的意志和独立的法人财产。公司以其全部财产对公司债务承担责任，股东以其认缴的出资额或认购的股份为限对公司承担责任，也即股东承担有限责任。这是否意味着，债权人只能对公司资产提出赔偿要求，而无权对股东提起诉讼？

为防止公司滥用公司法人资格，保护公司债权人利益以及社会公共利益，《公司法》确立了“公司法人人格否认”制度。《公司法》第二十条规定：“公司股东应当遵守法律、行政法规和公司章程，依法行使股东权利，不得滥用股东权利损害公司或者其他股东的利益；不得滥用公司法人独立地位和股东有限责任损害公司债权人的利益。公司股东滥用股东权利给公司或者其他股东造成损失的，应当依法承担赔偿责任。公司股东滥用公司法人独立地位和股东有限责任，逃避债务，严重损害公司债权人利益的，应当对公司债务承担连带责任。”可见，就具体法律关系中的特定事实，滥用公司法人人格的股东将对法人的债务承担连带责任。

第二，发行股票还是回购股票。股票是股东持有的并借以取得股息和红利的一种有价证券，可以被转让，但股东不能要求公司返还其出资。股票期限的永久性暗示：对企业而言，由于股本资金没有期限，也无须偿还，因此企业在理论上只会增资扩股。

历史上，尽管我国最早的股票回购事件出现在1992年（大豫园回购小豫园股票并注销），但是，由于我国对股票回购有严格的规定，所以长期以来我国证券市场的回购规模比较小。近几年来，随着监管层对上市公司的股票回购行为实行鼓励政策，越来越多的上市公司开始实施股票回购计划。与以往相比，《公司法》第一百四十二条大幅增加了公司可以收购本公司股份的情形：减少公司注册资本；与持有本公司股份的其他公司合并；将股份用于员工持股计划或者股权激励；股东因对股东大会作出的公司合并、分立决议持异议，要求公司收购其股份；将股份用于转换上市公司发行的可转换为股票的公司债券；上市公司为维护公司价值及股东权益所必需。

公司在股票回购完成后，尽管可以将所回购的股票注销，但是在多数情况下会将回购的股票作为“库藏股”保留。“库藏股”在日后可用于可转换债券的发行，或者便于上市公司实施股权激励或员工持股计划。2021 年 5 月 27 日，格力电器发布公司历史上最大金额的回购计划，宣称公司拟以 75 亿 ~ 150 亿元回购股份，回购的股份将用于实施公司员工持股计划或股权激励。但在 2021 年 6 月 27 日，格力电器发布公告宣称，拟对回购股份用途进行调整，由原计划“回购股份将用于员工持股计划或者股权激励”变更为“回购股份用于注销以减少注册资本”。

第三，一股一票还是一股多票。在公司治理的现代实践中，实行一股一票的民主参与机制，即股东所持每一股份有一个表决权。随着“轻资产、重智力”的新兴公司的发展，这种股东表决权的制度安排也面临挑战。比如，初创型公司以权益融资为主，这有可能导致公司创始人的控制权下降或旁落。再如，一股一票也容易导致股东之间的相互冲突与消耗，损害公司潜在价值。“双层资本结构”契合公司财务实践发展的需要，打破了现代公司制度“一股一权”的基本原则，已经成为众多新兴公司的普遍选择。一般地，实行双层资本结构的公司，其股份分成面向公众投资者发行的、一股附有一个表决权的 A 类普通股股份以及由创始人或管理层持有的、一股附有多个表决权的 B 类股份。可见，公司创始人或管理层只要持有一定比例的 B 类股票就可以保持公司控制权。

双层资本结构的首次亮相可以追溯至 1898 年，国际白银公司打破同股同权传统，发行无投票权的股票。虽然这种尝试很快获得企业家的青睐，但是受限于监管阻力，双层资本结构在国际范围内获得资本市场认可经历了一个漫长且曲折的发展过程。我国《公司法》第一百三十一条规定“国务院可以对公司发行本法规定以外的其他种类的股份，另行作出规定”，但是未明确确立“双层资本结构”。值得提及的是，2019 年发布的《上海证券交易所科创板股票上市规则》在第四章第五节正式引入了差异化表决权安排的双层股权结构。这说明，科创板上市公司被允许实行双层资本结构。

第四，上市还是退市。企业发展到一定阶段后，出于融资渠道、股票流动性、管理者激励、公司知名度等的原因，会将公司推向公开市场，由私人公司变为公众公司。2014 年诺贝尔经济学奖获得者、法国经济学家让·梯若尔总结了公司为什么要上市的五点原因：一是使公司拥有了新的融资来源，融资来源多样化使公司不必依赖于单个银行或风险投资家，免遭关键融资人敲竹杠；二是使大股东和企业家可以将投资多样化，提高了股权流动性；三是为企业价值和公司资产价值提供了一个相对客观的衡量标准，可以用于管理层报酬的安排；四是有助于通过收购的渠道来约束经理人；五是提高公司的认知度，有助于公司找到新的投资者，也有助于公司和利益相关者的关系。

首次公开募股（IPO）是企业成为上市公司的入口，而退市就代表离开证券交易市场的出口。2012 年，A 股退市制度首次引入市场化退市标准，建立四类强制退市指标体系，规定了主动退市情形。2020 年 3 月实行的新《证券法》不再规定证券终止上市的具体情形以及暂停上市等的实施程序，明确由证券交易所对退市情形和程序作出具体规定。2020 年 12 月，沪深证券交易所发布了经修订后的退市规则，这意味着建立常态化的退市机制取得重要进展。

上市公司退市可分为被动退市与主动退市。被动退市又称为强制退市，是公司重大违法违规行为或经营管理不善造成重大风险等，导致公司已经丧失持续经营能力，不再满足《公司法》和《证券法》中相关的上市条件。主动退市作为资本运营的一种手段，是上市公司意思自治的反映。当公司基于整合资源、提升公司估值、维护控制权、利用不同证券交易所的比较优势等原因，认为在某证券交易所维持上市地位不再有利于公司发展的时候，上市公司会主动向证券交易所申请其股票终止上市交易。比如，在纽交所挂牌上市 5 年之后，奇虎360 于2016 年3 月30 日通过私有化投票从纽交所退市，并于2018 年3 月重新在上海证券交易所借壳上市。

第二节　公司财务的目标

任何企业的目标都是盈利，企业目标在财务决策和财务活动中的反映就是公司财务目标。就公司财务管理的理论与实践来看，目前国内外学术界主要有利润最大化（Profit Maximization）、股东财富最大化（Stockholder Wealth Maximization）和企业价值最大化（Corporate Value Maximization）三种观点。

一、利润最大化

利润最大化目标是在 19 世纪初发展起来的，其来源于亚当·斯密的“经济人”假说，那时企业的主要形式是独资企业和合伙制企业。该观点认为，作为营利性经济组织，以利润最大化作为公司财务目标有利于创造出尽可能多的剩余产品，有利于自由竞争市场条件下公司资源和社会资源的合理配置，也符合社会财富最大化的目标。

在古典企业组织形式中，企业所有权和经营权具有同一性，因此，企业追逐利润最大化的同时也实现了个人财富最大化。然而，现代企业制度的一个主要特征是公司的所有权与经营权相分离。股东拥有公司所有权，而职业经理人则拥有公司经营权。虽然职业经理人员必须为公司股东的利益服务，但职业经理人与股东的利益并不会完全趋于一致。因此，两权合一背景下的利润最大化目标并不适用于在两权分离的背景下作为公司财务目标。

具体而言，利润最大化目标存在如下局限。第一，利润最大化目标的概念模糊不清，没有确切严格的标准来衡量利润，没有指出利润是关于销售的利润还是关于股东权益的利润，是会计净利润还是每股收益。第二，利润是一种静态的反映，没有考虑货币的时间价值。考虑到货币时间价值因素，不同时期的利润在经济价值上并不相等，不能拿来直接相加或是比较。第三，没有考虑风险因素的影响，而风险与利润是相伴而生的。利润最大化没有考虑投资风险，可能会诱导企业优先选择高风险的项目以获取高收益，从而增加公司的总体风险并最终导致公司破产。第四，没有考虑利润与投入资本之间的投入产出关系，不利于不同资本规模的企业之间或不同期间的比较。第五，易导致企业的短期行为。利润最大化目标往往导致公司财务决策呈现短期行为倾向，使公司为了短期的利润而忽视长远的发展。

二、股东财富最大化

这种观点强调，股东拥有公司所有权，承担了公司的全部剩余风险，因此，股东理应获得公司经营带来的全部剩余收益，即公司财务目标应当是股东财富最大化。与利润最大化相比，其优点表现在如下几方面。首先，含义明确，易于观察。股东财富取决于其手中持有的股票数量和股票的市场价格。在一定时期，可以假定股东持有的股票数量维持不变，因此股东财富就取决于流通市场上所形成的股票价格。用流通市场中的股票价格衡量股东财富，公司财务目标是明确的，同时也是客观的、容易观察的。其次，考虑了资金时间价值和风险因素。显然，根据公司财务的基本定价原理，股票价格不仅反映了公司当前的经营状况和盈利水平，还反映了投资者对公司未来的成长性与盈利性的预期，同时还受到公司异质性风险的影响。因此，股票市场价格综合性地反映了资金时间价值和风险因素。最后，可以避免公司的短期行为。股票市场价格是预期值，股东财富最大化在一定程度上能克服企业短期行为，保证企业的长期发展。

股东财富最大化目标也存在一些缺陷，主要表现在如下几方面。第一，更适合上市公司。体现股东财富的股票市场价格来源于股票市场，对于非上市公司而言，只能在考虑了行业、规模等因素的基础上，通过配比原则来近似地确定股票价格，因此该目标更适合上市公司。第二，股票价格有众多的影响因素。实践经验表明，尽管一定时期内公司财务状态是稳定的，但股票市场价格却可能呈现较大的波动性。因此，资本市场的变化、股票市场价格受多种因素的影响，股价的高低并不能客观真实地反映公司的实际价值，也就不能反映股东的实际财富。第三，忽视了公司所有者与其他利益主体的冲突。若只强调股东财富最大化，那么在日常经营中，公司的财务决策就可能会损害其他利益主体的利益，引发股东和其他投资者之间的矛盾和冲突。

三、企业价值最大化

公司是一系列利益相关者的结合体，这些利益相关者通常包括股东、债权人、公司管理者、一般雇员、客户以及供应商等，他们共同承担公司风险。因此，单纯以股东财富最大化作为公司目标，忽视其他相关主体的利益是不合理的。在这种背景下，企业价值最大化被作为公司财务目标提出来，并成为目前公司财务主流理论采纳的观点。在这里，企业价值不是企业资产的账面总价值，而是企业全部资产的市场价值，即公司未来的预期现金流量的价值。所以，对企业价值进行评估，其不仅包括公司新创造的价值，而且更重要的是包括了企业未来的获利能力。

企业价值最大化作为公司财务目标，其特点表现在如下几方面。第一，它全面继承了股东财富最大化目标的所有特点。公司市场价值由负债市场价值和股票市场价值组成。在不存在代理问题以及破产风险较小的情况下，债务价值的波动较小，公司价值就主要表现为股票的市场价值。所以，企业价值最大化目标同样考虑了资金时间价值和风险因素，也有助于克服企业在追求利润上的短期行为。同时，基于以上原因，企业价值也并非与公司财务状况完全一致。第二，兼顾了相关利益主体的利益。传统公司财务理论的价值最大化兼顾了债权人的利益，而考虑了利益相关者利益的企业价值最大化包括了一系列和公司有利益关系的主体。

第三节　公司理财的内容

公司理财假定以企业价值最大化为公司财务目标，实现此目标的途径在于进行“钱的管理”。根据资金的运动方向特征，公司理财的逻辑体系是，在企业价值最大化的财务目标下，研究公司在“如何花钱”（投资决策或资本预算）、“如何找钱”（融资决策或资本结构）、“如何赚钱”（营运资金管理）以及“如何分钱”（股利分配决策）这四方面的财务决策。由于要通过“钱生钱”以实现企业价值最大化，所以，公司不仅要在投资决策中寻找那些最具盈利性的项目，而且还要在融资决策中寻找资本成本最低的资金来源。由此，根据资金在企业生产经营过程中呈现的不同形态，公司理财的主要内容可分为有关资金使用的投资决策、有关资金来源的融资决策、有关资金分配的股利分配决策以及有关资金日常周转的营运资金管理决策。

一、投资决策

投资决策，又称为资本预算（Capital Budgeting），是实施企业战略、抓住成长机会、提高企业价值的最基本的财务决策之一，决定了资金运用的方向和未来可能获取的收益或现金流量，结果体现于资产负债表左边各类长期资产的存在形态。根据投资期限，企业投资可分为流动资产投资和长期资产投资，前者主要涉及现金、应收账款、存货和短期有价证券等期限在一年之内的资产，后者主要指购买设备、建造厂房等期限在一年以上的资产。根据是否与企业主营业务直接相关，企业投资可分为内部投资和外部投资，前者的投资对象包括固定资产、无形资产和流动资产，后者则主要指有价证券和兼并收购。一般地，在公司理财的内容中，投资决策的对象特指长期性的资本支出，其位于资产负债表的固定资产项目中。

既然假定公司财务目标为企业价值最大化，那么公司资金必须使用于能带来最大收益的项目，这意味着项目价值的衡量就尤为重要。投资决策就是计划和管理固定资产投资的过程。一般地，资本预算在考虑了现金流的规模、发生时间和风险的基础上对项目价值进行分析和判断，有助于企业选择提升公司价值的投资项目。

二、融资决策

融资决策，又称为资本结构（Capital Structure），主要解决企业投资决策所需资金的筹集问题，其结果体现于资产负债表右边的负债和所有者权益。各种融资来源之间的比例关系被称为资本结构，我们常常简单地使用负债—权益比来代表。

企业融资决策中需要考虑的三个问题是：企业应该筹集多少资金？成本最低的资金来源是什么？各种资金来源之间是否存在最优的比例关系？为此，融资决策常常会首先根据投资规模来预测公司的资金缺口，进而确定融资规模，以保证公司生产经营的需要。其次，在金融市场中，企业所需要的资金可以从不同来源（内源融资和外源融资）、以不同的方式（大致可分为股票和债务）、按不同期限（短期和长期）来筹集。显然，股票融资成本会大于债务融资成本，长期负债成本会大于短期债务成本，而且外源融资的时机和规模还受到企业内部经营状况、外部金融市场的供求关系以及宏观经济景气程度的影响。所以，企业根据不同资金来源的风险、成本、期限、筹资条件与难度等融资环境来规划公司的融资方式，选取不同的资金来源。最后，融资决策的基本目标是形成一个可使企业价值最大化的最优资本结构，这要求企业根据投资报酬率来决定各种资金来源的比例，并在此基础上获得融资来源的资金成本。由于公司经常根据自身的经营和财务状态调整融资决策，所以最佳资本结构是不断变化的，呈现动态特征。

三、股利分配决策

股利分配决策（Dividend Policy）主要研究公司税后利润的分配问题，即在扣除一些法定的必要项目之后，公司盈余是保留下来以用于未来的投资需要还是以股利形式满足股东对当前收益的要求。股利分配决策是权衡的结果：过高的股利支付率降低了公司内源资金的规模，可能会使企业放弃收益高的投资项目或支付更高的外部筹资费用；过低的股利支付率虽然有利于公司将资金运用于满足未来投资决策的需要，但会引发投资者对公司经营状态的怀疑，使投资者感到未来预期收入不确定性增加，不利于股价稳定。所以，股利分配决策往往是考虑了公司成长机会、股东当前利益和长远利益、公司资金需要之后的结果。一般来说，公司股利分配决策主要受到公司未来的投资机会、股东对当期收入和未来收入的偏好、外部融资能力及其成本、股权结构、债务契约条款、法律等因素的影响。

四、营运资金管理决策

营运资金管理（Working Capital Management）是对企业日常经营中的流动资产与流动负债进行管理。总营运资本（Gross Working Capital）是指占用在流动资产上的资金，净营运资本（Net Working Capital）是指流动资产与流动负债之差。营运资金管理的核心是保证企业生产经营的连续性和提高周转效率。为了保证企业生产经营的连续性，企业需预留资金用于日常业务和偿付到期债务；在投入资本既定的条件下，基于企业价值最大化目标，企业需提高流动资产的营运效率。流动资产中的现金、应收账款、存货等资产项目与流动负债中的应付账款、预收账款等负债项目构成了营运资金管理的主要内容。

【本章小结】

1. 企业组织形式分为古典企业制度与现代企业制度。前者包括业主制企业（独资企业）、合伙制企业，后者的典型代表则是公司制企业。

2. 业主制企业是由个人独资拥有和经营的企业。业主对企业的负债负有无限的偿付义务。

3. 合伙制企业是由两位或两位以上的人合资经营一家企业。如果所有的合伙人同意按照一定比例提供资金，分享相应的利润和亏损，并承担相应的债务，那么这种合伙企业被称为一般合伙制企业。如果合伙企业允许某些合伙人的责任仅限于其在合伙制企业的出资额，那么这种合伙企业被称为有限合伙制企业。

4. 公司是一种法律上独立于其出资者的商业组织形式，有独立的法人财产，享有法人财产权，并以其全部财产对公司的债务承担责任（公司出资者承担有限责任）；具体可分为有限责任公司与股份有限公司。

5. 作为营利性经济组织，以利润最大化作为公司财务目标有利于创造出尽可能多的剩余产品，有利于自由竞争市场条件下公司资源和社会资源的合理配置，也符合社会财富最大化的目标，然而，两权合一背景下的利润最大化目标并不适用于在两权分离的背景下作为公司财务目标。

6. 股东拥有公司所有权，承担了公司的全部剩余风险，因此，公司财务目标应当是股东财富最大化。尽管此目标含义明确、考虑了资金时间价值和风险因素、有利于避免公司的短期行为，但也存在更适合上市公司、股价与公司财务状态背离、忽视了公司所有者与其他利益主体的冲突等缺点。

7. 企业价值是企业全部资产的市场价值，兼顾了相关利益主体的利益。企业价值最大化目标同样考虑了资金时间价值和风险因素，也有助于克服企业在追求利润上的短期行为。但是，企业价值也并非与公司财务状况完全一致。

8. 公司财务以企业价值最大化为目标，实现此目标的途径在于进行“钱的管理”，而与“钱的管理”相联系的两个基本决策是“如何花钱”与“如何找钱”。

9. 根据资金在企业生产经营过程中呈现的不同形态，公司理财的主要内容可分为有关资金使用的投资决策、有关资金来源的融资决策、有关资金分配的股利分配决策以及有关资金日常周转的营运资金管理决策。

10. 投资决策，又称为资本预算，是实施企业战略、抓住成长机会、提高企业价值的最基本的财务决策之一，决定了资金运用的方向和未来可能获取的收益或现金流量，结果体现于资产负债表左边各类长期资产的存在形态。

11. 融资决策主要解决企业投资决策所需资金的筹集问题，其结果体现于资产负债表右边的负债和所有者权益。各种融资来源之间的比例关系被称为资本结构，我们常常简单地使用负债—权益比来代表。

12. 股利分配决策主要研究公司税后利润的分配问题，即在扣除掉一些法定的必要项目之后，公司盈余是保留下来以用于未来的投资需要还是以股利形式来满足股东对当前收益的要求。

13. 营运资金管理是对企业日常经营中的流动资产与流动负债进行管理。总营运资本是指占用在流动资产上的资金，净营运资本是指流动资产与流动负债之差。营运资金管理的核心是保证企业生产经营的连续性和提高周转效率。

【重要概念】

业主制企业　　合伙制企业　　公司制企业　　利润最大化　　股东财富最大化
企业价值最大化　　投资决策　　融资决策　　股利分配决策　　营运资金管理

【扩展阅读】

1. 阅读以下文献，理解金融学框架与公司理财。

(1) 张成思．现代金融学的历史演进逻辑 [J]．金融评论，2020 (3)：1－26.

(2) 张杰．金融学在中国的发展：基于本土化批判吸收的西学东渐 [J]．经济研究，2020 (11)：4－18.

(3) 张新．中国金融学面临的挑战和发展前景 [J]．金融研究，2003 (8)：36－44.

2. 阅读以下有关公司财务目标的文献。

(1) 李心合．嵌入社会责任的公司财务目标研究（上）[J]．财会通讯，2010 (1)：17－21.

(2) 李心合．嵌入社会责任的公司财务目标研究（下）[J]．财会通讯，2010 (4)：14－17.

【思考与练习】

1. 独资企业、合伙制企业和公司制企业各自的主要特征是什么？
2. 公司为什么要上市？
3. 辨析：股东在任何时候都只承担有限责任。
4. 辨析：双层资本结构赋予不同类别的股东不同数量的投票权。
5. 辨析：公司不得回购股票。
6. 辨析：合伙制企业中，所有的合伙人都对合伙企业的债务承担无限责任。
7. 辨析：公司股价高低反映了财务管理目标的实现程度。
8. 说明利润最大化、股东价值最大化和企业价值最大化之间的区别与联系。

9. 如何理解公司理财的基本内容。

10. 与其他类型的企业组织形式相比，为什么公司制企业具有融资优势?

11. 分别从《中华人民共和国个人独资企业法》《中华人民共和国合伙企业法》《中华人民共和国公司法》来理解企业组织形式的特征。

12. 请列举几个可能影响公司财务目标实现的财务因素，并进一步简要说明这些因素如何影响公司财务目标的实现。

第二章

财务报表分析

吉姆·查诺斯是全球著名的尼克斯联合基金公司的创始人及掌门人，因最早全力做空安然获得巨大收益而声名大噪。2001 年，安然股价最高达到了 90 美元，但查诺斯通过分析安然的会计记账方式以及财务报表，发现安然存在以下问题。

（1）公司真正的经营活动现金流量并不充足，很多经营活动的现金流量本质上属于融资活动，公司并没有通过经营产生足够的现金去支撑投资活动。

（2）在公司的收入和股权投资项目中，使用了过多的按市场价格入账的会计手法，使安然可以让一些合同没有真正实现就确认收入，并且放大了某些资产的账面价值，然而其账面价值仅仅是出于安然自身的估算。

（3）在 2000 年下半年，安然的收入大增，和过去数年安然的每季度收入不成比例。

（4）安然存在过多的关联方交易，甚至存在过于频繁的以物易物的交易。

最终，安然的财务丑闻东窗事发，股价一泻千里跌至不足 1 美元。2001 年 12 月 2 日，安然正式向破产法院申请破产保护，破产清单中所列资产高达 498 亿美元。

2019 年，康美药业近 300 亿元财务造假案震惊了整个中国资本市场，A 股市场上曾经的“大白马”走向穷途末路。2019 年 8 月，证监会发布的《行政处罚及市场禁入事先告知书》显示，康美药业存在以下四大方面的问题：在 2016 年至 2018 年涉嫌累计虚增营业收入 291.28 亿元；在 2016 年至 2018 年累计虚增货币资金 886 亿元；在《2018 年年度报告》中存在虚假记载，虚增固定资产、在建工程、投资性房地产，共计 36 亿元；《2016 年年度报告》《2017 年年度报告》《2018 年年度报告》中存在重大遗漏，未按规定披露控股股东及其关联方非经营性占用资金的关联交易情况。2020 年 5 月 14 日，证监会宣布，依法对康美药业违法违规案作出行政处罚及市场禁入决定，并将康美药业及相关人员涉嫌犯罪行为移送司法机关。2021 年 11 月 12 日，康美药业因年报虚假陈述侵权，被判须赔偿证券投资者损失 24.59 亿元。马兴田及 5 名直接责任人、正中珠江会计师事务所及直接负责人承担 100% 的连带赔偿责任，13 名相关责任人按过错程度承担部分连带赔偿责任。2021 年 11 月 17 日，马兴田因操纵证券市场罪，违规披露、不披露重要信息罪以及单位行贿罪数罪并罚，被判处有期徒刑 12 年，并处罚金人民币 120 万元。

第一节　分析财务报表的主体

财务报表分析是一门“艺术”，在看似枯燥的财务报表数据中，隐藏着丰富的揭示了公司盈利逻辑的财务信息。读懂财务数据，往往能发现公司经营的真实状况，有时甚至会带来巨额的投资回报。财务报表分析是指通过收集和整理企业财务会计报告中的有关数据，对企业的财务状况、经营状况和现金流状况进行综合分析，以为财务会计报告使用者提供管理决策的一项工作。

财务报表的使用人有许多种，包括债权人、投资人、经理人员、政府机构和其他与企业有利益关系的人士。他们出于不同目的使用财务报表，关注的重点并不相同，因此需要不同的信息，采用不同的分析程序。

一、债权人

债权人主要关心企业是否具有按期足额偿还债务的能力。债权人进行财务报表分析，是为了回答以下几方面的问题：

（1）公司为什么需要额外筹集资金？

（2）公司还本付息所需资金的可能来源是什么？

（3）公司对于以前的短期和长期借款是否按期偿还？

（4）公司将来在哪些方面还需要借款？

二、投资人

投资人即普通股股东。他们主要关心偿债能力、收益能力以及投资风险等。投资人进行财务报表分析，是为了回答以下几个方面的问题：

（1）公司当前和长期的收益水平怎样？公司收益是否容易受重大变动的影响？

（2）公司目前的财务状况如何？公司资本结构决定的风险和报酬怎样？

（3）与其他竞争者相比，公司处于何种地位？

三、经理人员

经理人员关心公司的财务状况、盈利能力和持续发展的能力。经理人员可以获取外部使用人无法得到的内部信息。经理人员进行财务分析，是为了回答以下几个方面的问题：

（1）公司当前的财务状况是否健康？

（2）公司的盈利能力如何？当前存在哪些问题？

（2）公司未来的发展趋势能否持续？

（3）如何改善公司的财务报表？

四、政府机构有关人士

政府机构也是公司财务报表的使用人，包括税务部门、国有企业的管理部门、证券管理机构、会计监管机构和社会保障部门等。它们使用财务报表是为了履行自己的监督管理职责。

第二节　三大基本财务报表

财务报表是随着商业社会对会计信息披露要求越来越高而不断发展的。当前企业进行财务分析时经常使用的财务报表有三个：资产负债表、利润表（损益表）和现金流量表。

一、资产负债表

资产负债表（Balance Sheet）反映了企业的资产、负债、所有者权益之间的内在关系，是企业某个时点的“快照”。它采用的基本结构是会计恒等式：

$$资产 = 负债 + 所有者权益$$

资产负债表分左右两方，左方为资产项目，反映的是公司所拥有的经营资源，大体按资产的流动性大小排列。右方为负债及所有者权益项目，其中负债一般按要求清偿时间的先后顺序排列，所有者权益项目则排在后面（见表2－1）。

表2－1　　某企业的资产负债表简表　　单位：万元

资产	期末数	负债及所有者权益	期末数
货币资金	300	应付账款	300
应收账款净额	900	应付票据	600
存货	1 800	长期借款	2 700
固定资产净值	2 100	实收资本	1 200
无形资产	300	留存收益	600
资产总计	5 400	负债及所有者权益合计	5 400

资产负债表可以反映企业资产、负债、所有者权益的全貌，因而对企业具有极其重要的作用。资产负债表的作用体现在以下几个方面：

1. 资产负债表反映了企业的资产总额及其结构。资产代表企业的经济资源，是企业经营的基础，资产总量的高低在一定程度上可以说明企业的经营规模和盈利基础大小。企业的资产结构反映其生产经营过程的特点，有利于报表使用者分析企业生产经营的稳定性。

2. 资产负债表反映了企业的负债总额及其结构。负债总额表示企业承担的债务的多少，负债和所有者权益的比重反映了企业的财务安全程度。负债结构反映了企业偿还负债的紧迫性和偿债压力。

3. 资产负债表反映了企业所有者权益的情况。实收资本和留存收益是所有者权益的重要内容，反映了企业投资者对企业的初始投入和资本累积的多少，也反映了企业的资本结构和财务实力，有助于报表使用者分析、预测企业生产经营安全程度和抗风险的能力。

资产负债表中提供的信息对企业经理人、所有者和债权人进行正确的决策都非常重要。但必须注意的是，资产负债表上大多是账面价值（Book Value），而非所估计资产的实际经济价值。比如，应收账款的数字暗示所有的应收账款将被收回，但事实也并非如此，因此我们需要了解数字背后所隐含的更多信息。

二、利润表

利润表（Income Statement）是衡量企业在一定会计期间经营业绩的报表，它全面揭示了企业在某一特定时期实现的各种收入、发生的各种费用、成本或支出，以及企业实现的利润或发生的亏损情况。从反映企业经营资金运动的角度看，它是一种反映企业经营资金动态表现的报表，主要提供有关企业经营成果方面的信息，属于动态会计报表。利润表采用的基本关系是

$$收入 - 费用 = 利润$$

在利润表中，企业通常按各项收入、费用以及构成利润的各个项目分类分项列示。也就是说收入按其重要性进行列示，主要包括主营业务收入、其他业务收入、投资收益、补贴收入、营业外收入；费用按其性质进行列示，主要包括主营业务成本、主营业务税金及附加、销售费用、管理费用、财务费用、所得税等；利润按营业利润、利润总额、净利润等利润的构成分类分项列示（见表2－2）。

表2－2　某公司利润表简表　　单位：元

项目	本年累计金额
一、营业收入	1 358 000
减：营业成本	720 000
营业税金及附加	39 000
销售费用	142 500
管理费用	246 000
财务费用	3 000
资产减值准备	2 500
二、营业利润	205 000
加：营业外收入	18 000
减：营业外支出	4 000
三、利润总额	219 000
减：所得税费用	54 750
四、净利润	164 250

利用利润表可以分析企业的经济效益与盈利能力，评价企业的经营效率。所有者可以考核管理人员的工作绩效，以更好地激励管理人员，引导企业正确发展；债权人和投资人可以分析企业盈利的变化趋势，正确决策信贷和投资；管理人员可以根据利润表提供的明细资料，发现经营中的问题，进一步改善经营和决策。

三、现金流量表

现金流量表（Cash Flow Statement）是反映一家公司在一定时期现金流入和现金流出动态状况的报表（见表2－3）。其组成内容与资产负债表和损益表相一致。在权责发生制的记账规则下，企业的销售净额并不等于企业经营中的净现金流量。为了充分利用企业资金，企业的管理人员必须准确知道企业的现金流量；投资人和债权人也需要根据企业的现金流量来判断这个企业经营是否稳健，是否有足够的偿债和支付能力。

表2－3　某公司的现金流量表　单位：元

项目	本期金额
一、经营活动产生的现金流量：	
经营活动现金流入	1 342 500
经营活动现金流出	961 355
经营活动现金流量净额	381 145
二、投资活动产生的现金流量：	
投资活动现金流入	346 800
投资活动现金流出	451 000
投资活动现金流量净额	－104 200
三、筹资活动产生的现金流量：	
筹资活动现金流入	400 000
筹资活动现金流出	1 262 500
筹资活动现金流量净额	－862 500
四、现金及现金等价物净增加额	－585 555

现金流量表作为企业的三大财务报表之一，可以概括反映经营活动、投资活动和筹资活动对企业现金流入流出的影响。对于评价企业的利润实现、财务状况及财务管理水平，现金流量表比传统的损益表提供了更好的基础。它弥补了资产负债表和损益表不能详细反映企业流动能力的缺点。

现金流量表的作用体现在以下方面：

（1）反映企业的现金流量，评价企业未来产生现金净流量的能力；

（2）评价企业偿还债务、支付投资利润的能力，谨慎判断企业财务状况；

（3）分析净收益与现金流量间的差异，并解释差异产生的原因；

（4）通过对现金投资与融资、非现金投资与融资的分析，全面了解企业财务状况。

资产负债表、损益表、现金流量表是我们对企业进行财务分析最重要的三个报表。

除了这三个报表之外，企业还会要求编制其他的财务报表，如利润分配表等。但这些表对我们进行财务分析的意义不大，这里不再另作介绍。

第三节　比率分析法

企业编制财务报表的目的就是向它的利益相关者提供企业经营的相关信息。然而财务报表上只是提供了繁多的数字，并没有直接地说明企业的财务状况和经营业绩。要读懂企业的财务报表，获取其中有价值的信息，就必须掌握进行财务分析的基本方法。常用的财务报表分析的基本方法有比率分析法、垂直分析法、水平分析法、趋势分析法、因素分析法等。值得注意的是，单独使用这些方法不能全面、系统地分析企业的财务状况。更多的时候，我们需要借助更综合、更有效的分析工具来帮助我们从财务报表中获取有价值的信息。

在这些财务分析方法中，比率分析法是最基本的分析工具。它是以同一期财务报表上若干重要项目的相关数据相互比较，求出比率，用于分析和评价公司的经营活动以及公司目前和历史状况的一种方法。财务比率基本上可以分为以下四个类型。

（1）获利能力比率：反映企业获取利润的能力；

（2）偿债能力比率：反映企业偿还短期债务和长期债务的能力；

（3）成长能力比率：反映企业扩展经营的能力；

（4）周转能力比率：反映企业经营效应的能力。

一、获利能力比率

企业存在的意义就是要创造利润，因此企业的利益相关者都很关心一个企业的获利能力。企业的获利能力关乎企业的生存大计，很难想象一个长期不能盈利的企业将如何生存。获利能力比率包括两种类型，一种与销售额有关，一种与投资额有关，它们共同反映了公司的综合经营效果。以下主要介绍销售毛利率、销售净利率、资产收益率、权益报酬率等。

（一）销售毛利率

销售毛利率是销售毛利与销售收入的比值，用来衡量一个企业从销售收入中扣除生产成本后剩余利润的多少，它是企业获得净利润的基础和保障。其计算公式为

$$销售毛利率=\frac{销售净额-销售成本}{销售净额}$$

（二）销售净利率

销售净利率是税后净利润与销售收入的比值，它度量一个企业从销售收入中获得净利润的能力，是企业经营的最终成果。销售净利率要与销售毛利率结合起来使用，有利于发现企业损益表结构中不合理的费用部分，降低不合理的费用，可以提高企业的盈利能力。其计算公式为

$$销售净利率 = \frac{税后净利润}{销售净额}$$

（三）资产收益率

资产收益率是企业的净利润与资产总额的比值，又叫投资回报率。计算公式为

$$资产收益率 = \frac{税后净利润}{资产总额}$$

资产收益率的含义是每单位资产总额带来了多少税后净利润，它衡量企业总资产创造利润的能力。资产收益率越高，说明企业资产创造利润的效率越高，企业的获利能力也就越强。

（四）权益报酬率

权益报酬率等于税后净利润与所有者权益的比值，也被称为净资产报酬率。权益报酬率不仅可以衡量股东在公司内所获得的投资回报，也是观察公司管理层的盈利能力、资产管理能力以及财务控制能力的重要指标。计算公式为

$$权益报酬率 = \frac{税后净利润}{所有者权益}$$

它表示每单位所有者权益能够创造的利润，是企业所有者最关心的一个盈利指标，经常用于同行业企业之间的比较。一般来说，该指标值越高，说明企业盈利能力越强，普通股东可得收益也越多，或者用于扩大再生产的潜力也越大。

二、偿债能力比率

公司的偿债能力包括短期偿债能力和长期偿债能力。反映短期偿债能力的比率主要有流动比率、速动比率以及现金比率等。反映长期偿债能力的比率主要有资产负债率、产权比率、利息保障倍数等。

（一）短期偿债能力比率

短期偿债能力是指企业偿还流动负债的能力。一个企业的短期偿债能力大小，要看流动资产和流动负债的多少和质量状况。流动资产的质量是指其“流动性”，即资产转换成现金的能力，包括能否不受损失地转换为现金以及转换需要的时间。流动负债也有“质量”问题，一般来说，企业的所有债务都是要偿还的，但是并非所有债务都需要在到期时立即偿还，债务偿还的强制程度和紧迫性被视为负债的质量。企业流动资产的数量和质量超过流动负债的程度，就是企业的偿债能力。

短期偿债能力是企业任何利益关系人都应重视的问题。对债权人来说，企业要有充分的偿还能力才能保证其债权的安全，按期取得利息，到期取回本金；对投资者来说，如果企业的短期偿债能力发生问题，就会牵制企业经营的管理人员耗费大量精力去筹集资金，以应付还债，还会增加企业筹资的难度，或加大临时紧急筹资的成本，影响企业的盈利能力。

1. 流动比率。流动比率是流动资产与流动负债的比值，用于衡量一个企业动用其流动资产偿还其流动负债的能力。它不仅表示短期债权人债权的安全程度，同时又反

映了企业营运资本的能力。计算公式为

$$流动比率=\frac{流动资产}{流动负债}$$

从绝对数量上，营运资金=流动资产-流动负债，营运资金越多，说明不能偿还的风险越小。因此营运资金的多少可以反映偿还短期债务的能力。但是，营运资金是个绝对数，如果企业之间规模相差很大，绝对数相比的意义很有限。流动比率作为一个比值，能更好地反映一个企业的短期偿债能力，便于与企业的历史期间或者不同企业之间的比较。

一般认为，生产企业合理的最低流动比率是2。当然这一比率越高，债权人的安全性也越高。但是从公司所有者（股东）的角度看，过高的流动比率表明企业资产利用率低，资金闲置严重。因此，企业应保持一个较为合理的流动比率。必须注意的是，不同公司由于所属行业不同，适合的流动比率也不同。所以计算出来的流动比率，只有和同行业平均流动比率、本企业历史的流动比率进行比较，才能知道这个比率是高还是低。而要找出流动比率过高或过低的原因，必须分析背后隐藏的多方面因素。

2. 速动比率。流动比率假设全部流动资产都可用于偿还短期债务。但是，我们应该看到，有些流动资产（比如企业的存货）具有非常差的流动性，它无法在必要的时候按照合适的价格出售；而日常周转的流动资产是维持企业持续经营所必需的，不能用于偿还负债。因此，流动比率只是粗略地衡量企业的变现能力，没有考虑流动资产中个别项目的特殊性。因此，我们引入一个能够更加准确反映企业流动性的指标——速动比率。

速动比率是速动资产对流动负债的比值。速动资产包括货币资金、短期投资、应收票据、应收账款、其他应收款项等，可以在较短时间内变现。但是流动资产中的存货、1年内到期的非流动资产及其他流动资产等则不应计入。其计算公式为

$$速动比率=\frac{流动资产-存货资产}{流动负债}$$

一般认为，速动比率维持在1较为正常，它表明企业的每1元流动负债就有1元易于变现的流动资产来抵偿，短期偿债能力有可靠的保证。速动比率过低，企业的短期偿债风险较大；速动比率过高，企业在速动资产上占用资金过多，会增加企业投资的机会成本。但以上评判标准并不是绝对的。实际工作中，应考虑企业的行业性质。如商品零售行业，由于采用大量现金销售，几乎没有应收账款，速动比率大大低于1也是合理的。相反，有些企业虽然速动比率大于1，但速动资产中大部分是应收账款，并不代表企业的偿债能力强，因为应收账款能否收回具有很大的不确定性。所以，此时在评价速动比率时，还应该分析应收账款的质量。

3. 现金比率。现金比率是现金资产与流动负债的比值。现金资产是资产负债表中流动性最强的可直接用于偿债的资产，主要包括货币现金和交易性金融资产，不再包括存货和应收账款。它比流动比率及速动比率都更保守。其计算公式为

$$现金比率 = \frac{现金资产}{流动负债}$$

现金比率一般认为在20%以上为好。但现金类资产获利能力低，如果这一比率过高，就意味着企业机会成本的增加。

（二）长期偿债能力比率

长期偿债能力是指企业对债务的承担能力和偿还债务的保障能力，企业拥有足够的长期偿债能力是企业正常发展的需要。长期债权人为判断其债权的安全性尤其关注企业的长期偿债能力。影响企业长期偿债能力的因素有企业的资本结构和企业的获利能力两个方面。其中，资本结构是指企业各种资本的构成及其比例关系，主要表现为负债的存在可能会给企业带来财务风险，进而影响企业的偿债能力。获利能力则是指企业是否有足够的现金流入以供偿债使用，一个长期亏损的企业，正常生产经营活动都不能进行，保持正常的长期偿债能力也就更无保障了。

1. 资产负债率。资产负债率就是负债在总资产中所占的比重，资产负债率反映在总资产中有多大比例是通过借债来筹资的。该指标是衡量企业负债水平的综合指标，同时也是一项衡量公司利用债权人资金进行经营活动能力的指标，也反映债权人发放贷款的安全程度。计算公式为

$$资产负债率 = \frac{负债总额}{资产总额}$$

资产负债率是衡量企业负债水平及风险程度的重要标志。对这一比率的分析，不同的立场会得出不同的结论。从股东的角度看，资产负债率较高能带来财务杠杆的好处；从债权人角度看，资产负债率当然越低越好；从经营者的角度看，希望资产负债率稍高些，以通过举债经营扩大生产规模，获取更高的利润。一般认为，资产负债率的适宜水平是40%～60%。

2. 产权比率。产权比率等于负债总额与所有者权益总额的比值。该指标表明由债权人提供的和由投资者提供的资金来源的相对关系，反映企业基本财务结构是否稳定。其计算公式为

$$产权比率 = \frac{负债总额}{所有者权益总额}$$

产权比率同样可以反映企业的信用能力和财务风险程度。产权比率越高，说明企业偿还长期债务的能力越弱；产权比率越低，企业偿还长期债务就越有保障。一般认为较为合理的比率为1，但还应该结合企业的具体情况加以分析。当企业的资产收益率大于负债成本率时，负债经营有利于提高资产收益率，获得额外的利润，这时的产权比率可适当高些。

3. 利息保障倍数。利息保障倍数（又称已获利息倍数），是指企业生产经营所获得的息税前利润（EBIT）与利息费用的比率，它是衡量企业支付负债利息能力的指标。利息保障倍数越大，说明企业支付利息费用的能力越强。因此，债权人要分析利息保障倍数指标，以此来衡量债权的安全程度。计算公式为

$$利息保障倍数 = \frac{息税前利润（EBIT）}{利息费用}$$

一般来说，要维持正常偿债能力，利息保障倍数至少应大于1。该比值越高，表明企业长期偿债能力越强。如果利息保障倍数过低，企业将面临偿债的安全性与稳定性下降的风险。

三、成长能力比率

企业成长能力是指企业发展速度和未来发展趋势，包括企业规模的扩大、利润和所有者权益的增加。企业成长能力分析的目的是说明企业的长远扩展能力，以及企业未来生产经营实力。评价企业成长能力的主要指标有主营业务收入增长率、主营业务利润增长率和净利润增长率。

（一）主营业务收入增长率

主营业务收入增长率反映公司主营产品销售额的增长幅度，可以借以判断企业主营业务的发展状况。计算公式为

$$主营业务收入增长率 = \frac{本期主营业务收入 - 上期主营业务收入}{上期主营业务收入} \times 100\%$$

一般来说，如果主营业务收入增长率超过10%，说明公司产品处于成长期，将继续保持较好的增长势头，尚未面临产品更新的风险，属于成长型公司。如果主营业务收入增长率在5%～10%，说明公司产品已进入稳定期，不久将进入衰退期，需要着手开发新产品。如果该比率低于5%，说明公司产品已进入衰退期，主营业务利润将开始滑坡。当主营业务收入增长率低于－30%时，说明公司主营业务大幅滑坡，预警信号产生。

（二）主营业务利润增长率

主营业务利润增长率体现公司主营业务利润的增长速度。计算公式为

$$主营业务利润增长率 = \frac{本期主营业务利润 - 上期主营业务利润}{上期主营业务利润} \times 100\%$$

一般来说，主营业务利润稳定增长且占利润总额的比例呈增长趋势的公司正处在成长期。一些公司尽管年度利润总额有较大幅度的增加，但主营业务利润却未相应增加，甚至大幅下降。这样的公司质量不高，投资这样的公司，尤其需要警惕。这里可能蕴藏着巨大的风险，也可能存在资产管理费用居高不下等问题。

（三）净利润增长率

净利润增长率反映公司利润的增长速度。计算公式为

$$净利润增长率 = \frac{本期净利润 - 上期净利润}{上期净利润} \times 100\%$$

净利润（也称为税后利润）是指利润总额扣减所得税后的余额，是当年实现的可供出资人（股东）分配的净收益，反映了企业经营的最终成果。净利润增长率是衡量公司成长能力的基本指标，净利润增幅较大，表明公司经营业绩突出，市场竞争能力

强。反之，净利润增幅小甚至出现负增长，表明公司不具有较好的成长性。

四、周转能力比率

企业的资产管理运营效率对一个企业取得收入、赚取利润有着非常重要的作用。我们一般用各种资产的周转速度来评价企业使用这种资产的效率。常用的周转能力比率有存货周转率、应收账款周转率、总资产周转率。

（一）存货周转率

存货周转率是企业一定时期销售成本与平均存货余额的比率。该指标用于反映存货的周转速度，即存货的流动性及存货资金占用量是否合理。计算公式为

$$存货周转率=\frac{销售成本}{平均存货余额}$$

其中，平均存货余额 =（期初存货 + 期末存货）÷2。

企业为了保证采购、生产、销售的正常进行，都需要维持一定的存货。存货周转率反映企业存货管理水平的高低，它影响企业的短期偿债能力，是整个企业管理的一项重要内容。一般来讲，存货周转速度越快，表明存货转换为现金或应收账款的速度越快，占用的资金就越少，企业经营就越有效率。

此外，存货的周转速度也可以用存货的周转天数来计量，该比率反映企业的存货周转一次需要的天数。计算公式为

$$存货周转天数=\frac{360}{存货周转率}$$

企业可以用存货周转率指标与历史时期进行比较，来评价使用存货资产的变化。如果企业发现存货周转率不正常的下降，就应该调查存货周转不灵的原因。存货周转不灵的原因可能是企业原材料储备的加大；企业生产周期变长；企业的销售疲软等。此外，可以与行业内的其他企业进行横向比较，更容易反映出自身的存货管理水平，帮助企业不断提高存货资产的运营效率。

（二）应收账款周转率

应收账款周转率是用来衡量企业应收账款的周转速度，反映企业应收账款的质量和企业收账业绩的财务指标。计算公式为

$$应收账款周转率=\frac{年销售净额}{平均应收账款余额}$$

其中，平均应收账款余额 =（期初应收账款 + 期末应收账款）÷2。

应收账款周转率是一年内企业的应收账款转化为现金的次数。应收账款周转率越大，表明企业应收账款变现的速度就越快，资金使用的效率就越高。

此外，应收账款周转天数也可以衡量企业应收账款的变现速度。计算公式为

$$应收账款周转天数=\frac{360}{应收账款周转率}$$

企业可以与历史时期进行比较，也可以与其他企业进行横向比较，如果应收账款

周转率太慢，就应该找出问题的症结所在，加强应收账款的管理。

（三）总资产周转率

总资产周转率是指企业在一定时期内的销售净额与平均资产总额的比率，它是综合评价企业全部资产的经营质量和利用效率的重要指标。计算公式为

$$总资产周转率=\frac{年销售净额}{平均资产总额}$$

式中，年销售净额是一年内的销售收入减去销售折扣及折让等后的净额，平均资产总额=（年初资产总额+年末资产总额）÷2。

总资产周转率是考察企业资产运营效率的一项重要指标，体现了企业经营期间全部资产从投入到产出的流转速度，反映了企业全部资产的管理质量和利用效率。总资产周转率越高，说明企业利用总资产的效率就越高，企业总资产的盈利性也越好。

同样，总资产周转率也可以用周转天数来表示。计算公式为

$$总资产周转天数=\frac{360}{总资产周转率}$$

此外，企业还可以使用流动资产周转率、固定资产周转率等指标来衡量企业使用流动资产、固定资产的效率。它们的计算公式分别为

$$流动资产周转率=\frac{年销售净额}{平均流动资产总额}$$

$$固定资产周转率=\frac{年销售净额}{平均固定资产总额}$$

实际上，企业可以根据自身的特点和需要，来设计出不同的周转率来计量各种资产的运营效率，评价企业运营各种资产的能力。

第四节　财务综合分析法

虽然前述的各财务比率能够帮助我们根据财务报表分析企业的财务经营状况，但这些方法是不够的，因此有必要掌握更综合全面的财务分析方法。所谓财务综合分析，就是将企业获利能力、偿债能力、成长能力和周转能力等方面都纳入一个有机的分析系统之中，对企业的财务状况、经营状况进行全面分析，从而对企业经济效益作出较为准确的评价与判断。财务综合分析的方法主要有三种：杜邦财务分析法、沃尔比重评分法和帕利普财务分析法。

一、杜邦财务分析法

杜邦财务分析法是杜邦公司的财务管理人员在20世纪20年代首创的一种要素分析体系，在全球范围内得到广泛的认可和应用。杜邦财务分析法的基本原理是，根据财务比率之间的内部联系，以最重要的净资产收益率为核心，对其层层分解至最基本的财务比率，以达到全面分析企业财务状况和经营绩效的目的。图2-1描述了杜邦财

务分析法各指标之间的内在联系。

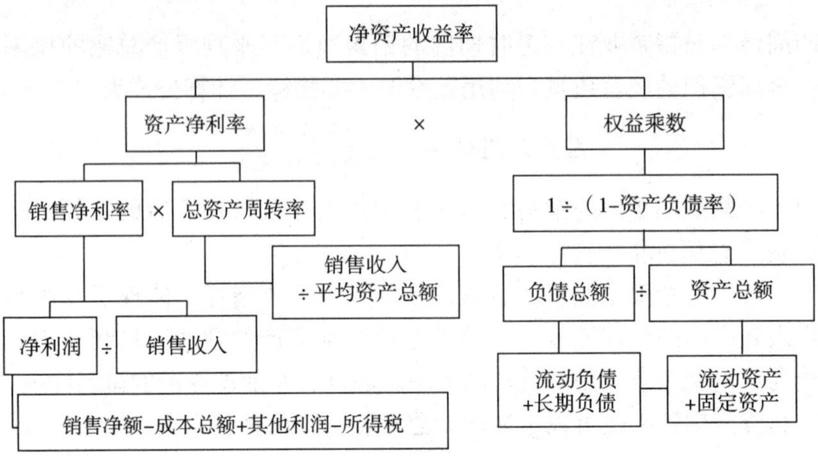

图 2-1　杜邦财务分析法

在杜邦财务分析法中，净资产收益率是一个综合性最强的财务分析指标，也是杜邦财务分析系统的核心。资产净利率是影响权益净利率的最重要的指标，具有很强的综合性，而资产净利率又取决于销售净利率和总资产周转率的高低。其中，销售净利率反映销售收入的收益水平，总资产周转率则反映了总资产的周转速度。权益乘数表示企业的负债程度，反映了公司利用财务杠杆进行经营活动的程度。资产负债率高，权益乘数就大，这说明公司负债程度高，公司会有较多的杠杆利益，但风险也高；反之，资产负债率低，权益乘数就小，这说明公司负债程度低，公司会有较少的杠杆利益，但相应所承担的风险也低。

按照杜邦财务分析法中各财务比率之间的内部联系，企业可以根据自身需要建立适合的杜邦财务分析体系。利用杜邦财务分析体系，财务管理人员可以分析影响企业权益报酬率的各种因素，找出问题的症结，帮助企业实现股东财富最大化的经营目标。

二、沃尔比重评分法

沃尔比重评分法由亚历山大·沃尔（Alexander Wole）在 1928 年提出。沃尔选择了 7 个财务比率，分别是流动比率、产权比率、固定资产比率、存货周转率、应收账款周转率、固定资产周转率和自有资金周转率。然后将这些选定的财务比率用线性关系结合起来，并分别给定各自的分数比重，通过与标准比率进行比较，确定各项指标的得分及总体指标的累计分数，从而对企业的信用水平作出评价。沃尔比重评分法最主要的贡献就是它将互不关联的财务指标按照权重予以综合联动，使综合评价成为可能。

沃尔比重评分法从理论上讲有一个明显的问题，就是未能证明为什么要选择这 7 个指标，以及未能证明每个指标所占比重的合理性。这个问题至今仍然没有从理论上得到解决。沃尔比重评分法从技术上讲也有一个问题，就是某一个指标严重异常时，会对总评分产生不合逻辑的重大影响。这个问题是由财务比率与其比重相“乘”引起的。财务比率提高1倍，评分增加100%；而缩小1倍，其评分只减少50%。

尽管沃尔比重评分法在理论上还有待证明，在技术上也不完善，但它还是在实践中被应用。耐人寻味的是很多理论上相当完善的经济计量模型在实践中往往很难应用，而企业实际使用并行之有效的模型却又在理论上无法证明。这可能是人类对经济变量之间数量关系的认识还相当肤浅造成的。

三、帕利普财务分析法

杜邦财务分析法自产生以来在实践中得到广泛应用与好评。随着经济与环境的发展以及人们对企业目标认识的进一步升华，许多人意识到杜邦财务分析体系的局限性并对此进行变形、补充，使其不断完善和发展。美国哈佛大学教授帕利普等在其所著的《经营透视：企业分析与评价》① 一书中，提出了以可持续增长比率为核心指标的财务综合分析指标体系。

帕利普财务分析法建立在杜邦财务分析法的基础之上，以企业的可持续发展为目标，以可持续增长比率为核心指标，根据盈利能力比率、资产管理比率和债务管理比率三者之间的内在联系，对企业的财务状况作出综合评价。帕利普财务分析法弥补了杜邦财务分析体系的缺陷，体现了企业追求价值最大化的财务管理的理念。

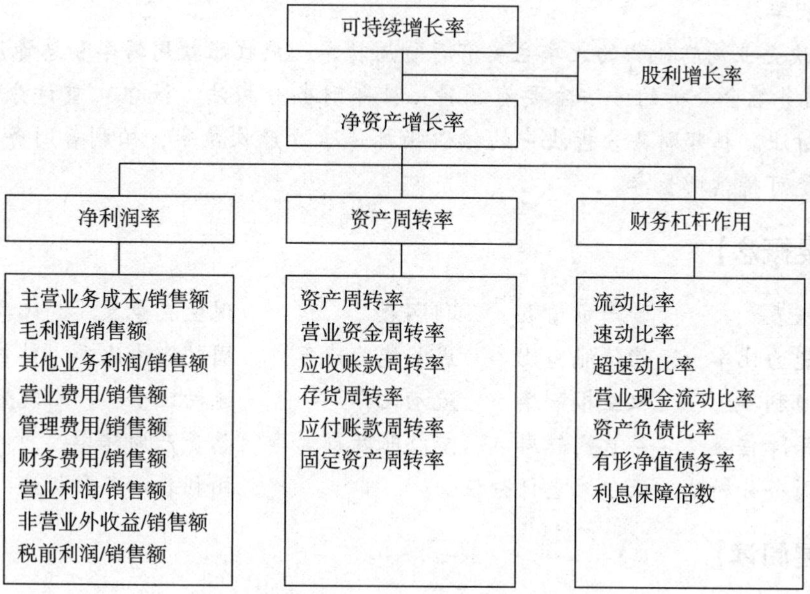

图2-2　帕利普财务分析法

① 克雷沙·帕利普，维多克·伯纳德，保罗·希利．经营透视：企业分析与评价［M］．李延钰等译．大连：东北财经大学出版社，1998.

【本章小结】

1. 财务报表的使用人主要包括投资人、债权人、经理人员、政府机构等，他们需要不同的信息。

2. 资产负债表反映了企业的资产、负债、所有者权益之间的内在关系，它采用的基本结构是会计恒等式：资产 = 负债 + 所有者权益。

3. 利润表是衡量企业在一定会计期间经营业绩的报表，采用的基本关系是：收入 - 费用 = 利润。

4. 现金流量表是衡量企业在一定时期现金流入和现金流出动态状况的报表，可分为由经营活动、投资活动、筹资活动产生的现金流量三个部分。

5. 财务比率指标可以分为四个类型：获利能力比率、偿债能力比率、成长能力比率、周转能力比率。

6. 反映企业获利能力的比率主要包括销售毛利率、销售净利率、资产收益率和权益报酬率等。

7. 偿债能力包括短期偿债能力和长期偿债能力，反映短期偿债能力的比率主要有流动比率、速动比率以及现金比率；反映长期偿债能力的比率主要有资产负债率、产权比率、利息保障倍数。

8. 反映企业成长能力的指标主要有主营业务收入增长率、主营业务利润增长率和净利润增长率。

9. 反映企业周转能力的比率主要有存货周转率、应收账款周转率和总资产周转率。

10. 财务综合分析的方法主要有三种：杜邦财务分析法、沃尔比重评分法和帕利普财务分析法。杜邦财务分析法中的核心指标是净资产收益率，帕利普财务分析法的核心指标是可持续增长率。

【重要概念】

财务报表	资产负债表	利润表	现金流量表	比率分析法
获利能力比率	偿债能力比率	成长能力比率	周转能力比率	销售毛利率
销售净利率	权益报酬率	流动比率	速动比率	现金比率
利息保障倍数	存货周转率	应收账款周转率	总资产周转率	
杜邦财务分析法	沃尔比重评分法		帕利普财务分析法	

【扩展阅读】

1. 读懂公司财务报表，不仅可以了解企业现状，预测企业未来，还可能带来实现个人财务自由的机会。请阅读以下文献，深入理解财务报表分析的内涵。

（1）李建凤．基于企业战略的财务报表分析——以格力电器为例［J］．财会通讯，2017（8）：67 - 71.

（2）王化成．面对一张报表，“我”到底要看什么——读《从报表看企业》有感［J］．财务与会计，2013（11）：76－78.

（3）林玲．从项目钩稽关系识别财务报表的异常［J］．财会月刊，2020（5）：76－81.

2. 请搜索“安然事件”“瑞幸咖啡财务造假事件”“康美药业财务造假事件”等有关资料，理解财务报表分析的逻辑。

【思考与练习】

1. 投资人和债权人分析财务报表的目的有何差别？

2. 什么是企业的三大财务报表？各主要反映哪些方面？

3. 如何分析企业的获利能力、偿债能力、成长能力和周转能力？

4. 杜邦分析体系可以揭示企业哪些方面的财务信息？

5. 某公司年销售总额（全部为赊销）为40万美元，销售毛利率为20%。该公司的流动资产为8万美元，流动负债为6万美元，存货为3万美元，现金为1万美元。根据以上资料，求出：

（1）该公司的流动比率和速动比率。

（2）如果公司希望存货周转率为4，那么平均存货应是多少？

（3）如果公司希望平均应收账款占用资金5万美元，那么应收账款多少天内必须收回（假设1年360天）？

6. 某公司2022年初存货为15万元，年初资产总额为140万元。2022年末有关财务指标为：流动比率为2.1，速动比率为1.1，现金类资产与流动负债的比率为0.6，存货周转率为6次，资产负债率为35%，长期负债为42万元，资产总额为160万元，流动资产由现金类资产、应收账款、存货组成。该年销售收入为120万元，发生管理费用9万元，利息费用10万元，所得税税率为33%。根据以上资料，求出：

（1）公司2022年末的权益乘数、产权比率和总资产周转率。

（2）公司的利息保障倍数和权益净利率。

7. 选择某个上市公司，根据其最近1年的财务报表（资产负债表、利润表），基于杜邦财务分析法，综合分析该公司的财务状况。

第三章

资本预算基础：资金时间价值

有一则广为流传的故事。公元1797年，拿破仑参观卢森堡第一国立小学的时候，向该校赠送了一束价值3路易的玫瑰花。拿破仑宣称，玫瑰花是两国友谊的象征，为了表示法兰西共和国爱好和平的诚意，只要法兰西共和国存在，他将每年向该校赠送一束同样价值的玫瑰花。后来，拿破仑穷于应付连绵的战争和此起彼伏的政治事件，并最终因失败而被流放到圣赫勒那岛，自然也把对卢森堡的承诺忘得一干二净。转眼到了公元1894年，距拿破仑作出承诺的时候已经过了差不多一个世纪。卢森堡王国郑重向法国政府致函，向法国政府提出“赠送玫瑰花”的诺言，并且要求索赔。他们要求法国政府：要么从1798年算起，用3路易作为一束玫瑰的本金，以5厘（5%）复利计息全部清偿；要么在法国各大报刊上，公开承认曾代表着法国政府的拿破仑言而无信。当时法国政府核算了一下，每年一束3路易的玫瑰花，累积本息已达1 375 596法郎。故事的结局当然皆大欢喜，但我们关注的是：为什么3路易在一个世纪之后会变成1 375 596法郎？这就涉及资金的时间价值问题。

如果你贷款买房，在签订贷款合同之后，银行可能会要求你每月支付等额贷款。那么，每月应付款项是如何计算出来的呢？这就涉及多期现金流的时间价值问题。①

第一节　资金时间价值

为评估长期投资项目的价值，公司财务经理需要预计项目未来现金流量的价值，并通过其与项目投资支出额的比较来评价投资方案的可行性。这个过程就涉及资金时间价值问题（Time Value of Money）。

一、资金时间价值的含义

资金时间价值，是指现在1元钱与未来1元钱之间的价值关系，也经常被称为货币时间价值。现在1元钱与未来1元钱的经济价值是不相等的。比如，若现在将1元

① 资料来源：百度文库。

钱以 10% 的存款利率存入银行，在一年后就会获得本息 1.1 元。这说明，现在的 1 元钱与一年之后的 1.1 元钱在经济价值上是相等的；这也说明，现在 1 元钱的经济价值大于未来 1 元钱的经济价值，或者说在现在看来，未来 1 元钱的经济价值在今天不值 1 元钱；这同时也说明，由于经济价值的不同，不同时点的现金不能直接进行比较，需要将它们转化为相同时点的钱之后才能进行大小的比较和计算。

为什么不同时期之间的货币价值不相等呢？其中第一个最常见的原因是通货膨胀。在不同时期，货币的购买力会因通货膨胀而发生改变。第二个原因是不确定性。由于未来的预期收益具有不确定性，所以在评判其价值时，应当会有一个折扣。第三个原因是机会成本。货币可以满足当前消费，也可以放弃当前消费进行投资，以获得未来的投资回报，因此资金的占用就具有机会成本。

终值（Future Value，FV）和现值（Present Value，PV）是计量资金时间价值的两种主要方法。其中，终值是确定当前资金在未来某个时刻的价值，而现值则是确定未来某个时刻的资金在现在时点的价值。从定义上看，我们发现终值和现值是一个相对的计算过程，二者互为逆运算。终值是现值加上资金时间价值的结果，而现值是终值扣除资金时间价值的结果。资金时间价值的计量有单利（Simple Interest）和复利（Compound Interest）两种模式。单利是指仅对期初的本金计算利息，当期利息不会在当期末加入本金后作为下一期计算利息的基础，即每个时期计算利息的基础都是期初的本金。复利是指当期利息会在当期末加入本金后作为下一期计算利息的基础，即上个时期的利息在以后每个时期都会产生利息，这也就是所谓的“利滚利”。显而易见的是：单利模式下，每期获得的利息都一样；复利模式下，每期获得的利息都不一样，有增加的趋势。基于公司价值最大化的财务原则，企业会将前期产生的现金流量重新投入到企业的生产经营过程进行资金循环，因此，公司理财中的投资决策和融资决策都是建立在复利的基础之上的。

在计算资金时间价值时，为方便分析，我们往往使用现金流量图。现金流量图包括时期、现金流入和现金流出三个要素。如图 3 – 1 所示，0 表示现在，1 表示第 1 期末，n 表示第 n 期末。值得注意的是，这里的“期”指代产生利息的时间间隔，并不一定就是“年”。PV 是现值，FV 是终值。对于图 3 – 1，其经济含义可以理解为：第 n 期的现金流量 FV 在当前的价值为 PV，或者现在的现金流量 PV 在第 n 期末的价值为 FV。

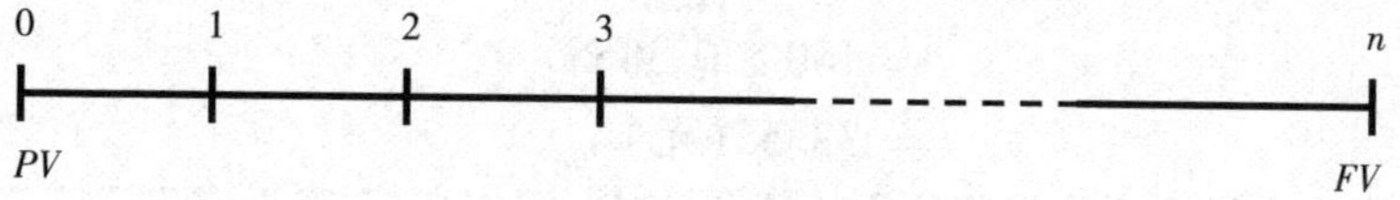

图 3 – 1　现金流量图

二、终值与复利

复利终值是确定当前现金之未来价值的过程。其计算公式为

$$FV = PV(1+i)^n \tag{3-1}$$

式中，FV 和 PV 分别代表终值和现值；i 为利率；n 为期数。$(1+i)^n$ 是复利终值系数，

可用符号（F/P，i，n）表示，其数值可以通过“复利终值系数表”获得。复利终值系数的经济含义是，当利率为 i 时，现在的1元钱在第 n 期后值多少钱，即现在1元钱的未来价值。不难发现，给定复利利率后，时间越长，复利终值越大。

【例3-1】

假设现在将100元存入银行，利率为10%，10年后可以得到多少钱？

根据公式（3-1），计算过程如下：

$$
\begin{aligned}
FV &= 100 \times (1 + 10\%)^{10} \\
&= 100 \times (F/P, 10\%, 10) \\
&= 100 \times 2.5937 \\
&= 259.37(\text{元})
\end{aligned}
$$

三、现值与贴现

复利现值是复利终值的逆运算，是确定未来现金的当前价值的过程。其计算公式为

$$PV = \frac{FV}{(1+i)^n} = FV(1+i)^{-n} \qquad (3-2)$$

式中，$(1+i)^{-n}$ 称为复利现值系数，用符号（$P/F,i,n$）表示，其数值可以通过“复利现值系数表”获得。复利现值系数的经济含义是，当利率为 i 时，未来第 n 期的1元钱在现在值多少钱，即未来1元钱的现在价值。不难发现，给定复利利率后，时间越长，复利现值越小。进一步推知，只要时间足够久远，未来一笔钱在现在的价值将趋于零。

【例3-2】

假设投资者计划在未来10年后获得本息100元，利率为10%，现在应该存入银行多少钱？

根据公式（3-2），计算过程如下：

$$
\begin{aligned}
PV &= 100 \times (1 + 10\%)^{-10} \\
&= 100 \times (P/F, 10\%, 10) \\
&= 100 \times 0.3855 \\
&= 38.55(\text{元})
\end{aligned}
$$

第二节　年金

上节复利终值与复利现值的计算都仅仅涉及了未来单个时期的现金流。在现实中，我们常常需要计算未来多个时期、每期现金流呈现一定特征的复利终值与复利现值，这种情形往往被称为年金（Annuity）。年金指在一定时期内，每期时间间隔相同且不

间断、每期金额相等且方向相同的系列现金流。与单期现金流相比，在多期现金流资金时间价值的计算中，每期现金的利息也会产生利息，因此，在计算年金的终值与现值时，要考虑利息的时间价值。根据现金流量发生时点的不同，年金可以分为普通年金、预付年金和递延年金；根据每期现金流量数额的不同，年金可以分为等额年金和增长年金；根据现金流量的支付期限，年金可以分为有限年金和永续年金。

一、普通年金

普通年金（Ordinary Annuity）又称后付年金，其现金流量的首次支付发生在第1期期末，是指在一定期限内、每期期末发生的等额现金流。普通年金是年金种类中最常见、最基本的形式。假设每期现金流量为 A，计息期数为 n，则 n 期普通年金的现金流量图如图3－2所示。

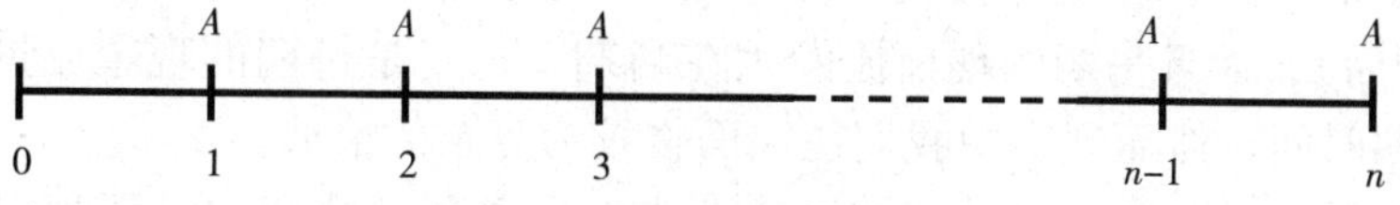

图3－2　普通年金现金流量图

（一）普通年金终值

普通年金终值是计算一定期限内、每期期末发生的等额现金流的复利终值之和。由图3－2可知，普通年金终值就是各期现金流量的复利终值之和。n 期年金的复利终值为

$$FV = A(1+i)^{n-1} + A(1+i)^{n-2} + \cdots + A(1+i)^{1} + A \tag{1}$$

（1）式两边同时乘以 $(1+i)$，可得

$$(1+i)FV = A(1+i)^{n} + A(1+i)^{n-1} + \cdots + A(1+i)^{2} + A(1+i) \tag{2}$$

（2）式与（1）式相减，可得

$$(1+i)FV - FV = A(1+i)^{n} - A \tag{3}$$

由（3）式，不难得出年金终值的计算公式：

$$FV = \frac{A(1+i)^{n} - A}{i} = A\frac{(1+i)^{n} - 1}{i} \tag{3-3}$$

式中，$\frac{(1+i)^{n}-1}{i}$ 是当 $A=1$ 时的年金终值，即每期现金流量为1元、利率为 i、持续 n 期的年金终值，又称为年金终值系数，通常用符号 $(F/A,i,n)$ 或 $FVIFA_{i,n}$ 表示，其数值可以通过"年金终值系数表"获得。

（二）普通年金现值

普通年金现值是计算一定期限内、每期期末发生的等额现金流的复利现值之和。从图3－2可知，普通年金现值就是各期现金流量的复利现值之和。n 期年金的复利现值为

$$PV = \frac{A}{(1+i)^{1}} + \frac{A}{(1+i)^{2}} + \frac{A}{(1+i)^{3}} + \cdots + \frac{A}{(1+i)^{n-1}} + \frac{A}{(1+i)^{n}} \tag{1}$$

（1）式两边同时乘以 $(1+i)$，可得

$$(1+i)PV = A + A(1+i)^{-1} + \cdots + A(1+i)^{-(n-2)} + A(1+i)^{-(n-1)} \quad (2)$$

（2）式与（1）式相减，可得

$$(1+i)PV - PV = A - A(1+i)^{-n} = A[1-(1+i)^{-n}] \quad (3)$$

由（3）式，不难得出年金终值的计算公式：

$$PV = \frac{A[1-(1+i)^{-n}]}{i} = A\frac{1-(1+i)^{-n}}{i} = A\frac{(1+i)^n - 1}{i(1+i)^n} \quad (3-4)$$

式中，$\frac{(1+i)^n - 1}{i(1+i)^n}$是当$A=1$时的年金现值，即每期现金流量为1元、利率为$i$、持续$n$期的年金现值，又称为年金现值系数，通常用符号$(P/A,i,n)$或$PVIFA_{i,n}$表示，其数值可以通过"年金现值系数表"获得。

（三）普通年金的变化

由上一小节可知，普通年金有三个特征：一是首次产生现金流的时间在第1期（也就是1期后），而且每期的现金流发生在当期末；二是每期的现金流量相等；三是有固定的到期时间。然而现实中我们往往面临较为复杂的情形。

1. 预付年金（Annuity Due）。如果现金流发生在每期的期初，那我们将其称为预付年金或先付年金。一个n期预付年金的现金流如图3－3所示。不难发现，图3－3与图3－2之间的主要区别就在于每期现金流的发生时间产生了变化。普通年金的现金流量发生在每期期末，而先付年金的现金流量发生在每期期初。也正因为如此，第1期的现金流发生在第1期期初（也就是第0期，即现在），第n期的现金流量发生在第n期期初（也就是第$n-1$期期末）。

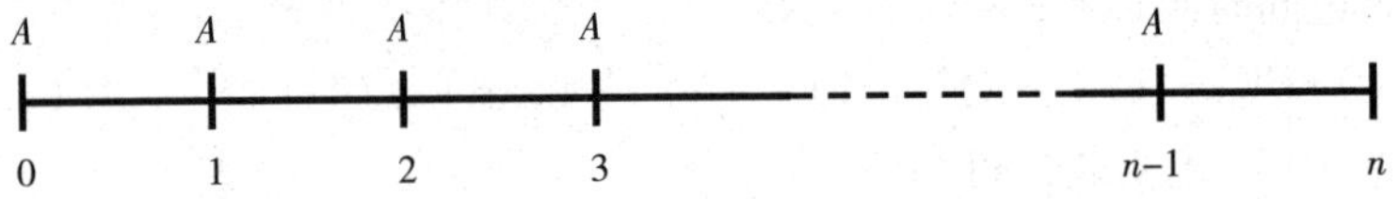

图3－3 预付年金现金流量图

第一，预付年金终值。预付年金终值依然是每期现金流量的复利终值之和。计算n期先付年金终值的一种方法为

$$\begin{aligned} FV &= A(1+i)^n + A(1+i)^{n-1} + A(1+i)^{n-2} + \cdots + A(1+i)^2 + A(1+i)^1 \\ &= (1+i)[A(1+i)^{n-1} + A(1+i)^{n-2} + \cdots + A(1+i) + A] \end{aligned}$$

不难发现，中括号中的公式显然是$n-1$期的普通年金终值的计算公式。由于n期先付年金与n期后付年金的付款期数相同，但付款时间不同，所以先付年金终值要比后付年金多计算一期利息。故而预付年金终值的计算公式为

$$FV = A \times (1+i) \times \frac{(1+i)^n - 1}{i} = A \times (F/A,i,n) \times (1+i) \quad (3-5)$$

［思考］我们还可根据n期先付年金终值与$n+1$期后付年金终值的关系来计算n期先付年金终值。如何推导？

第二，预付年金现值。预付年金现值依然是每期现金流量的复利现值之和。比较

普通年金和预付年金的现金流量图，我们可以把一个 n 期预付年金拆分成一个 $n-1$ 期的普通年金和一个发生在现在（第 0 期）的现金流，自然地，n 期预付年金现值就是二者的现值之和。n 期预付年金现值的计算公式为

$$PV = A + A \times (P/A,i,n-1) = A[1+(P/A,i,n-1)] \quad (3-6)$$

［思考］我们还可根据 n 期先付年金与 n 期后付年金的关系来计算 n 期先付年金现值。如何推导？

2. 递延年金（Deferred Annuity）。递延年金是指最初若干时期没有发生现金流的收付，在后面 n 期每一期都会产生等额现金流的情形。由图 3-4 可知，递延年金与普通年金的区别就在于，递延年金的首次现金流发生时间不是在第 1 期而是在第 $m+1$ 期；如果我们将 m 取值为 0，那么此时递延年金就变成了我们所常见的普通年金。

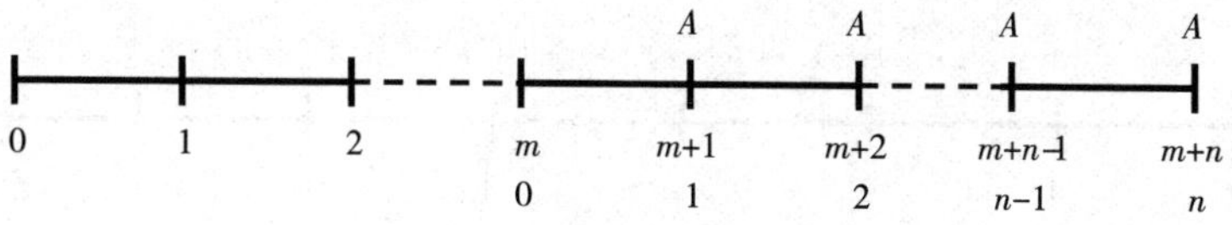

图 3-4 递延年金现金流量图

递延年金终值比较容易计算，只需简单地将各期现金流量的复利终值进行加总就行了。递延年金现值的计算有多种方法，一种常常被使用的方法是将贴现过程分为两步。

第一步，假定现在是第 m 期（令 m 等于0），利用普通年金现值公式求出 n 期年金在第 m 期的现值。

第二步，将递延年金在第 m 期的现值进一步地贴现到第 0 期，从而得到递延年金的现值。此步骤是非常简单地求未来单笔现金流的复利现值过程。

二、永续年金

没有到期时间、能够永远持续的年金就是永续年金（Perpetual Annuity）。与普通年金相比，其区别在于没有到期日。英国政府曾在 1751 年发行一种没有到期日、永不还本、对持有人承诺无限期支付固定年利息的政府公债，这种政府公债就是永续年金。优先股有固定股利，没有到期日，所以优先股股利可以看做永续年金。永续年金现金流量如图 3-5 所示。

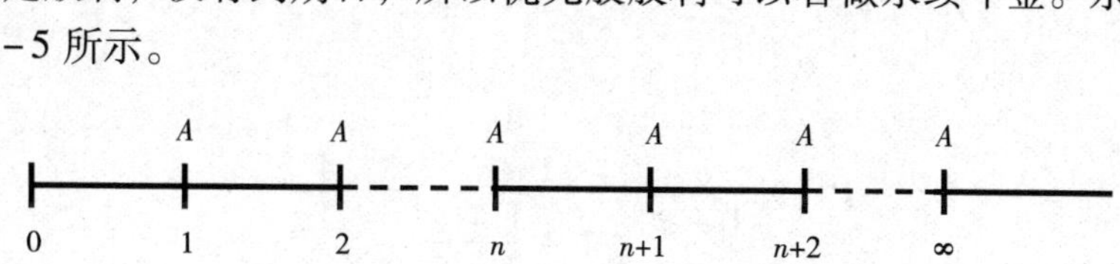

图 3-5 永续年金现金流量图

由普通年金的现值公式可以得出永续年金现值的计算公式：

$$PV = \lim_{n\to\infty}\frac{A[1-(1+i)^{-n}]}{i} = \frac{A}{i} \quad (3-7)$$

公式（3-7）可以写为 $PV \times i = A$，此时的经济含义是：将数额为 PV 的现金存入

银行，利率为 i，则每期可以获得利息 A。也就是说，一个每年获得现金流量支付 A、永远持续的年金的价值就等于 PV。

[**思考**] 如果永续年金的首次现金流支付不是发生在第 1 期，而是产生了延期支付的情形，此时如何计算永续年金现值?

三、永续增长年金

永续增长年金（Growing Perpetuity Annuity）是指一系列无止境的、每期按固定比率增长的现金流。假如增长速度为 g，那么永续增长年金的现金流量如图 3－6 所示。和普通年金的现金流量图进行比较，我们发现其特征是：没有到期时间、每期现金流量以固定速度 g 增长。

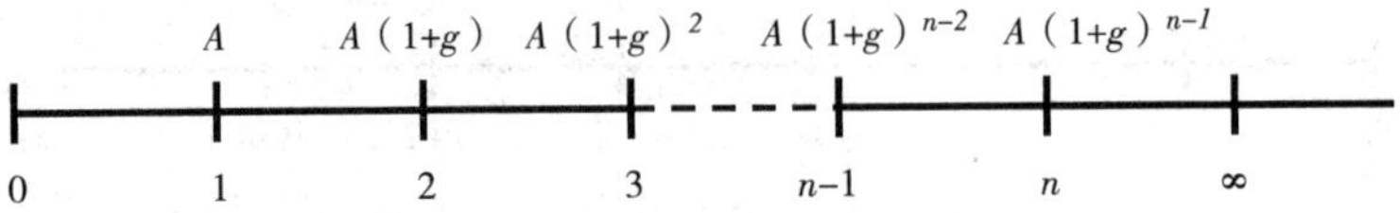

图 3－6　永续增长年金现金流量图

永续增长年金的复利现值为

$$PV = \frac{A}{(1+i)^1} + \frac{A(1+g)}{(1+i)^2} + \frac{A(1+g)^2}{(1+i)^3} + \cdots + \frac{A(1+g)^{n-2}}{(1+i)^{n-1}} + \frac{A(1+g)^{n-1}}{(1+i)^n} + \cdots \tag{1}$$

为方便，我们令 $a = \frac{A}{(1+i)^1}$，$x = \frac{1+g}{1+i}$，于是（1）式可写为

$$PV = a(1 + x + x^2 + x^3 + \cdots) \tag{2}$$

（2）式两边同时乘以 x，得到

$$PV \times x = a(x + x^2 + x^3 + \cdots) \tag{3}$$

（2）式减去（3）式，得到

$$PV - PV \times x = a$$

即

$$PV = \frac{a}{1-x} = \frac{\frac{A}{1+i}}{1 - \frac{1+g}{1+i}} = \frac{A}{i-g} \tag{3-8}$$

关于永续增长年金现值公式（3－8），有几点需要注意的地方。第一，分子是现在起一期后的现金流。也就是说，公式（3－8）所计算出来的现值时点是分子中现金流量发生时间的前一个时点。第二，为保证公式有经济意义，分母中 i 要大于 g。第三，现实世界中，现金的流入流出是随机的，几乎是连续不断的。而在公式中，我们假定现金流的发生是有规律的，这样可以节约很多计算时间，因而是合理的，应用中只要

不忘这是一个“假定”就可以了。

四、增长年金

增长年金是指有限时期内按固定比率增长的现金流。增长年金与永续增长年金的唯一区别是有到期时间。

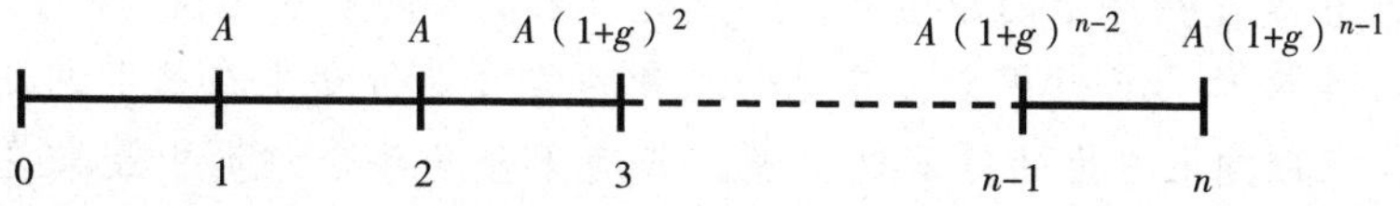

图 3－7　增长年金现金流量图

增长年金的复利现值为

$$PV=\frac{A}{(1+i)^1}+\frac{A(1+g)}{(1+i)^2}+\frac{A(1+g)^2}{(1+i)^3}+\cdots+\frac{A(1+g)^{n-2}}{(1+i)^{n-1}}+\frac{A(1+g)^{n-1}}{(1+i)^n} \quad (1)$$

同样的，为方便，我们令 $a=\frac{A}{(1+i)^1}$，$x=\frac{1+g}{1+i}$，于是（1）式可写为

$$PV=a(1+x+x^2+x^3+\cdots+x^{n-1}) \quad (2)$$

（2）式两边同时乘以 x，得到

$$PV\times x=a(x+x^2+x^3+\cdots+x^n) \quad (3)$$

（2）式减去（3）式，得到

$$PV-PV\times x=a(1-x^n)$$

即

$$PV=\frac{a(1-x^n)}{1-x}=\frac{\frac{A}{1+i}[1-(\frac{1+g}{1+i})^n]}{1-\frac{1+g}{1+i}}=\frac{A}{i-g}[1-(\frac{1+g}{1+i})^n] \quad (3-9)$$

值得说明的是，在永续增长年金现值公式（3－8）中需要注意的地方依然适用于增长年金现值公式（3－9）。

【本章小结】

1. 为评估长期投资项目的价值，公司财务经理需要预计项目未来现金流量的价值，并通过其与项目投资支出额的比较来评价投资方案的可行性。

2. 资金时间价值，是指现在 1 元钱与未来 1 元钱之间的价值关系，也经常被称为货币时间价值。

3. 由于经济价值的不同，不同时点的现金不能直接进行比较，需要将它们转化为相同时点的钱之后才能进行大小的比较和计算。

4. 终值和现值是计量资金时间价值的两种主要方法。其中，终值是确定当前资金在未来某个时刻的价值，而现值则是确定未来某个时刻的资金在现在时点的价值。

5. 资金时间价值的计量有单利和复利两种模式。单利是指仅对期初的本金计算利息。复利是指当期利息会在当期末加入本金后作为下一期计算利息的基础。

6. 复利终值是确定当前现金的未来价值的过程。

7. 复利现值是复利终值的逆运算，是确定未来现金的当前价值的过程。

8. 普通年金又称为后付年金，其现金流量的首次支付发生在第 1 期期末，是指在一定期限内、每期期末发生的等额现金流。普通年金是年金种类中最常见、最基本的形式。

9. 如果现金流发生在每期的期初，那我们将其称为预付年金或先付年金。

10. 递延年金是指最初若干时期没有发生现金流的收付，在后面 n 期每一期都会产生等额现金流的情形。

11. 没有到期时间、能够永远持续的年金就是永续年金。

12. 永续增长年金是指一系列无止境的、每期按固定比率增长的现金流。

13. 增长年金是指有限时期内按固定比率增长的现金流。

【重要概念】

资金时间价值　终值　现值　单利　复利　年金　普通年金
预付年金　递延年金　永续年金　永续增长年金　增长年金

【扩展阅读】

"当货币遇上时间，会产生怎样的化学反应？货币是什么，历经了哪些形态？为什么一鸟在手胜于两鸟在林？复利的威力到底有多大？"中国大学慕课（MOOC）课程、国家精品在线开放课程《生活中的货币时间价值》将会告诉您答案。有兴趣的同学可以参与学习。

网址：https://www.icourse163.org/course/JNU－1002039003/。

【思考与练习】

1. 什么是资金的时间价值？为什么资金具有时间价值？

2. 复利和单利之间的区别是什么？

3. 现值和终值之间互为逆运算吗？为什么？

4. 什么是年金？如何计算年金的终值与现值？

5. 普通年金存在几种特殊的变化，分别是哪些？

6. 某人的小孩在 6 年后需支付 10 000 元的学费，当年利率为 15%，问现在他应该一次性存入银行多少钱？

7. 某人的小孩在 6 年后需支付 10 000 元的学费，当年利率为 15%。他准备从现在开始于每年初分 6 次存钱，请问他每次应存入银行多少钱？

8. 某企业向银行借入一笔款项，期限 5 年，贷款利率为 10%，银行规定前 2 年不用还款付息，从第 3 年至第 5 年每年偿还 1 000 元，问这笔款项的现值是多少？

9. 老张正考虑出售一片空地。昨天，甲提出以 10 万元做一次性征地补偿，他正准备接受；又有一个人乙报价 107 219 元，但 3 年后付款。已知两买主皆有诚意，且均有支付能力，他应选择哪个报价呢？使用两种方法解答。

第四章

资本预算基础：现金流量

公司净利润与现金流量之间的不匹配是一个普遍现象。某“千亿房企”2018年中报显示：上半年公司实现营业收入为157.58亿元，同比增长39.10%；净利润为25.38亿元，同比增长122.81%。但是，公司上半年经营活动产生的现金流量净额却为-91.36亿元，而且2017年第一季度以来，公司在连续6个报告期内，经营活动产生的现金流量净额都为负。无独有偶，某公司2021年度财务报告披露，营业收入为751.1亿元，净利润为73.35亿元，但是，经营活动产生的现金流量净额为-55.89亿元。为什么在公司业绩大幅增长的情况下，净利润与经营现金流量之间出现巨大差异？

地产行业的年均净利润率不足以填补资金缺口，其高度依赖外部融资推动增长。当行业低谷突然来袭时，对外部融资的高度依赖将导致企业的资金链危机。在2020年“三道红线”政策出炉后，各大房企开启降负债通道，以期实现自身的健康可持续发展。2021年6月24日，中国恒大发布公告称已安排自有资金偿还即将到期的美元债以及所有境外美元债到期的应付利息，并且恒大到2022年3月前，再无到期的境内外公开市场债券。但是，在苦苦挣扎了近半年之后，恒大地产集团公司于2021年12月3日在香港联交所发布公告，宣布无法履行一项2.6亿美元的担保义务。这触发了美元债交叉违约机制，同时也开启了这家身陷危机的房地产巨擘正式违约的历程。

可见，资金链断裂风险与企业发展如影随形。从以前巨人集团、德隆集团等公司的倒闭，到最近几年常常见诸报端的企业老板出逃，原因都惊人地相似：资金链断裂导致企业经营失败。那么，为什么现金如此重要？为什么净利润大幅增长的同时，现金的增长却为负数？我们应该使用什么指标来衡量公司或投资项目的收益？

第一节　现金流量概述

企业投资项目的实施首先表现为对现金的占用，而后通过未来投资项目的运营来获得收益。基于企业价值最大化的财务目标，我们需要使用一些特定方法来分析投资项目的可行性。而投资项目可行性分析的第一步就是衡量项目收益。

一、什么是现金流量

现金流量（Cash Flow）简单来说，是指在一段时间内流入或流出现金账户的钱。按照现金流量的方向，投资项目在不同时点实际发生的现金流量可分为现金流入量和现金流出量。显然，现金流入量是指因投资项目引起的企业现金收入的增加额；现金流出量是指因投资项目引起的企业现金支出的增加额。现金流入量和现金流出量之间的差额被称为净现金流量（Net Cash Flow，NCF）。

二、现金流量与净利润

如何衡量项目收益？我们往往不由自主地想到净利润。然而，公司理财以项目的预期现金流量为基础估计项目价值，而不是项目的净利润。之所以如此，是因为现金流量体现时间价值，是客观的，而净利润会受盈余管理等很多主观因素的影响，不能准确反映项目的盈利状况。

第一，净利润和现金流量的确认原则不一样。一般地，在一个简化利润表中，营业收入扣除营业成本、销售费用、管理费用之后即为息税前利润，息税前利润扣除财务费用、公司所得税之后即为净利润。净利润依据权责发生制计算，一些在会计上被确认为营业收入的项目并不意味着会有等额的现金流入，而一些费用性项目往往不会产生相应的现金流出。比如，公司赊销货物后形成的应收账款，尽管此时并没有真正发生现金收入，但会计上可以确认为销售收入和利润；购置固定资产时支出大量现金，但会计并不在当期计入成本；一些非付现成本（如折旧和摊销）在会计上被视为使利润减少的成本项目，但是却没有真正发生现金流出；经营性流动资金的增加会导致现金流出，但却不会在净利润里面反映。可见，净利润并不能真实反映项目收益状况，也不能体现出现金流量产生的实际时点，因而不能准确反映投资项目的价值。现金流量依据收付实现制计算，按照现金收入和支出的实际发生时间确认现金流量，能够客观而准确地反映投资项目收益和成本发生的实际时点和数额，更能体现货币的时间价值。所以，投资决策的基础是现金流量，而非会计角度的净利润。

第二，净利润和现金流量是否在经济含义上匹配期初投资额。净利润是扣除了营业成本及相关费用后的公司净收益，在计算过程中以利息的方式反映公司的债务资本成本，但是期初总投资的资金来源一般包括债务和权益，因而净利润不能认为是期初投资额的本金收回或是有关资本成本的收回，净利润和期初总投资在经济含义上是不匹配的。投资项目产生的现金流量等于流向债权人的现金流量和流向股东的现金流量之和，因而和期初总投资在经济含义上是匹配的。

第二节　估计现金流量应注意的问题

在公司理财的实践中，很可能会发生这样的情况，即一个看上去盈利的项目没有被公司采纳，这其中的一个原因是公司对投资项目的估算与提出项目的部门并不一样。遵循企业价值最大化的财务目标，公司理财认为投资项目对公司整体价值的额外影响才是项目价值。也就是说，我们应该在考虑投资项目是否会导致公司整体现金流量增加或减少的基础上判断项目可行性。所以，资本预算最重要的一步就是准确核算项目的现金流量。既然从公司价值的角度分析项目价值，那么准确核算项目现金流量的一个基本原则就是增量现金流量（Incremental Cash Flow）原则。增量现金流量，是指投资项目对公司整体现金流量的影响，或者指实施投资项目后公司整体现金流量的额外变化，这才是与项目价值有关的现金流量。

增量现金流量是企业资本预算的基础，只有增量现金流量才属于项目现金流量。因此，若某公司增加一台新设备，则决策时只需考虑这一台新设备给公司带来的增量销售量、增量销售额、增量成本，而不必考虑公司的其他资产、收入和成本状况。具体地，在把握这一基本原则的基础上，我们还需注意以下几个问题。

一、考虑项目的所有附带效果

增量现金流量原则要求我们从公司整体的角度来考虑投资项目实施后公司现金流量的变化。企业在进行资本预算时，不应只关注投资项目本身带来的现金流量，还应将项目对公司造成的现金流量的增加或减少包括在内，也就是要考虑项目的所有附带效果，也有学者称其为“侵蚀效应”。

一个投资项目会对公司的其他项目产生影响，这种影响类似于经济学中的“正外部性”和“负外部性”。“负外部性”是指投资项目会损害公司其他项目的发展，导致现金流出。比如，如果某个新项目会相应减少旧产品的生产，导致旧产品的产量和销量下降，则应将这一下降量作为相关现金流量在新项目的销售量中扣除，由此计算得出的才是真正属于项目的增量现金流量。因此，假设新药物的问世可能影响公司现在生产的另一种药品，预计可使其销售额下降，那么此负向影响需要纳入项目的现金流量中吗？答案是肯定的。“正外部性”是指投资项目有助于公司其他项目的发展，产生现金流入。比如，一些大型设备（比如飞机制造商）制造企业获得的现金流入量除了产品本身的销售收入之外，还包括向客户提供维修保养、更换零部件等服务所获得的现金流入。总的来说，产生“负外部性”的项目可能和公司原有项目是竞争性的关系，而产生“正外部性”的项目很可能和公司原有项目之间是互补性的关系。

特别要指出的是，基于增量现金流量原则，产生“负外部性”的项目可能会带来额外的现金流入，而产生“正外部性”的项目可能会带来额外的现金流出。比如，公司若预期新产品将导致旧产品销售量下降，那么将减少旧产品的生产，这就节省了旧产品的生产成本，从而产生相关的现金流入。

二、忘记沉没成本

沉没成本是项目历史上发生的现金流出，其已经在过去对公司价值造成影响，与现在关于项目实施与否的决策无关，所以根据增量现金流量原则，投资项目的现金流量分析中不应该考虑沉没成本。沉没成本就像“被打翻的牛奶”，或者就像“黄河之水天上来，奔流到海不复回”，其发生在目前关于项目决策的时点之前，是不可逆转、不可再收回的现金流量。不管项目是被接受还是被拒绝，这些成本都对项目的现在决策无影响。

2001 年诺贝尔经济学奖获得者、美国经济学家约瑟夫·斯蒂格利茨曾举例说明什么是沉没成本。他说，“假如你花 7 美元买了一张电影票，你怀疑这个电影是否值 7 美元。看了半个小时后，你最担心的事被证实了：影片糟透了。你应该离开影院吗？在做这个决定时，你应当忽视那 7 美元。它是沉没成本，无论你离开影院与否，钱都不会再收回。”可见，公司理财对待沉没成本的态度是：立足当期，从企业价值最大化的角度分析项目未来收益对企业价值的影响，进而作出决策。

三、考虑机会成本

虽然有“成本”二字，但机会成本事实上却是一种被放弃的收益。根据经济学定义，一旦资源被投资项目占用，那么公司就失去了将此资源应用于其他用途的机会，这些机会中所能获得的最大收益就是机会成本。值得注意的是，机会成本是潜在的，这种收益并不是实际发生的，所以有时候很难估计。如果投资项目需要占用公司闲置的仓库，虽然此时不会产生任何现金流出，但公司却失去了将仓库出租的机会，那么租金收入可当作此投资项目的机会成本；如果投资项目需占用公司的一块土地，那么土地的出售收入可当作此投资项目的机会成本。但是，如果公司明确规定不允许对外出租或出售某些固定资产，那么问题就简单了，我们可以不用考虑该类资源占用引发的机会成本问题。

四、当心分摊的管理费用

公司的每一项投资都会产生相应的管理费用，并从当期损益中扣除。根据增量现金流量的基本原则，我们要注意只有项目带来的额外管理费用才能算作项目的现金流量，而不是按会计分摊的管理费用。比如，因为投资项目的实施，需要增加管理人员或行政人员的费用，这才是和投资项目相关的现金流量，应该在投资项目的现金流量中反映。而对那些企业原本就要发生的，不受投资项目实施与否影响的管理费用，就不应包括在投资项目的现金流量之中。

五、忽略利息等融资成本

在进行投资决策时，公司理财往往将投资决策和融资决策分开，从全部资本的角度考虑项目资产所创造的现金流量。这样做的理由可以归纳为两个方面。一方面，投资项目的资金来源包括债务和权益，因而项目资产所创造的现金流量理应由债权人和股东共同分享。另一方面，由于我们假定公司财务目标是企业价值最大化，而企业价值又是由债务价值和权益价值构成，所以对于投资项目而言，我们关心的是全部资产所产生的现金流量。

事实上，公司财务中用两种方式来处理利息费用对于投资项目的影响。第一，从股东收益出发，将利息从投资项目的增量现金流量中扣除，计算出由项目产生的属于股东的现金流量，此时现金流量的折现率应该是股东所要求的收益率。第二，从公司整体价值出发，计算投资项目产生的、可由债权人和股东共同拥有的现金流量，此时的折现率应该是投资者（股东和债权人）所要求的收益率。需要注意的是，如果从投资项目的现金流量中扣除了利息，又使用全部投资者要求的收益率进行贴现，那么就等于错误地重复考虑了融资成本。另外，这两种方法在公司理财实践中都有所应用，但第二种方法使用得更多。这是因为，在给定资本结构的情况下，我们可以很方便地随时根据不同的负债水平和风险情况来调整投资者所要求的收益率（也就是贴现率），这方面的内容在后文的融资决策和资本结构章节中会有详细的解释。

六、注意净营运资本的变化

为使项目正常运营，企业新投资项目引起对流动资产的需求，一般包括在现金、存货和应收账款等流动资产上的投资，这会导致对现金的占用。另外，企业新投资项目也会引起应付账款等流动负债增加，这会补充一部分项目运营所需要的资金，从而降低企业对资金的实际需要。流动资产扣除流动负债之后就是净营运资本。显然，净营运资本为正表示现金流出量，为负则意味着现金的收回。

公司在净营运资本上的投资是保证项目正常运转的必要条件，其在整个项目寿命期内围绕项目的运营进行周而复始的循环周转。只有当项目结束时，存货全部出售、应收账款收回、应付账单全部付清，项目期初投入的全部营运资本才以现金的方式收回。和项目期初相比，在项目营运期间，每期的流动资产和流动负债都可能会发生变化，从而每期的净营运资本也会发生变化。为了确定净营运资本的变化，最直接的办法就是用净营运资本的期末值减去期初值。

若差值为正，则表示本期追加了净营运资本的投资，表现为现金流出；若差值为负，则表示本期收回了一部分在净营运资本上的投资，表现为现金流入。如果项目运营期间的经营状况比较稳定，或者净营运资本的变化对项目现金流量的影响较小，我们就可以不用考虑项目存续期内净营运资本的变化。

七、税收

项目运营期间的税负是现金流出，在计算增量现金流量时要扣除税负支出。固定资产残值收入的税负问题尤其需要注意，我们一般根据固定资产账面价值和市场价值之间的差异计算税负问题。如果固定资产账面价值大于市场价值，那么意味着固定资产的处理带来亏损，可以减免税金。如果固定资产账面价值小于市场价值，那么意味着固定资产的处理带来收益，需要缴纳所得税。

第三节　现金流量的构成与计算

一、按项目寿命期理解现金流量

我们首先将投资项目分为期初、期中和期末，并按照现金流量的发生时间，将项目现金流量分为初始现金流量、经营现金流量和终结现金流量。这种分类方法比较简单，便于我们根据项目寿命期理解和计算现金流量。

（一）初始现金流量

初始现金流量包括企业为使该项目完全达到设计生产能力、开展正常经营而在期初投入的全部资金。

一般来说，初始现金流量包括以下几个方面。第一，固定资产投资。比如厂房、设备等固定资产投资的建造、购置成本以及运输、安装成本等与新资产相关联的资本性支出。此时，我们假定固定资产投资在期初一次性全部投入。第二，净营运资本投资。公司理财一般定义净营运资本为流动资产与流动负债之间的差额，其主要构成为现金、存货、应收账款和应付账款。在计算项目所需的净营运资本时，最简单的假设就是公司在项目开始时投入净营运资本，项目运营期间净营运资本水平保持不变，并最终在期末收回全部净营运资本。如果每期的销售收入稳定，那么这种假设就是适当的。当然，在公司理财实践中，更常见的情形是项目运营期间，净营运资本随着销售收入的变化而变化，我们在随后将用一个实例解释这种情况。第三，其他投资费用。其他投资费用包括与投资项目有关的人员培训费、注册费或固定资产更新时原有固定资产的变价收入。变价收入是指固定资产更新时原有固定资产变卖所得的现金收入，这里当然要根据固定资产的账面价值与市场价值之间的差异计算相关税负。

（二）经营现金流量

项目投产后，在生产经营过程中产生的现金流量被称为经营现金流量，这种现金流量一般以年为期计算。在生产经营活动中，现金流入主要是投资项目运营所带来的营业收入，现金流出主要包括营运期间所发生的付现成本和税负支出。

常见的经营现金流量包括以下几种。第一，投资项目的营业现金收入，是指项目经营期间由于销售产品或提供服务而带来的现金流入。第二，付现成本，是指营业成本中实际产生了现金支付的项目，如工人工资、销售费用等。这里尤其要注意的是，折旧并不是现金流出量，因债务融资带来的利息支付和偿还的本金也不包括在内。第三，税收。第四，净营运资本的变化。在项目运营期内，流动资产和流动负债会产生变化，因而导致净营运资本发生变化。根据现金流量确认的基本原则，净营运资本增加表示当期追加流动资金，是现金流出量，而净营运资本减少则意味着现金的收回，是现金流入量。计算经营现金流量有以下三种方法。

第一，直接法或顺推法。这种方法从营业收入开始，依次减掉付现成本、费用、所得税之后获得项目经营带来的现金流入量。由于公司财务中按照收付实现制确定现金流量，所以整个计算过程中，诸如固定资产的折旧、无形资产的摊销额、开办费的摊销额等不以现金支付的非付现成本不能扣除。具体公式如下。

经营现金流量 = 营业收入 − 付现成本 − 所得税

第二，间接法或逆推法。直接法是从利润表的最顶端一项开始，而间接法则是从利润表底端的净利润（无杠杆净收益）开始。由于净利润扣除了一些没有实际发生现金流的项目（非付现成本），所以间接法从净利润（无杠杆净收益）开始，将这些非付现成本逐步加回，最终得到经营现金流量如下。

经营现金流量 = 营业收入 − 付现成本 − 所得税
= 营业收入 −（营业成本 − 非付现成本）− 所得税
=（营业收入 − 营业成本 − 所得税）+ 非付现成本
= 无杠杆净收益 + 非付现成本

在利润表中，息税前利润扣除财务费用和公司所得税后可得到净利润。但是，根据忽略利息等融资成本的现金流量确认原则，无杠杆净收益在计算时不能扣除财务费用。也就是说，净利润与无杠杆净收益的差别在于是否扣除了财务费用。实际上，此时：

无杠杆净收益 = 息税前利润 − 所得税

式中，两边加上非付现成本，得到

无杠杆净收益 + 非付现成本 = 息税前利润 − 所得税 + 非付现成本
= 经营现金流量

第三，税盾法。在会计上折旧被当作利润的一个减项，但在公司财务中折旧并不是现金流出。税前扣除的折旧减少了公司的应税所得，所以导致公司的税额变少了，这种现象被称为折旧税盾（Depreciation Tax Shield）。如何更好地发挥折旧税盾对公司收益的积极作用？对这一问题的考量影响了公司的折旧方法，公司经常出于会计目的和纳税目的而选择不同的折旧方法。具体公式如下。

经营现金流量 = 无杠杆净收益 + 非付现成本
=（营业收入 − 付现成本 − 非付现成本）
×（1 − 所得税税率）+ 非付现成本
=（营业收入 − 付现成本）×（1 − 所得税税率）
− 非付现成本 ×（1 − 所得税税率）+ 非付现成本
=（营业收入 − 付现成本）×（1 − 所得税税率）
+ 非付现成本 × 所得税税率

式中，的第一项就是假定没有折旧等非付现成本时的现金流量。第二项就是扣除折旧等非付现成本所带来的税负减少。

（三）终结现金流量

投资项目期末终结时产生的现金流量被称为终结现金流量。一般包括下面几个类型。第一，考虑税收之后的固定资产残值收入或变价收入。若固定资产账面价值大于市场价值，那么就可以按照二者之间的差额、根据所得税税率来抵减所得税，形成现金流入量；若固定资产账面价值小于市场价值，那么就会产生所得税，形成现金流出量。第二，期初垫支在各种流动资产上的现金收回。在投资项目终结时，投入的所有净营运资本会以现金的方式完全收回，即存货全部售出，现金账户全部清算，应收账款全部收回。由于税法将其视为资本项目的内部转移，并不涉及税收因素，因此收回的净营运资本是现金流入量。

二、自由现金流量

根据现金流量发生时间的不同，上文将产生在项目初期、运营期间、项目期末的现金流量分别称为初始现金流量、经营现金流量和终结现金流量。不过，我们可以使用一个简化公式直接将上述不同时期的现金流量包含在内，这就是公司理财中普遍使用的自由现金流量（Free Cash Flow，FCF）的计算方法。计算公式如下。

$$
\begin{aligned}
\text{自由现金流量} &= \text{经营现金流量} - \text{资本性支出} - \text{净营运资本的增加} \\
&= (\text{营业收入} - \text{付现成本} - \text{非付现成本}) \times (1 - \text{所得税税率}) \\
&\quad + \text{非付现成本} - \text{资本性支出} - \text{净营运资本的增加} \\
&= (\text{营业收入} - \text{付现成本}) \times (1 - \text{所得税税率}) - \text{资本性支出} \\
&\quad - \text{净营运资本的增加} + \text{非付现成本} \times \text{所得税税率}
\end{aligned}
$$

不难看出：上述公式的第一项即为无杠杆净收益，其与非付现成本之和即为经营现金流量；资本性支出一般在期初发生；净营运资本的增加考虑了项目运营期间资金占用的变化。因此，我们认为该公式可以包含项目存续期内的现金流量。

自由现金流量概念最早于20世纪80年代由美国学者提出，现在已经成为企业价值评估领域使用最广泛的指标之一。所谓自由现金流量，是指企业产生的、在满足了再投资需要之后的剩余现金。由于已经将企业存续所需的现金从公司收益中扣除，因而自由现金流量是可以分配给企业投资者（股东和债权人）的最大现金额。企业价值体现为负债价值与股东权益价值之和，企业资产产生的现金流量也一定等于流向债权人的现金流量和流向股东的现金流量，因而自由现金流量可用于评估公司价值。

从自由现金流量中扣除支付给债权人的现金流量之后，剩下的余额被称为权益现金流量。在第十一章关于企业价值评估的内容中，会对权益现金流量进行详细解释，本章先简要给出权益现金流量的计算公式。

$$
\begin{aligned}
\text{权益现金流量} &= \text{净利润} + \text{非付现成本} - \text{银行本金偿付} \\
&\quad - \text{净营运资本的增加} - \text{资本性支出}
\end{aligned}
$$

第四节　现金流量计算实例

估算项目价值的首要基础工作是根据增量现金流量原则计算项目的自由现金流量。公司所投资的项目可分为独立项目和互斥项目。独立项目是指项目之间相互独立，接受或拒绝某一个项目并不影响公司对其他项目的选择，即独立项目之间可以并存、独立决策。如果不考虑其他情况，只要公司资金足够，就可以同时投资所有盈利性的独立项目。互斥项目是指项目之间不能同时并存，公司只能从这些项目中选择某一个项目。比如，公司准备投资一个面向未来的新产品研发项目，还准备引进一套旨在提升企业数字化程度的管理系统。如果没有资金限制，新产品研发项目和数字化管理系统项目就是独立项目；如果有资金限制，独立项目就将变为互斥项目，在当期公司就只能从这两个项目中选择一个投资。

下面我们通过两个假想的例子介绍资本预算中现金流量的识别和计算。为方便理解，我们将从简单的情形开始，随后再引入一些复杂情况的处理。

一、独立项目的现金流量计算

（一）基本假设

GDUF 公司是一家成长型高科技儿童教育公司，正在考虑是否投资于一个人工智能学习机器人的新项目。除了智能识别和理解儿童特定的语音，该款人工智能学习机器人还能根据儿童成长规律，按照特色教育体系使用优质素材科学设计教育内容，帮助孩子在习惯、表达、交往、探索等方面养成卓越能力。当然，该产品也可以实现视频对话和远程监控。为评估新产品的可行性，公司已经投入 50 万元，委托专业的市场调研公司进行了细致的可行性研究。基于市场调查数据，预测新款人工智能学习机器人的年销售量为 20 000 个，每个销售价格为 1 200 元。考虑到科技革命和产业变革的加速演进，公司预计该产品的生命周期为 4 年。新款人工智能学习机器人的外观与应用软件研发费用为 220 万元。公司将建设一条新生产线以满足新款人工智能学习机器人的生产需求，初始投资为 800 万元，将在 4 年的时间里平均提取折旧，期末无残值。生产新产品的变动成本为每个 500 元，每年的固定成本为 60 万元。公司所得税税率为 34%。

（二）计算无杠杆净收益

给定上述信息，可以预测新款人工智能学习机器人的收入和成本，并在此基础上计算该项目每期的无杠杆净收益，如表 4－1 所示。在未来 4 年里，该项目每年将产生销售收入 20 000×1 200＝2 400 万元，每年的变动成本总额为 20 000×500＝1 000 万元。新项目发生的研发支出作费用化处理，列在表 4－1 第 4 行。按照要求的直线折旧法，建造新生产线的初始投资需要在每年计提折旧费用 200 万元。在第 0 年，项目的息税前利润为负，因而产生的所得税费用为－74.8 万元，这是因为费用化处理研发支出后，新项目带来的税费抵免。

表4－1　　预测新项目的增量收益　　单位：元

编号	项目	0	1	2	3	4
1	销售收入		24 000 000	24 000 000	24 000 000	24 000 000
2	变动成本		10 000 000	10 000 000	10 000 000	10 000 000
3	固定成本		600 000	600 000	600 000	600 000
4	研发支出	2 200 000				
5	折旧		2 000 000	2 000 000	2 000 000	2 000 000
6	息税前利润	－2 200 000	11 400 000	11 400 000	11 400 000	11 400 000
7	所得税（34%）	－748 000	3 876 000	3 876 000	3 876 000	3 876 000
8	无杠杆净收益	－1 452 000	7 524 000	7 524 000	7 524 000	7 524 000

需要注意以下几方面的问题。第一，沉没成本。市场调研费用已经支出，该笔现金流量与现在的投资决策无关，因而是沉没成本，不是新项目的增量现金流量。第二，折旧。在简化的利润表中，营业收入扣除营业成本、销售费用、管理费用、研发费用之后即为息税前利润。虽然折旧在利润表中没有作为单独科目列示，但根据固定资产的用途，每年计提的折旧费用被相应地计入利润表中的制造费用、销售费用、管理费用，所以折旧通过这些费用性项目影响了企业利润。在本例中，为简单起见，折旧被作为单独项目列示。第三，利息支出。息税前利润扣除财务费用、公司所得税之后就是净利润。但是，企业价值最大化的财务目标要求公司从全部投入资本的角度考虑项目价值，因而即使项目的资金筹集使用了债务，与债务相关的利息支出也不能当作项目的相关现金流量。这也是上述现金流量计算间接法和表4－1中将项目净收益称之为无杠杆净收益的原因。本例中，我们甚至于没有提及项目资金筹集中的债务信息。

（三）进一步的思考

第一，机会成本。基于企业价值最大化的公司财务目标，识别项目现金流量需要根据增量现金流量原则。投资项目可能会利用企业现有资源，比如，假设新建生产线需要占用一间闲置的厂房，那么在这种情况下如何考虑这间厂房对项目现金流量的影响呢？这取决于该厂房的现有用途和未来的使用计划。如果该厂房现在没有产生现金流量，公司也不准备在未来将其出租或使用于其他用途（比如，公司可能会规定：严禁将闲置的厂房和生产设备出租），那么就不用考虑使用该厂房所带来的机会成本。但是，如果该厂房正在准备对外出租或者出售，那么新项目生命周期内的厂房租金或出售收入将会负向影响项目的增量现金流量，即厂房的机会成本为放弃的租金或出售收入。假设这4年间，每年的租金收入为10万元，于是每年的经营费用将增加10万元，如表4－2第2行，变动成本增加至1 010万元。

表 4-2　　　　机会成本对新项目增量收益的影响　　　　单位：元

编号	项目	0	1	2	3	4
1	销售收入		24 000 000	24 000 000	24 000 000	24 000 000
2	变动成本		10 100 000	10 100 000	10 100 000	10 100 000
3	固定成本		600 000	600 000	600 000	600 000
4	研发支出	2 200 000				
5	折旧		2 000 000	2 000 000	2 000 000	2 000 000
6	息税前利润	-2 200 000	11 300 000	11 300 000	11 300 000	11 300 000
7	所得税（34%）	-748 000	3 842 000	3 842 000	384 2000	3 842 000
8	无杠杆净收益	-1 452 000	7 458 000	7 458 000	7 458 000	7 458 000

第二，项目的外部性。新产品的销售将会影响公司已有相关旧产品的销售量。虽然新产品的销售增加了企业的经营活动收益，但是旧产品销售量的下降却导致经营活动收益降低。由于旧产品销售收入的下降是新产品引起的，因而是相关现金流量。根据增量现金流量原则，新项目的现金流量需要考虑旧产品销售量下降带来的影响。假设新款人工智能学习机器人项目中，预计有将近 20% 的销售量来自旧款学习机器人产品。

假设旧款学习机器人产品的销售单价为 900 元，则预期的销售收入将下降 20% × 20 000 × 900 = 360 万元，因而新产品的预测销售收入将从 2 400 万元下降到 2 040 万元，如表 4-3 第 1 行所示。

表 4-3　　　　项目外部性对新项目增量收益的影响　　　　单位：元

编号	项目	0	1	2	3	4
1	销售收入		20 400 000	20 400 000	20 400 000	20 400 000
2	变动成本		8 900 000	8 900 000	8 900 000	8 900 000
3	固定成本		600 000	600 000	600 000	600 000
4	研发支出	2 200 000				
5	折旧		2 000 000	2 000 000	2 000 000	2 000 000
6	息税前利润	-2 200 000	8 900 000	8 900 000	8 900 000	8 900 000
7	所得税（34%）	-748 000	3 026 000	3 026 000	3 026 000	3 026 000
8	无杠杆净收益	-1 452 000	5 874 000	5 874 000	5 874 000	5 874 000

新产品将对公司现有旧产品产生负外部性，即新产品的问世导致旧产品销售量下降。同时，我们千万不要忘记隐藏于负外部性中的正外部性，即考虑到旧产品销售量的下降，公司将减少旧产品的生产，因而旧产品的生产成本将下降。假设现有旧款学习机器人产品的成本为每个 300 元，则产品销售成本将下降 20% × 20 000 × 300 = 120

万元，因而新产品所预测的生产成本将从1 000万元下降至880万元，在考虑了机会成本之后，变动成本变为890万元，如表4－3第2行所示。

第三，经营数据的变化。上文假定每年的销售量、销售价格、生产成本以及费用性项目等经营数据维持不变，这不符合公司的实际经营情况。消费者对新产品往往有一个逐步接受的过程，行业竞争者也将推出功能相似的竞争性产品，这将导致销售量呈现一个从增加到下降的过程，销售价格也将呈现下降趋势。受到“学习曲线”的影响，生产的熟练度将逐步增加，这意味着制造成本将呈现下降趋势。基于上述分析，我们假定：第一年到第四年的销售量分别为20 000个、25 000个、21 000个、11 000个；单位销售价格以及生产成本逐年下降10%。根据这些信息调整表4－3的相关内容，得到表4－4的无杠杆净收益。

表4－4　　经营数据对新项目增量收益的影响　　单位：元

编号	项目	0	1	2	3	4
1	销售收入		20 400 000	22 500 000	16 632 000	7 642 800
2	变动成本		8 900 000	9 850 000	7 345 000	3 449 500
3	固定成本		600 000	600 000	600 000	600 000
4	研发支出	2 200 000				
5	折旧		2 000 000	2 000 000	2 000 000	2 000 000
6	息税前利润	－2 200 000	8 900 000	10 050 000	6 687 000	1 593 300
7	所得税（34%）	－748 000	3 026 000	3 417 000	2 273 580	541 722
8	无杠杆净收益	－1 452 000	5 874 000	6 633 000	4 413 420	1 051 578

第四，净营运资本的变化。净营运资本体现为流动资产与流动负债之差，反映了保持项目正常运转而垫付的资金。上面的表格在计算项目的无杠杆净收益时，并没有考虑每期净营运资本可能会发生变化的实际情况。假设人工智能学习机器人项目在投产之初时，需要投资210万元购买原材料，以后每年的应收账款和应付账款分别是销售收入和变动成本的10%，并且，在期末，所有的净营运资本都将变现。新项目的净营运资本增加如表4－5所示。

表4－5　　新项目净营运资本的变化　　单位：元

编号	项目	0	1	2	3	4
1	应收账款		2 040 000	2 250 000	1 663 200	764 280
2	应付账款		890 000	985 000	734 500	344 950
3	净营运资本	2 100 000	1 150 000	1 265 000	928 700	0
4	净营运资本增加	2 100 000	－950 000	115 000	－336 300	－928 700

（四）计算项目的自由现金流量

根据自由现金流量的计算过程，我们在上面分别预测了新项目的无杠杆净收益、折旧、净营运资本的变化等数据。现在，我们只需要利用这些数据对无杠杆净收益进行调整，就可以完成对新项目自由现金流量的预测，从而为新项目的价值判断建立坚实的基础。当然，由于计算过程没有扣除属于债权人的利息，因而这里的自由现金流量理应由债权人和股东共同分享。

表 4－6　　新项目的自由现金流量　　单位：元

编号	项目	0	1	2	3	4
1	销售收入		20 400 000	22 500 000	16 632 000	7 642 800
2	变动成本		8 900 000	9 850 000	7 345 000	3 449 500
3	固定成本		600 000	600 000	600 000	600 000
4	研发支出	2 200 000				
5	折旧		2 000 000	2 000 000	2 000 000	2 000 000
6	息税前利润	－2 200 000	8 900 000	10 050 000	6 687 000	1 593 300
7	所得税（34%）	－748 000	3 026 000	3 417 000	2 273 580	541 722
8	无杠杆净收益	－1 452 000	5 874 000	6 633 000	4 413 420	1 051 578
	自由现金流量					
9	加：折旧	0	2 000 000	2 000 000	2 000 000	2 000 000
10	减：资本性支出	8 000 000	0	0	0	0
11	减：净营运资本的增加	2 100 000	－950 000	115 000	－336 300	－928 700
12	自由现金流量（FCF）	－11 552 000	8 824 000	8 518 000	6 749 720	3 980 278

二、互斥项目的现金流量计算

在公司理财实践中，公司需要对互斥项目进行比较，以便挑选出最能增加公司价值的项目。处理这种情况时，我们往往关注在旧项目的基础上，投资新项目时现金流量的额外变化。这里使用一个假想的例子说明。为简单起见，例中未提及的信息同样不加以考虑。

某公司正购买一条新生产线来替代旧生产线，以便降低成本，提高产品质量。旧生产线于7年前购买，购买成本为2.4万元，该生产线还可继续使用5年，预计5年后残值收入为0，公司采用直线折旧法，每年折旧费2 000元。目前，旧生产线账面价值为1万元。新生产线价格为3万元，使用寿命5年，预计5年后残值收入为0，使用年数总和法进行折旧。生产厂商愿以6 500元价格收购旧生产线。旧生产线初始净营运资本投资为5 000元，新生产线需要额外增加1 000元净营运资本投资；公司边际税率为30%。另外，新旧生产线的收入与成本假定如表4－7所示。由于需要进行新旧生产线的现金流量比较，我们将上述信息列入表中。

表 4－7　　新旧生产线相关信息　　单位：元

项目	旧生产线	新生产线
销售收入	145 000	150 000
营业成本	108 000	105 000
息税前利润	37 000	45 000
所得税税率	30%	
购买成本	24 000	30 000
寿命	12	5
残值收入	0	0
每年折旧	2 000	
已使用年份	7	
剩余使用年份	5	
账面价值	10 000	
出售价	6 500	
初始净营运资本投资	5 000	6 000

我们按照现金流量的发生时间进行比较。在期初，公司购买新生产线的现金流出为 30 000 元。出售旧生产性的现金流入为 6 500 元。由于此时旧生产线的账面价值为 10 000 元，所以处置旧生产线发生了亏损，亏损而导致的税负抵免额为（10 000－6 500）×30%＝1 050 元。由于关注新旧项目现金流量的变化，因而期初新项目额外增加的净营运资本为 1 000 元。综合考虑，在旧项目的基础上，新项目在期初的额外支出为 30 000－6 500－1 050＋1 000＝23 450 元。

在项目运营期间，如果采用新项目，那么新增税后无杠杆净收益为（45 000－37 000）×（1－30%）＝5 600 元。由于新生产线采用年数总和法进行折旧，因而每期的折旧系数分别为 5/15、4/15、3/15、2/15、1/15，相应地，每期折旧额分别为 10 000元、8 000 元、6 000 元、4 000 元、2 000 元。如果继续使用旧生产线，其每期折旧额为 2 000 元。但是，由于使用了新生产线，由旧生产线折旧额带来的现金流量增加消失了，因而需要从新项目的现金流量中扣除。所以，第 1 期的经营性现金流量为 5 600－2 000＋10 000＝13 600 元。同样可计算出第 2 到第 5 期的经营现金流量。

在项目期末，固定资产残值的发生额为 0。基于新旧项目现金流量比较的原因，期末收回的净营运资本为 1 000 元。

可见，互斥项目的现金流量是新旧现金流量的差额。在旧项目的基础上：新项目在 0 期需要多支出 23 450 元；第 1 期到第 5 期，新项目每期多收到的现金流量分别是 13 600 元、11 600 元、9 600 元、7 600 元、6 600 元。当我们采用合适的贴现率，将第 1 期到第 5 期的现金流量贴现到现在后，就可以与第 0 期的现金流量比较，进而进行投资决策（具体计算如表4－8所示）。

表4－8　　　　互斥项目现金流量计算　　　　单位：元

项目		0	1	2	3	4	5
1	初始现金流量						
	（1）购买新生产线的现金流出	30 000					
	（2）出售旧生产线的现金流入	6 500					
	（3）出售旧生产线节约的税收	1 050					
	（4）净营运资本的增加额	1 000					
	总投资额	23 450					
2	经营现金流量						
	（5）新增税后利润		5 600	5 600	5 600	5 600	5 600
	（6）旧生产线折旧		2 000	2 000	2 000	2 000	2 000
	（7）新生产线折旧		10 000	8 000	6 000	4 000	2 000
	净营业现金流量		13 600	11 600	9 600	7 600	5 600
3	终结现金流量						
	（9）新生产线的残值						0
	（10）净营运资本回收						1 000
	终结现金流量						1 000
4	净现金流量	－23 450	13 600	11 600	9 600	7 600	6 600

【本章小结】

1. 现金流量，是指在一段时间内流入或流出现金账户的钱。根据现金流量的方向，投资项目在不同时点实际发生的现金流量可分为现金流入量和现金流出量。

2. 现金流量体现时间价值，是客观的，而利润会受很多主观因素的影响，不能准确反映项目的收益状况，因此我们根据现金流量来判断项目的价值。

3. 基于企业价值最大化的财务目标，我们应该在考虑投资项目是否会导致公司整体现金流量增加或减少的基础上来判断项目的可行性。

4. 增量现金流量，是指投资项目对公司整体现金流量的影响，或者是指公司额外增加此投资项目而带来的额外现金流量。

5. 企业在进行资本预算时，不应只关注投资项目本身带来的现金流量，还应将项目对公司造成的现金流量的增加或减少包括在内。

6. 根据增量现金流量原则，投资项目的现金流量分析中不应该考虑沉没成本。

7. 机会成本事实上是一种被放弃的收益，投资项目的现金流量分析中应该考虑机会成本。

8. 只有项目带来的额外管理费用才能算入增量现金流量，而不是按会计分摊的管理费用。

9. 在进行投资决策时，我们往往将投资决策和融资决策分开，从全部资本的角度来考虑项目资产所创造的现金流量，因此基于企业价值最大化角度计算的现金流量不考虑利息等融资成本。

10. 公司在净营运资本上的投资是保证项目正常运转的必要条件，其在整个项目寿命期内围绕项目的运营进行周而复始的循环周转。

11. 项目运营期间的税负是现金流出，所以计算增量现金流量时要扣除税负支出。

12. 按照现金流量的发生时间，投资项目的现金流量可分为初始现金流量、经营现金流量和终结现金流量。这种分类方法便于我们根据项目的寿命期来理解和计算现金流量。

13. 初始现金流量包括企业为使该项目完全达到设计生产能力、开展正常经营而投入的全部资金，包括固定资产投资、净营运资本投资和其他投资费用。

14. 投资项目投产后，在生产经营过程中产生的现金流量被称为经营现金流量，可以使用直接法、间接法和税盾法来计算。

15. 投资项目期末终结时产生的现金流量被称为终结现金流量，包括固定资产残值收入或变价收入、垫支在各种流动资产上的现金收回。

16. 自由现金流量，是指企业产生的、在满足了再投资需要之后的剩余现金，是可以分配给企业投资者（股东和债权人）的最大现金额。

17. 独立项目是指项目之间相互独立，接受或拒绝某一个项目并不影响公司对其他项目的选择。互斥项目是指项目之间不能同时并存，公司只能从这些项目中选择某一个项目。

【重要概念】

现金流量	净利润	增量现金流量	附带效果	沉没成本	机会成本
管理费用	融资成本	净营运资本	独立项目	互斥项目	初始现金流量
经营现金流量	终结现金流量		自由现金流量		

【扩展阅读】

阅读以下文献，理解自由现金流量创造力视角的资本回报支付能力的估计问题、企业现金流量管理中的注意事项以及新会计准则下现金流量表的编制问题。

1. 闫骏强. 企业现金流量管理研究［J］. 山西财经大学学报，2019，41（S2）：65－66.

2. 林玲. CAS 31 框架下现金流量表争议项目列报相关问题剖析［J］. 财会月刊，2018（7）：94－98.

3. 谢德仁，刘劲松，廖珂. A 股公司资本回报支付能力总体分析（1998—

2018）——基于自由现金流量创造力视角［J］. 财会月刊，2020（19）：9-31.

【思考与练习】

1. 什么是现金流量？

2. 在评价投资项目价值时，为什么使用现金流量而不是净利润？

3. 辨析：机会成本不是一种支出或费用，而是失去的收益。

4. 辨析：项目现金流量估算需要遵循增量现金流量的基本原则。

5. 辨析：某公司当初以100万元购入一块土地，目前市价为80万元，如欲在这块土地上兴建厂房，则100万元是该项目的机会成本。

6. 辨析：某企业今年拟投资某项目，预计该项目的投资额为10万元，上年企业曾经就该项目进行了论证，发生专家咨询费5 000元，则根据题目条件可以确定与该项目相关的现金流量为-10.5万元。

7. 估算经营现金流量的三个方法是什么？

8. 辨析：税后利息是股权现金流量的一部分，但不属于实体现金流量。

9. 为什么流动资产既可能是现金流出，又可能是现金流入？

10. 辨析：净营运资本实际上是流动资产的一部分。

11. 投资项目的全部现金流量由哪几个部分组成？每部分通常包括哪些类型的现金流量？

12. 折旧是现金流量吗？为什么？

13. 在现行会计准则中，公司报送的现金流量表的补充资料提供了按照间接法将净利润调整为经营活动现金流量的详细过程。请查阅公司财务报表，学习该调整过程。

14. 某生物制品公司投入了200万元开发出一种新的保健品。公司销售部门聘请专家进行市场调查，以便了解市场对该产品的需求，专家咨询费5万元已支出。经调查预测，如果产品价格定在每盒20元，年销售量可达16万盒，因此年销售额可达320万元。据工程部报告，该项目需增添一座新厂房，公司将花96万元购买这样的一座厂房。另花64万元购买项目所需的机器、设置（包括运输、安装费）。所需资金共160万元，其中60万元向银行贷款，利率为10%。此外，公司将增加在流动资产上的投资，减去流动负债的上升额，流动资产净增48万元。以上这些支出均发生在第一年（$t=0$）。项目将在第二年（$t=1$）开始投产，估计经济年限为5年，厂房和设备从第二年开始采用直线折旧法进行折旧，项目终结时设备将全部折旧完毕，无残值收入，公司预计厂房可以按30万元的价格出售。在项目投产的5年中，每年固定成本（除折旧外）为40万元，每年的可变成本为192万元，企业的所得税税率为30%。且假定所有收入和支出均发生在各年底，也不考虑净营运资本的变化。请利用上述数据计算该项目的现金流量。

第五章

资本预算

分布式发电可广泛应用于厂房、住宅、商业大楼等建筑物顶部，在能源危机和节能减排的时代背景下具有广泛的市场应用空间。2013 年，国务院、国家发展改革委、国家能源局出台了一系列扶持和规范分布式电站建设的政策文件。

爱康科技（002610）认为，结合目前光伏太阳能行业发展现状，太阳能终端应用领域将成为行业内较为重要的利润亮点，分布式电站将迎来比较好的发展时机。因此，为拓展公司太阳能电站新的业务领域，开辟利润增长点，公司拟分别投资约 1 275 万元和 5 100 万元建设 1.5MW（神州铝业项目）和 6MW（富瑞特装项目）屋顶分布式光伏发电项目。

这两个项目的建设有利于开拓和巩固公司在光伏终端应用领域的行业地位，增加新的利润增长点。两个项目的建设期预计均为 3 个月，运行期 25 年。项目建成后，富瑞特装项目年均发电 574.56 万度，项目投资内部收益率约为 11.38%。神州铝业项目年均发电 143.6 万度，项目投资内部收益率约为 9.32%。①

可见，公司进行投资决策时，会对项目的可行性进行判断。那么，如何评价一个投资方案的价值？判断投资方案是否可行的指标是什么？上述的内部收益率是如何计算的？

第一节　资本预算概述

资本预算（Capital Budgeting）是对企业用于固定资产的资本支出进行规划的过程，又称投资决策。企业在经营中会投资许多资产，包括有形资产与无形资产，也包括金融资产和实物资产。根据企业价值最大化的财务目标，为了将资源投资于增加企业价值的项目，企业需要判断资产价值以决定投资项目的可行性。

为什么需要资本预算？公司理财认为：重大的资本性投资是企业战略的一部分，可能影响甚至改变企业的战略方向，对企业价值具有深远的影响；投资项目会占用企

① 李琳：《爱康科技投资 6 375 万元建屋顶光伏发电项目》，摘自中国证券网，2013-12-09。

业很多资源（如资金、管理力量等），而资源一般会被优先应用于最能提升企业价值的项目；投资决策一旦确定，很难不受损失地中途退出，投资失败会导致企业损失惨重。可见，资本预算直接关乎项目成败，影响企业的生死存亡。

一般来说，资本预算方法分为贴现指标和非贴现指标。所谓贴现指标，是在考虑资金时间价值的基础上判断项目价值，又称动态指标。常用的贴现指标包括净现值、内含报酬率、动态回收期和盈利指数。非贴现指标不考虑资金时间价值，直接将不同时期的收益直接进行运算。常用的非贴现指标包括投资回收期和平均会计收益率。

格雷厄姆（Graham）和哈维（Harvey）（2001）针对公司财务决策中所使用的资本预算方法进行了问卷调查，结果发现：无论是贴现指标还是非贴现指标，在公司财务实践中都得到广泛的应用；其中，使用率排在前三位的资本预算方法是净现值（NPV）、内含报酬率（IRR）和回收期（PP）方法。这说明，本章所介绍的内容和公司理财实践具有紧密的联系。

第二节　资本预算：贴现指标

一、净现值

（一）含义与计算

净现值（Net Present Value，NPV）是资本预算中的常用方法，其等于项目各年净现金流量按资本成本折算成的现值之和。计算公式如下：

$$NPV = \sum_{t=0}^{n} \frac{NCF_t}{(1+i)^t} \tag{5-1}$$

式中，NPV 为净现值；NCF_t 为第 t 年的净现金流量；i 为适当的贴现率，反映了投资者的风险回报；n 为项目的寿命期。更一般地，如果我们假定投资支出（I）全部发生在期初，那么式（5－1）可以写为

$$NPV = -I + \sum_{t=1}^{n} \frac{NCF_t}{(1+i)^t}$$

显然，一旦确定了项目的现金流量和适用的贴现率，净现值的计算将是非常简单的事情。如果每年的现金流量呈现年金特征，那么可采用年金现值直接计算；如果每年的现金流量不相等，那么可根据已知的各年净现金流量，分别乘以各年的复利现值系数，从而计算出各年折现的净现金流量，最后求出计算期内项目净现金流量的现值之和，即为所求的净现值。上一章已经详细分析了如何计算项目的现金流量，在这里我们假定贴现率是已知的，贴现率的计算将留在融资决策中介绍。

（二）决策准则

净现值反映了项目现金流入量现值与现金流出量现值之间的差额。或者说扣除投资支出之后，项目净收益的大小。由于净现值以自由现金流量为基础计算，而自由现金流量的确定依据增量现金流量原则，因而投资于净现值为正的项目符合企业价值最

大化的财务目标。具体地，对于独立项目，净现值的决策法则是：若净现值大于零，则项目能提供高于资本成本的回报率，项目可行；若净现值等于零，则项目能提供等于资本成本的回报率，项目可行；若净现值小于零，则项目不可行。对于互斥项目，我们选择净现值最大的项目。

公司总希望尽可能多地投资盈利性的项目，但前提条件是资金必须能够满足所有项目的投资支出。在公司理财实践中，公司往往没有足够的资金投资所有的盈利性项目，这种情况被称为资本约束。一旦存在资本约束，即使是独立项目，我们对所投资的项目依然需要有所取舍。那么，如何尽可能地有效利用可供投资的现有资金？这个时候，投资决策法则会发生一点变化，后文将尝试寻找一个令净现值最大的投资项目组合。

（三）净现值的优缺点

为什么净现值方法在公司理财实践中得到极其广泛的应用，甚至被称为“资本预算的第一准则”？这可能和净现值的特点有关。第一，净现值使用了现金流量。立足于项目实际收到或支付的现金，具有客观性，有利于反映项目价值。相比之下，会计中的净利润则包含了诸多的人为因素。第二，净现值包含了项目的全部现金流量。现金流量的计算覆盖项目的全部寿命期。而有些资本预算方法忽略了某一特定时期之后的现金流量，而有些时候有些项目的大额现金流量发生在项目后期。第三，净现值对现金流量进行了合理的折现。一方面，净现值考虑了资金时间价值，将不同时期的现金流量贴现到初始投资时点，有利于进行价值相加；另一方面，贴现率反映了投资的风险报酬率、必要报酬率或者预期报酬率，有利于考虑投资项目的风险。

二、内含报酬率

（一）含义与计算

净现值大于零意味着项目可以提供超过资本成本的回报率，投资于净现值为正的项目符合公司价值最大化的财务目标。那么，项目所提供的实际回报率到底是多少呢？基于绝对值的净现值方法无法提供项目收益率。净现值法不能揭示投资项目本身的实际报酬率，而内含报酬率法可以弥补这一缺陷。内含报酬率（Internal Rate of Return, IRR），是指使项目净现值等于零时的贴现率。内含报酬率取决于项目本身的现金流量，完全不受资本市场利率的影响，体现了项目的内在价值。在上面净现值的计算公式中，令净现值等于零，即可得到内含报酬率的计算公式：

$$NPV = \sum_{t=0}^{n} \frac{NCF_t}{(1 + IRR)^t} = 0 \qquad (5\text{-}2)$$

式（5－2）中，由于已经确定了项目的未来现金流量和投资期限，因此仅有的未知变量就是内含报酬率。由于公式本身决定了分母中贴现率的大小，因而该贴现率就被称为内含报酬率。更加直观地，我们常常使用下面的形式：

$$NPV = -I + \sum_{t=1}^{n} \frac{NCF_t}{(1 + IRR)^t} = 0$$

于是：

$$I = \sum_{t=1}^{n} \frac{NCF_t}{(1 + IRR)^t}$$

可以看出，内含报酬率恰好是使项目回报等于投资支出的贴现率。内含报酬率为投资者设定了一个预期报酬率的上限，即投资者所要求的回报不能高于投资项目本身所能提供的回报，否则项目收益将无法偿还资本成本。

如何计算内含报酬率？由于项目寿命期往往超过一年，而且项目各期现金流量的情况也比较复杂，所以我们无法使用简单的公式求解高次方程。被广泛介绍的一种方法是“插值法”。计算过程如下：首先给定一个贴现率（C 点），算出净现值；若净现值大于零，意味着分母太小，于是提高贴现率，并再一次计算净现值；如此慢慢使净现值向零靠近；当发现增加贴现率（D 点）后净现值小于零时，意味着分母太大，于是降低贴现率，并再一次计算净现值；如此慢慢使净现值向零靠近，最终得到 E 点。可见，插值法首先确定一个内含报酬率的区间范围，然后在此范围内反复测试，根据测试结果确定贴现率和内含报酬率之间的大小关系并逐渐调整，并最终找到使净现值等于零的那一点。毫无疑问，这是一项费时费力的工程，然而值得庆幸的是，我们一般不会要求利用插值法来手动计算内含报酬率。事实上，根据“相似三角形各边成等比例”或者 A 点、E 点、B 点三点所确定的直线斜率相等的数学原理，就可以求出和横轴相交的 E 点所对应的贴现率，这就是插值法找到的内含报酬率（见图 5－1）。显然，只有 A 点和 B 点二者尽可能靠近时，E 点才会尽可能地接近 F 点（真实的内含报酬率）。由于插值法要求净现值和贴现率之间是直线关系，而这样的假设很难满足，所以这种方法确定的内含报酬率仅仅是真实值的近似估计。

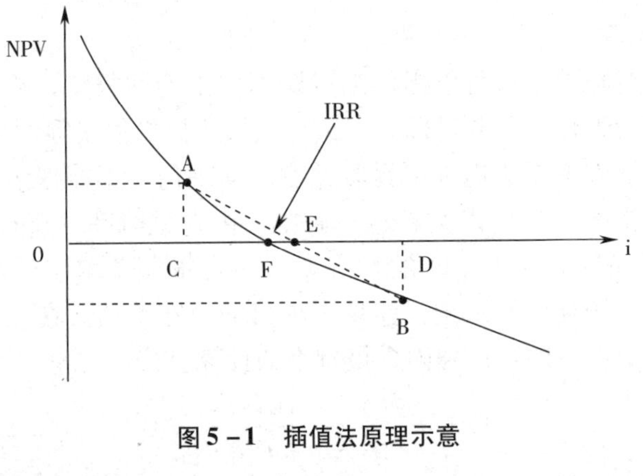

图 5－1　插值法原理示意

（二）决策准则

内含报酬率的决策法则是：若内含报酬率大于贴现率，项目可以接受；若内含报酬率小于贴现率，项目不可以接受。注意此时的贴现率可以理解为资本成本、必要报酬率或者投资者的预期报酬率，内含报酬率是项目本身的实际收益率。由于资本成本可以看成是投资者所要求的最低报酬率，所以只有当项目的实际收益率大于资本成本时，投资者才能获得更高的收益率。

（三）内含报酬率的优缺点

内含报酬率是在令净现值等于零的条件下所求出的贴现率，所以也考虑了资金时间价值和现金流量。第一，考虑了货币的时间价值，以相对数的形式反映投资项目的实际报酬率。第二，内含报酬率的概念易于理解，容易被人接受。第三，内含报酬率完全取决于项目本身的现金流量，不受资本市场利率的影响，比较客观。然而，内含报酬率的计算过程比较复杂，完全手工计算内含报酬率显得不太现实。另外，由内含报酬率的计算思路不难发现，其要求项目净现值曲线和横轴只有一个交点，这只有当初始时期是现金流出、其后始终是现金流入的常规情况下才能满足，而现实中现金流量的符号变化比较复杂，不规则变动的情况居多，所以有时很难确定内含报酬率。

（四）内含报酬率与净现值的比较

净现值是在给定项目现金流量和贴现率之后计算，而内含报酬率是在设定净现值为零以及给定现金流量的情况下求解贴现率，二者的计算原理实际上是一致的。在常规情况下，净现值和内含报酬率对项目是否可行的判断是相同的。当净现值大于零时，内含报酬率也大于资本成本，此时项目可行。但是，当项目现金流量呈现出一些特殊现象时，净现值方法和内含报酬率方法对项目是否可行的判断会出现不一致的结果。

第一，判断常规独立项目时，NPV 与 IRR 结论一致。所谓常规独立项目，是指项目只有期初一期的现金流出、随后各期是现金流入的项目，一般会将这种项目称为投资型项目。在常规独立项目下，NPV 为折现率的单调减函数。曲线与横轴的交点即为内含报酬率。如图 5-2 所示，内含报酬率的决策法则为：当内含报酬率超过资金成本时，净现值为正；当内含报酬率低于资金成本时，净现值为负。这两种方法对项目的判断一致。

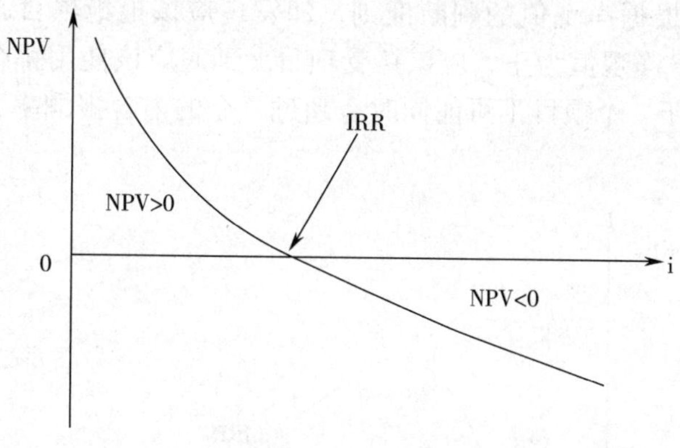

图 5-2　NPV 曲线

第二，融资型项目问题。初始现金流量为正，随后各期现金流量为负的项目，一般被称为融资型项目。一个简单的例子是项目期初的初始投资支出全部来源于借款，随后各期通过项目运营来偿还借款。这与常规独立项目的现金流量方向刚好相反。我们当然希望投资型项目的未来现金流入量越大越好，对于融资型项目而言，较小的未来现金流出量反映了较高的项目价值。所以，融资型项目的内含报酬率的经济意义发生了改变，其不再表示收益率，而是反映了贷款方所要求的投资回报率，即借款成本。所以，当内含报酬率小于市场利率时，项目才是有价值的，此时净现值大于零；当内含报酬率大于市场利率时，项目没有价值，此时净现值小于零（见图5-3）。可见，如果需要判断的是融资型项目，那么NPV与IRR的结论和投资型项目时的判断刚好相反。

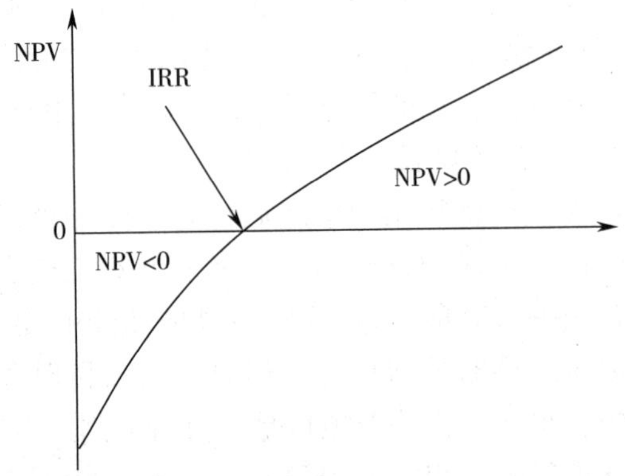

图5-3　融资型项目问题

第三，多重收益率问题。常规独立项目要求现金流量的符号改变仅有一次，而且是由期初的负数变为随后的正数。但在一些情况下，投资项目的现金流量会改变多次符号，这可能会导致项目净现值曲线多次穿过横轴，即项目可能出现一个以上的内含报酬率（见图5-4）。如果贴现率位于0和IRR_1之间，此时根据内含报酬率的决策法则，项目可行，但根据净现值的判断准则，却发现应该拒绝项目；如果贴现率位于IRR_1和IRR_2之间，净现值为正，应该接受项目。到底应该使用哪个内含报酬率来和贴现率比较呢？由于一个项目不可能同时有超过一个的内含报酬率，因而此时内含报酬率方法不再适用。

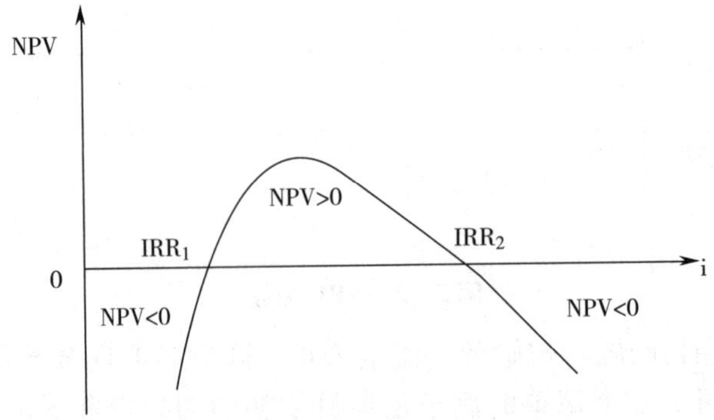

图5-4　多重收益率问题

第四，初始投资的规模问题。互斥项目是指多个互相排斥、不能同时并存的方案。在比较互斥项目时，如果当一个项目的初始投资规模大于另一个项目时，较小规模项目的内含报酬率可能较大而净现值可能较小，而较大规模项目的内含报酬率可能较小而净现值可能较大，这导致内含报酬率方法和净现值方法的判断出现矛盾。之所以如此，是因为内含报酬率考察的是项目在寿命期内的平均收益率，而不考虑项目的初始投资规模，这导致选择互斥项目时仅仅只考虑了投资回报的效率，而忽视了投资回报的规模，从而造成内含报酬率方法和净现值方法之间的不一致。对于独立项目，由于彼此之间互不影响，所以我们主要是判断项目的经济价值，即项目是否具有盈利性。从理论上讲，只要资金足够，盈利性的独立项目都是增加公司价值的，不存在项目之间的挑选问题。此时，内含报酬率方法和净现值方法总会得出相同的结论：净现值准则认为可行的项目，内含报酬率准则也会给出可行的结论；反之则相反。

如表 5－1 所示，如果项目 A、项目 B 互斥，那么根据净现值法则，应该选择项目 A，而根据内含报酬率法则，则应该选择项目 B，可见，结论是矛盾的。如果项目 A、项目 B 是相互独立的，在资本成本为 14% 的情况下，无论根据净现值法则还是内含报酬率法则，项目 A、项目 B 都可以接受。

表 5－1　　净现值和内含报酬率的规模问题

项目	第 0 年	第 1 年	第 2 年	第 3 年	NPV（$i=14\%$）	IRR
A	－110 000	50 000	50 000	50 000	6 082	17.27%
B	－10 000	5 050	5 050	5 050	1 724	24.04%

第五，现金流量的时间序列问题。有些投资项目的大额现金流量发生在较近的时期（姑且称为近期项目），而有些投资项目的大额现金流量发生在较远的时期（姑且称为远期项目），这种问题被称为“现金流量的时间序列问题”。由于资金时间价值的缘故，现金流量发生的时间越晚，贴现到现在的价值就会越低。所以，远期项目的净现值对贴现率比较敏感。当贴现率增加时，远期项目的净现值比近期项目的净现值下降得快，从而导致两个项目的净现值曲线产生交点（费希尔交点，Fischer Nodal）。对于互斥项目，现金流量的时间序列问题会导致内含报酬率方法和净现值方法之间结论的不一致，而独立项目不会存在类似的问题。

如图 5－5 所示，项目 A 是远期项目，项目 B 是近期项目。当项目 A、项目 B 是互斥项目时：如果贴现率在交点左侧，根据净现值法则，应该选择项目 A，而根据内含报酬率法则，显然应该选择项目 B；如果贴现率在 IRR_A 和 IRR_B 之间，内含报酬率准则和净现值准则下都会选择项目 B。当项目 A、项目 B 是独立项目时：如果贴现率小于 IRR_A，内含报酬率准则和净现值准则都认为项目 A 可行；如果贴现率大于 IRR_A，内含报酬率准则和净现值准则都会认为项目 A 不可行。项目 B 的分析可以用类似的方法，而且内含报酬率准则和净现值准则都会得出一致的结论。

（五）如何解决内含报酬率与净现值之间的矛盾

当面临“初始投资的规模问题”“现金流量的时间序列问题”时，内含报酬率与

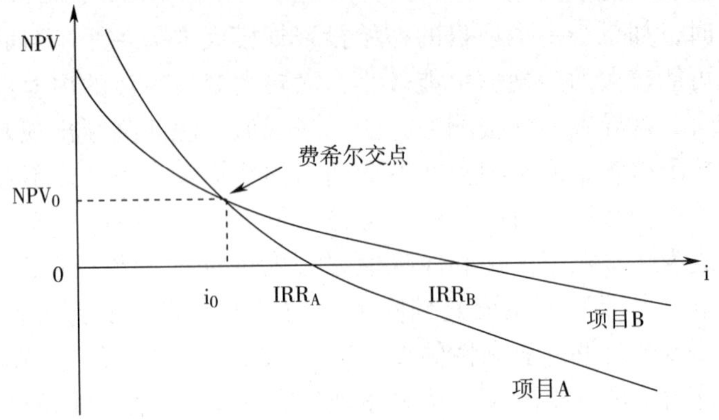

图 5－5　时间序列问题

净现值关于项目价值的判断会产生矛盾，得出不一致的结论，那么如何解决这种矛盾呢？

第一，内含报酬率方法假定未来现金流量是以内含报酬率进行再投资，而净现值方法假定未来现金流量是以资本成本或机会成本进行再投资。哪种假设更为合理呢？经济学的一般原理认为，创新等因素可能短期内使某些厂商获取额外报酬，但竞争市场的长期均衡下所有厂商的收益率相等，不存在额外报酬。因此，净现值法假定再投资率等于资金成本更为合理。在二者冲突的情况下，净现值法的决策规则优于内含报酬率法的决策规则。

第二，不论哪种资本预算方法，其核心是挑选出能给公司带来最大收益的投资项目。净现值方法使用绝对数直接衡量投资项目的收益，内含报酬率使用相对数间接衡量投资项目的收益，而正如前所述，后者在判断一些异常情况时会产生错误的结论。

第三，比较增量净现值，即将两个项目的现金流量按照时期两两相减，对现金流量的差值计算净现值。我们使用“初始投资的规模问题”中的例题进行说明。将项目A 减去项目 B，得到每个时期两个项目的现金流量之差，最终算得净现值为 4 357。由于净现值为正，说明项目 A 虽然比项目 B 的投资规模要大，但其收益却高于项目 B，所以选择项目 A。值得说明的是，我们总是选择现金流量数额较大的项目减去数额较小的项目，以便相减后首次出现的非零现金流量为负数，这样可以避免陷入“融资性问题”的麻烦。

表 5－2　　增量净现值和增量内含报酬率

项目	第 0 年	第 1 年	第 2 年	第 3 年	增量 NPV（$i=14\%$）
A	－110 000	50 000	50 000	50 000	—
B	－10 000	5 050	5 050	5 050	—
A－B	－100 000	44 950	44 950	44 950	4 357

三、盈利指数

（一）含义与计算

盈利指数（Profitability Index，PI）又叫现值指数、获利指数，是投资项目的所有未来现金流入现值与投资支出现值之间的比率。它将现金流入的现值单位化，衡量单位投资的现值能够带来多少现金流入的现值，即单位投资的投资效率。其计算公式为

$$PI = \frac{\sum_{t=1}^{n} \frac{CF_t}{(1+i)^t}}{CF_0} \tag{5-3}$$

式（5-3）假定项目投资一次性在期初完成。如果存在多期投资，那么式（5-3）中的分母就应调整为各期投资的现值。

（二）盈利指数的决策准则

盈利指数的决策准则是：对于独立项目而言，采纳盈利指数大于1的项目；对于互斥项目而言，选择盈利指数最大的项目。

（三）盈利指数与净现值的比较

显然，由于盈利指数和净现值都是基于现金流量的现值而计算的，所以当净现值大于0时，盈利指数会大于1；当净现值小于0时，盈利指数会小于1。在大多数情况下，二者会得出一致的结论。

但是，盈利指数是相对指标，项目投资规模直接影响盈利指数的大小。当项目投资额较大时，盈利指数往往较小；当项目投资额较小时，盈利指数往往较大。因此，当判断投资规模不一样的互斥项目时，盈利指数法与净现值法就会得出不一致的结论。这种问题与内含报酬率所面临的规模问题是一样的，因此，解决方法也一样。

另外，最高的净现值符合公司价值最大化的财务目标，而盈利指数只反映投资回收的程度，不反映投资回收额的多少。因此，在互斥项目的选择决策中，应选用净现值较大的投资项目。

（四）盈利指数的优缺点

1. 盈利指数的优点。首先，考虑了项目原始投资和现金流入的现值，能够反映项目的盈利能力。其次，使用相对数反映项目投资额的效率，有利于在投资规模不同的多个项目之间进行比较，进而实现资本的最优配置。

2. 盈利指数的缺点。首先，不能反映实际可获得的财富。其次，忽略了项目之间投资规模的差异，在应用于互斥项目的选择时，可能会作出错误的选择。

（五）预算约束与盈利指数

在上文中，我们默认企业具有足够资金，能够满足项目的投资需求，即企业并不存在资本约束或预算约束。然而，当存在预算约束时，企业就不能采纳所有可能的投资机会，此时以NPV最高作为判断项目是否可行的准则往往会导致错误的结论。

解决预算约束下的资本分配问题就需要用到盈利指数。在计算出每个项目的盈利

指数后，在此基础上对项目进行排序，并按照盈利指数由高到低选择项目，同时计算所选择项目的累积初始投资额，当累积额达到预算约束时，投资停止。

如表5－3所示，假设公司仅有900万元用于项目投资。显然，选取项目A和项目B能够充分利用900万元的资本预算，并且可使项目组合的净现值最大。

表5－3　　预算约束与盈利指数

项目	第0年	第1年	第2年	PV（$i=10\%$）	NPV（$i=10\%$）	PI	累积投资额
A	－400	500	1 500	1 694	1 294	4.24	400
B	－500	500	2 000	2 107	1 607	4.21	900
C	－1 000	3 000	500	3 140	2 140	3.14	

第三节　资本预算：非贴现指标

一、回收期

（一）含义与计算

回收期（Payback Period，PP）是一个评价项目价值的静态指标，指项目所产生的现金流量（未折现）可以回收初始投资额所需要的最短年限。令初始投资额为 CF_0，项目第 t 期的现金流量为 CF_t，则回收期为

$$PP = T - 1 + \frac{CF_0 - \sum_{t=1}^{t-1} CF_t}{CF_t} \qquad (5-4)$$

对于表5－4中的A、B项目，应用式（5－4）分别计算回收期。

表5－4　　回收期

项目	第0年	第1年	第2年	第3年	回收期（年）
A	－110 000	50 000	50 000	50 000	2.2
B	－10 000	5 050	5 050	5 050	1.98

对于A项目，T 为3，回收期为

$$PP = 3 - 1 + \frac{110\,000 - (50\,000 + 50\,000)}{50\,000} = 2.2(\text{年})$$

对于B项目，T 为2，回收期为

$$PP = 2 - 1 + \frac{10\,000 - 5\,050}{5\,050} = 1.98(\text{年})$$

（二）决策准则

回收期法是用项目回收的速度来衡量投资方案。对于独立项目，如果回收期少于标准年限（或最低），则项目可行，否则不可行。对于替代项目，则选择回收期最短的

项目。可见，所计算出的回收期本身并不能告诉我们项目是否可行，它必须与一个事先确定的回收期比较之后才能确定项目的可行性。

（三）回收期的优缺点

回收期方法之所以在公司理财实践中被广泛使用，可能是因为其具备如下优点。第一，计算简单，便于理解。第二，以投资额的回收速度来反映项目风险。若将风险理解为初始投资额遭受损失的可能性，那么较短的回收期意味着项目可以在短期内收回投资，因而项目风险较小。第三，便于评估管理人员的决策能力。通过回收期，我们可以直接判断项目是否在规定的时间内收回了投资，而净现值只有在项目终了时才能判断项目的盈利性。比如表5－5中的C项目，前三年的净现值为负，但是公司不能据此判断管理者决策失误，因为有些时候项目的大额现金流量发生在较晚的时期，净现值的计算需要将项目期限内的所有现金流量包括在内。

当然，该方法的不足之处也显而易见。第一，没有考虑资金的时间价值。它将不同的时期的现金流量直接加减，忽视了资金在不同时间具有不同价值的公司财务原则。解决此问题的一个方法是将每期的现金流量贴现之后再计算回收期，这被称为动态的投资回收期。第二，没有考虑回收期内现金流量的排列。虽然回收期相同，但是现金流量大小的发生次序不同，项目的价值也会不同。比如表5－5中的项目A与项目B。尽管两个项目的回收期都为3年，但是回收期内项目现金流量的次序不一样。考虑到资金时间价值的因素，显然项目B更有价值。第三，没有考虑回收期之后的现金流量，而项目价值显然应该包括所有时期的现金流量。比如表5－5中的项目C，在项目终结时发生了大额现金流量，这直接导致项目C具有最大的价值。第四，回收期需要事先确定一个该投资额收回时间的参照标准，但市场中没有一个客观的参照标准，因而参照标准的选择往往带有很强的主观臆断性。第五，不能测定盈利。回收期方法只告诉了我们项目初始投资额的回收时间，不能提供项目是否盈利的信息。

表5－5　　回收期

项目	第0年	第1年	第2年	第3年	第4年	回收期（年）
A	－100	20	30	50	60	3
B	－100	50	30	20	60	3
C	－100	50	30	20	6 000	3

考虑到上述缺陷，回收期常常被用来筛选大量的小额投资项目，这些项目仅需要简略地判断其风险。一些难以进入资本市场筹集资金的小企业也往往使用回收期来判断项目的可行性，因为对于这些企业而言，资金的回收速度至关重要。

（四）动态回收期

鉴于动态回收期与静态回收期之间的联系，我们在这里介绍属于贴现指标的动态回收期。动态回收期与静态回收期相比，动态回收期（Discounted Payback Period Rule，DPP）唯一的区别就是用现金流量的贴现值计算项目的回收期。除此之外，有关静态回收期的其他分析都可应用于动态回收期。由于资金时间价值的缘故，同一项目的动态回收期大于静态回收期。

比如，对于表5－6中的项目A、项目B，应用上述回收期的计算公式分别计算动态回收期。

表5－6 动态回收期

项目	现值（贴现率10%）				动态回收期（年）
	第0年	第1年	第2年	第3年	
A	－110 000	45 454.55	41 322.31	37 565.74	2.62
B	－10 000	4 590.91	4 173.55	3 794.14	2.33

对于A项目，T为3，回收期为

$$PP = 3 - 1 + \frac{110\ 000 - (45\ 454.55 + 41\ 322.31)}{37\ 565.74} = 2.62(\text{年})$$

对于B项目，T为3，回收期为

$$PP = 3 - 1 + \frac{10\ 000 - (4\ 590.91 + 4\ 173.55)}{3\ 794.14} = 2.33(\text{年})$$

二、平均会计收益率

（一）含义与计算

前面的方法使用现金流量判断项目的价值，平均会计收益率（Average Accounting Return，AAR）则直接使用净利润判断项目价值，它等于投资项目的年平均净利润与该项目平均投资额的比率。其计算公式为

$$\text{AAR} = \frac{\text{年平均净利润}}{\text{年平均投资额}} \times 100\%$$

比如，考虑一个投资支出为9 000元的3期项目，按照直线折旧法计提折旧，相关信息见表5－7。

表5－7 平均会计收益率

项目	第0年	第1年	第2年	第3年
折旧	0	3 000	3 000	3 000
账面净值	9 000	6 000	3 000	0
净利润	0	3 000	2 000	1 000

则年平均投资额为

$$\text{年平均投资额} = \frac{9\ 000 + 0}{2} = 4\ 500\ (\text{元})$$

年平均净利润为

$$\text{年平均净利润} = \frac{3\ 000 + 2\ 000 + 1\ 000}{3} = 2\ 000\ (\text{元})$$

则平均会计收益率为

$$AAR=\frac{2\ 000}{4\ 500}\times 100\%=44\%$$

（二）决策准则

显然，如果平均会计收益率大于企业目标的会计收益率，则项目可行。

（三）平均会计收益率的优缺点

平均会计收益率的最大优点是直接使用财务报表的相关信息进行计算，包括项目寿命期的全部利润，比较简单，概念也比较容易理解。但是，该方法只计算了项目的会计收益率，至于项目是否可行，则取决于其与目标会计收益率的比较，该方法本身不能提出一个合理的目标收益率。另外，它也面临着使用会计净利润而不是财务上的现金流量、没有考虑资金的时间序列及时间价值等诸多问题。

【本章小结】

1. 资本预算是对投资项目进行价值判断的过程，为了能将资源投资于最值钱的资产或投资于其价值超过成本的资产，企业不得不不断地作出资产的价值判断以决定这项资产值不值得投资。

2. 资本预算分为贴现指标和非贴现指标。贴现指标，是在考虑资金时间价值的基础上判断项目的价值，又称为动态指标。常用的贴现指标包括净现值、内含报酬率、动态回收期和盈利指数。非贴现指标不考虑资金的时间价值，直接将不同时期的资金直接进行运算。常用的非贴现指标包括投资回收期和平均会计收益率。

3. 净现值等于投资项目各年净现金流量按资本成本折算成的现值之和。对于独立项目，净现值的决策法则是：若净现值大于零，项目可行；若净现值等于零，项目可行；若净现值小于零，则项目不可行。对于互斥项目，我们选择净现值最大的项目。净现值方法是公司财务实践中使用最广泛的方法之一。

4. 内含报酬率是使项目净现值等于零时的贴现率。内含报酬率取决于项目本身的现金流量，完全不受资本市场利率的影响，体现了项目的内在价值。内含报酬率的决策法则是：若内含报酬率大于贴现率，项目可以接受；若内含报酬率小于贴现率，项目不可以接受。此判断准则会受到融资型项目、多重收益率、初始投资的规模和现金流量的时间序列等问题的影响。

5. 盈利指数又叫现值指数、获利指数，是投资项目的所有未来现金流入的现值与投资的现值之间的比率，反映了单位投资的投资效率。盈利指数的决策准则是：对于独立项目而言，采纳盈利指数大于1的项目；对于互斥项目而言，选择盈利指数最大的项目。解决预算约束下的资本分配问题需要用到盈利指数。

6. 回收期是一个评价项目价值的静态指标，指项目所产生的现金流量（未折现）可以回收初始投资额所需要的最短年限。将其中的现金流量贴现之后再计算的回收期，称为动态回收期。

7. 平均会计收益率直接使用净利润判断项目价值，它等于投资项目的年平均净利润与该项目平均投资额的比率。

【重要概念】

资本预算　净现值　内含报酬率　盈利指数　回收期　动态回收期
平均会计收益率　　预算约束

【扩展阅读】

请阅读以下文献，了解资本预算方法在公司财务实践中的应用。

1. Graham J. R. , Harvey C. R. The Theory and Practice of Corporate Finance Evidence From the Field [J]. Journal of Financial Economics, 2001, 60 (2-3): 187-243.

2. 李悦，熊德华，张峥，刘力. 公司财务理论与公司财务行为——来自167家中国上市公司的证据 [J]. 管理世界, 2007 (11): 108-118.

【思考与练习】

1. 为什么需要对投资项目的价值进行判断?

2. 简述资本预算的基本方法。

3. 有人认为，净现值法是理论上最科学的投资决策方法，请从净现值法的特点出发，对上述说法进行评论。

4. 什么是内含报酬率? 其决策准则是什么?

5. 辨析：一项投资方案只能算出一个内含报酬率。

6. 辨析：内含报酬率越高的项目，可行性越高。

7. 辨析：资本成本与内含报酬率相等时，项目净现值等于零。

8. 哪些情形会导致净现值法与内部报酬率法所得出的结论产生矛盾? 二者产生矛盾的原因是什么?

9. 为什么回收期法在实践中会得到比较广泛的使用?

10. 辨析：投资回收期能够反映投资额的回收速度和投资收益。

11. 简述预算约束下的资本预算方法。

12. 某公司决定进行一项投资，投资期为3年。每年初投资2 000万元，第四年初开始投产，投产时需垫支500万元营运资金，项目寿命期为5年，5年中会使企业每年增加销售收入3 600万元，每年增加付现成本1 200万元，假设该企业所得税税率为30%，资本成本为10%，固定资产无残值，项目结束时收回垫支营运资金。计算该项目投资回收期、净现值。

13. 某公司拟于2023年初用自有资金购置设备一台，需一次性投资100万元。该设备使用寿命为5年，按5年计提折旧；设备投入运营后每年可新增利润20万元（净利润）。假定该设备用直线法折旧，预计的净残值率为5%；不考虑建设安装期和公司所得税。请计算：(1) 使用期内各年净现金流量。(2) 该设备的静态投资回收期。(3) 该投资项目的投资利润率。(4) 如果以10%作为折现率，计算其净现值。

14. 某公司拟投资一个新项目，投资额为1 000万元，预计使用寿命期为5年，5年中每年销售收入为800万元，付现成本为500万元，假定所得税税率为20%，固定资产残值不计，资金成本率为10%，试计算：（1）该项目的年营业现金净流量。（2）投资回收期。（3）该项目的NPV。（4）当资金成本率为15%时，该项目投资是否可行？

附：可能会用到的系数表（P/A，10%，5）=3.7908；（P/A，15%，5）=3.3522；（P/F，10%，5）=0.6209；（P/F，15%，5）=0.4972。

第六章

不确定下的项目评估与分析

上一章介绍的净现值、内含报酬率、盈利指数和回收期等资本预算方法假定项目每期的现金流量不变，没有考虑现金流量波动的风险性因素，忽视了项目价值影响因素变化导致项目现金流量变化的现实。公司财务实践中，我们除了掌握上一章的资本预算方法之外，还必须将风险因素纳入资本预算，理解和应用更为复杂和有效的方法。

假定某城市拟新建一座大型化工企业，计划投资3 000万元，建设期为3年（每年投资金额已知），生产期定为15年（每年现金流量已知），项目的投资收益率不低于12%。在这个案例中，你可以非常轻易地计算出该项目的净现值和内含报酬率等指标。但是，项目可能会面临很多突发的状况，如项目投资成本增加、项目建设周期延长、产品生产成本增加、产品销售价格下降、竞争对手挤压、宏观经济变化等，所以必须提前预期和评估这些因素经由项目现金流量对项目价值的影响。如果只考虑单一因素的变化，你可以应用敏感性分析法。如果考虑多个因素同时发生变化，你可以应用情景分析法。如果考虑所有因素的变动组合，你可能需要应用蒙特卡洛模拟法（见第十一章第四节）。

项目评估与分析中最常用的、经典的方法是贴现现金流法（DCF）。但是，该方法在判断成长性较高或灵活性较大的项目时，不能处理各种潜在的投资机会给项目带来的价值增值。为把握不确定条件下项目价值增值的可能性，研究者开始寻找能够更准确地判断项目价值的理论和方法，于是基于金融期权定价理论的实物期权分析方法被提出，并开始在公司财务实践中得到应用。比如，苹果公司虽然在1995—1996年根据传统净现值方法认为应该终止其个人电脑业务，但是麦肯锡（McKinsey）咨询公司使用实物期权分析方法，提出等待而非放弃的投资建议，而后续的发展也展示了等待的价值。

第一节　敏感性分析

一、敏感性分析的概念和作用

净现值方法假定在项目存续期内，项目每期的现金流量稳定不变，但是项目现金流量受到很多不确定性因素的影响，如市场销量、产品价格、单位变动成本、专利费支出、固定资产更新维护等。净现值方法通过一个数字告诉我们项目价值的大小，但是不能显示现实中不确定性因素变化时，净现值如何变化，从而也就不能告诉我们影响项目价值的重要因素。未来是不确定的，所以要找出决定项目成功的关键因素，尤其是“未知变数”。

敏感性分析（Sensitivity Analysis）就是从众多不确定性因素中找出对投资项目现金流量有重要影响的敏感性因素，并分析、测算其对项目现金流量的影响程度和敏感性程度，进而判断项目承受风险能力的一种不确定性分析方法。一般地，敏感性分析先分别预测这些影响因素在悲观、正常、乐观状态下的取值，并计算出正常状态下的项目净现值，然后每次让一个因素变化至另外一种状态，并在保持其他变量不变的条件下重新估计净现值。因为这个过程中只有一个因素从正常状态的取值变为另一种状态的取值，所以我们就可以通过比较变化前后净现值的大小，确定该因素是否为项目净现值的重要影响因素。

敏感性分析在现实中的项目评估和分析中有重要作用，主要表现在以下几个方面。第一，确定影响项目经济效益的敏感因素，发现最敏感、影响最大的主要变量因素，找出产生不确定性的根源，采取相应有效措施。第二，计算主要变量因素的变化引起项目经济效益评价指标变动的范围，使决策者全面了解建设项目投资方案可能出现的经济效益变动情况，以减少和避免不利因素的影响，改善和提高项目的投资效果。第三，通过各种方案敏感度大小的对比，区别敏感度大或敏感度小的方案，选择敏感度小的，即风险小的项目作为投资方案。第四，通过可能出现的最有利与最不利的经济效益变动范围的分析，为投资决策者预测可能出现的风险程度，并对原方案采取某些控制措施或寻找可替代方案，为最后确定可行的投资方案提供可靠的决策依据。

二、敏感性分析实例

进行敏感性分析首先要计算正常状态下，项目净现值的大小。我们以例 6-1 中的信息为正常状态，并以此为例说明如何进行敏感性分析。

【例 6-1】

某项目投资总额为 200 万元，资金来源结构为：资产负债率为 40%，即债务资本为 80 万元，利率为 6%；权益资本为 120 万元。项目有效期为 4 年。采用直线法折旧，假定期末无残值。在项目有效期内，每年实现营业收入 220 万元，营业成本 150 万元。公司所得税税率为 25%。

由表 6-1 可知，在正常状态下，项目净现值为正，项目的内含报酬率为 11.39%，这说明投资于该项目可以增加企业价值。

表 6－1　正常情况下的项目净现值　单位：万元

项目＼时间	期初	第 1 年末	第 2 年末	第 3 年末	第 4 年末
营业收入		220	220	220	220
营业成本		150	150	150	150
折旧		50	50	50	50
息税前利润		20	20	20	20
所得税（40%）		5	5	5	5
无杠杆净收益		15	15	15	15
自由现金流量	－200	65	65	65	65
现值系数（10%）	1	0.9091	0.8264	0.7513	0.6830
现值	－200	59.0909	53.7190	48.8355	44.3959
净现值	6.04				
项目内含报酬率	11.39%				

其次，我们需要在悲观、乐观状态下，设定这些影响因素的取值。项目价值的影响因素包括了固定成本、变动成本、市场份额、销售量、单价、费用性项目、投资支出等诸多因素，我们以营业收入、营业成本、投资支出为例解释敏感性分析的过程。由表 6－2 可知，在悲观状态下，收益性项目下降，成本费用性项目增加。而在乐观状态下，收益性项目增加，成本费用性项目下降。

表 6－2　影响因素的变化　单位：万元

项目＼状态	悲观	正常	乐观
营业收入	150	220	320
营业成本	160	150	100
投资支出	250	200	150

我们既然已经设定不同状态下，净现值影响因素的取值，那现在就可以尝试改变一个变量（悲观或者乐观估计下）且保持其他变量不变（正常估计下），重复计算 *NPV* 值，从而得出某一个因素变化后的项目净现值，由此得出表 6－3。比如，当营业收入变化至悲观状态、其他变量维持正常状态时，项目净现值由 6.04 万元下降至－160.38 万元。不难看出，当营业收入、营业成本、投资支出发生变化时，项目净现值的变化较大，因而这些因素是敏感性因素。对于这些敏感性因素，公司需要密切关注。

表 6－3 净现值的变化 单位：万元

项目＼状态	悲观	正常	乐观
营业收入	－160.38	6.04	243.78
营业成本	－17.73	6.04	124.91
投资支出	－34.05	6.04	46.14

三、敏感性分析的局限性

敏感性分析是不确定性分析中的一个重要方法，在充分肯定其作用的同时，也必须注意它的局限性，主要表现在以下两个方面。

第一，敏感性分析只是孤立地研究每个变量的变化，而忽略了变量之间可能相互影响的事实。比如，如果企业遭受突如其来的宏观经济冲击，或者企业无效的管理导致费用、成本失控，净现值影响因素就会同时变化。为处理影响因素联动变化，公司理财发展出多因素敏感性分析方法。如果分析两种或两种以上的不确定性因素同时发生变动，对项目经济效益值的影响程度，则被称为多因素敏感性分析法。多因素敏感性分析法是在单因素敏感性分析基础之上进行的，分析的基本原理与单因素敏感性分析大体相同。

第二，每种影响因素的变化幅度是由分析人员主观确定的，因此敏感性分析得出的预测可能带有较大的片面性，甚至导致决策失误。为了解决这个问题，在使用敏感性分析时，有时并不进行悲观、乐观估计，而是简单地将各变量设定为正常状态的某个百分比，但这并不能完全解决过分乐观或者过分悲观的可能性。

因此，运用敏感性分析方法时，必须注意各种影响因素之间的相互关系，广泛开展调查研究，尽量使收集的数据客观、完整，才能减弱预测中的主观片面性，为决策者提供可靠的依据。

第二节 情景分析

如果变量之间不是独立的，而是相互关联的，企业可以采用情景分析（Scenario Analysis）来避开敏感性分析的缺点。简单来说，情景分析就是考察一些可能出现的不同情景，且每种情景综合了多种变量的影响。

【例 6－2】

假设某企业正在考虑投资于一个节能空调的项目，企业市场部作出如下预测：节能空调价格为每台 4 750 元；市场规模为 10 万台，企业的市场份额为 10%，即企业预测年销售量为 1 万台，因此总收入每年为 4 750 万元；单位变动成本为 3 750元，因此总的变动成本为 3 750 万元；固定成本为每年 300 万元；项目初始投资为2 000万元，此外假设初始投资的生产线可使用10年，并按照直线折旧法对其进行折旧（由此可知每年折旧为200万元）。假设企业所得税税率为50%。预测的各项目现金流情况如表6－4所示。

表6－4　　节能空调项目现金流量预测　　单位：万元

项目＼时间	第0年	第1～10年	
投资	2 000		
总收入		4 750	
变动成本		3 750	
固定成本		300	
折旧		200	
息税前利润		500	
所得税		250	
无杠杆净收益		250	
经营现金流量		450	
自由现金流量	－2 000	450	

假定该项目的资本机会成本（贴现率）为10%，则该项目的净现值（NPV）为

$$NPV = -2\ 000 + \sum_{t=1}^{10} \frac{450}{(1+10\%)^t} = 765.06(\text{万元})$$

可知项目的净现值大于零，看起来企业似乎可以批准并执行这个项目了。可以考虑更为复杂的情景，比如企业可能会考虑到能源危机对其节能空调销售的影响。一方面，如果能源价格上涨，将会引发人们对于节能家电的更多关注，刺激人们购买更多的节能家电。假设能源危机导致了节能空调的市场规模增加至11万台，同时企业的市场份额也扩大到13%，产品价格上涨。另一方面，能源危机的影响也造成了经济的衰落和通货膨胀，从而增加了企业的生产成本。具体数据如表6－5所示。

表6－5　　节能空调项目的能源危机情景分析

第1～10年现金流　单位：万元			假设		
项目	正常估计	能源危机	项目	正常估计	能源危机
总收入	4 750	7 150	市场规模	10万台	11万台
变动成本	3 750	5 720	市场份额	10%	13%
固定成本	300	350	产品价格	4 750元/台	5 000元/台
折旧	200	200	单位可变成本	3 750元/台	4 000元/台
息税前利润	500	880	固定成本	300万元	350万元
所得税	250	440			

续表

第1~10年现金流　　单位：万元			假设		
项目	正常估计	能源危机	项目	正常估计	能源危机
无杠杆净收益	250	440			
经营现金流量	450	640			
自由现金流量	450	640			
净现值	765.06	1 932.52			

根据表6-5，可计算出能源危机情景下的净现值：

$$NPV = -2\ 000 + \sum_{t=1}^{10} \frac{640}{(1+10\%)^t} = 1\ 932.52(\text{万元})$$

可知，在企业考虑能源危机的情景下，尽管会增加生产成本，但市场份额的扩大和市场价格的上涨能使企业获得更大收益。此时该项目的净现值会增加到1 932.52万元（假设机会成本仍为10%），企业因此有更充分的理由进行该项目的实施和运作。

类似这样的一系列情景分析比敏感性分析更能反映与项目相关的信息。企业常常会发现这样的情景分析很有用，因为这样可以考察多个变量同时变动的不同组合情况。

第三节　盈亏平衡分析

很多因素影响项目价值，我们可以用盈亏平衡分析（Break-even Analysis）揭示固定成本、变动成本、销售量、单价、利润等项目价值影响因素之间的内在联系，该方法是敏感性分析的一个有效补充。

一、会计保本点

在权责发生制下，企业用净利润衡量收益，因而会计保本点指总销售收入等于总成本时的生产量或销售量。在会计保本点上，企业的净利润等于零，此时下列等式成立。

销售量×单价=固定成本+生产量×单位变动成本

令销售量为Q，销售单价为P，单位变动成本为VC，固定成本为FC，折旧为D，T代表公司所得税。假定销售量与生产量相等，变量之间为稳定的线性关系，则会计保本点的计算公式如下。

$$Q = \frac{(FC+D)\times(1-T)}{(P-VC)\times(1-T)} = \frac{FC+D}{P-VC}$$

根据会计保本点，当销售量高于保本点时，企业将获得正的净利润；反之，企业产生亏损。所以，如果预计项目的销售量达不到会计保本点，那么这样的项目无益于企业会计盈余的增加，就不应该被投资。以表6－5正常情况下的数据为例，不难算出此时的会计保本点为

$$Q = \frac{3\,000\,000 + 2\,000\,000}{4\,750 - 3\,750} = 5\,000(\text{台})$$

需要注意的是，尽管在会计保本点上，企业净利润为零，但是企业依然会有现金流入。为说明这一点，以OCF表示经营现金流量。在会计保本点上，公司不用缴纳公司所得税，因而T可以忽略不计。根据现金流量的计算过程，经营现金流量的计算公式如下。

$$\begin{aligned} OCF &= [(P - VC) \times Q - FC - D] \times (1 - T) + D \\ &= (P - VC) \times Q - FC - D + D \\ &= (P - VC) \times Q - FC \end{aligned}$$

可得 $Q = \frac{FC + OCF}{P - VC}$。与上面的公式相对照，可见，在会计保本点上，折旧被当做固定成本的一部分收回了，因而此时的现金流量数额等于折旧。

当然，企业如果连折旧都不能收回，那么在这个销售量上，企业的初始投资全部损失了。令经营现金流量为0，此时的保本点有另外一个名字，现金保本点。计算公式为 $Q = \frac{FC}{P - VC}$。以表6－5正常情况下的数据为例，不难算出此时的现金保本点为

$$Q = \frac{3\,000\,000}{4\,750 - 3\,750} = 3\,000(\text{台})$$

二、财务保本点

在收付实现制下，公司财务用现金流量衡量收益，因而财务保本点是净现值等于零时的销售量。

由净现值计算公式 $NPV = -I + \sum_{t=1}^{n} \frac{NCF_t}{(1+i)^t}$，令净现值为零，并且假定项目每期产生的现金流量相等，设为 CF，可以得到下式。

$$I = \sum_{t=1}^{n} \frac{CF}{(1+i)^t} = CF \sum_{t=1}^{n} \frac{1}{(1+i)^t}，\text{从而 } CF = \frac{I}{\sum_{t=1}^{n} \frac{1}{(1+i)^t}}$$

不难看出，CF 即为年金中每期产生的现金流量，但是在公司理财中，其被称为约当年均成本（EAC）。约当年均成本的经济含义是，为了收回期初投资的现金流量，项目每期应该产生的现金流入量。我们依然将折旧从固定成本中分离出来，于是财务保本点的计算公式可表示如下。

$$Q = \frac{EAC + FC \times (1 - T) - D \times T}{(P - VC) \times (1 - T)}$$

根据财务保本点，项目可以被实施的前提条件是预期销售量超过保本点。以表6－5正常情况下的数据为例，该项目每期应该收回的约当年均成本为325.49万元。因而财

务保本点为

$$Q=\frac{3\,254\,900+3\,000\,000\times(1-50\%)-2\,000\,000\times50\%}{(4\,750-3\,750)\times(1-50\%)}=7\,509.8(台)=7\,510(台)$$

第四节　决策树

一、决策树的含义

决策树（Decision Trees）一般都是自上而下生成的。每个决策或事件都可能引出两个或多个事件，导致不同的结果，这种决策分支画成的图形很像一棵树的枝干，故称为决策树。决策树中的每一个方块代表公司的一次行动或决策，而每一个圆圈则是其财务决策的结果。决策树常被用来展示资本投资项目中蕴含的实物期权，但它的应用要早于实物期权的提出。决策树可以帮助我们理解项目的风险，把握未来决策对项目价值的影响。

二、决策树在投资决策中的应用

【例6-3】

2021年5月11日，备受瞩目的第七次全国人口普查结果公布。统计数据显示中国的老龄化程度进一步加深：60岁及以上人口26 402万人，占比为18.70%；与2010年相比，60岁及以上人口的比重上升5.44个百分点。按照联合国的标准，65岁及以上人口占比超过7%就属于老龄化社会，达到14%就是深度老龄化社会。“未富先老”的问题深刻影响着中国经济发展的驱动力。为抓住人口老龄化下旅居养老、医疗健康、养老服务、智慧养老、医养结合和老年文娱等“银发经济”的发展机遇，我们虚拟了一家名为“夕阳红无忧养老”的养老服务公司。

受中国传统文化的影响，该公司认为养老服务市场的未来需求情况是不确定的，而且后续发展很显然会受到前期情况的影响。基于这样的认识，公司认为第一年会有30%的可能性遭遇需求不足的情况，并由此导致第二年将有60%的可能性继续保持需求不足的状况。但是，如果公司秉承的养老理念和推出的养老产品服务刚好迎合了市场需求，那么公司第一年就有70%的可能性喜迎开门红，并由此带来第二年将有80%的可能性保持高需求。为了决定养老服务规模，公司提出甲、乙两个方案：甲方案是大规模投资方案，投资300万元；乙方案是小规模投资方案，投资100万元，两个方案的决策树如图6-1所示。

图6-1展示了各种情况下的选择以及现金流量。最左边的方块（A）表示公司选择实施大规模投资方案或者小规模投资方案。因此决策树是在假定各种情况已知的基础上判断项目价值，因而括号中给出了第一年需求情况的概率，同时也

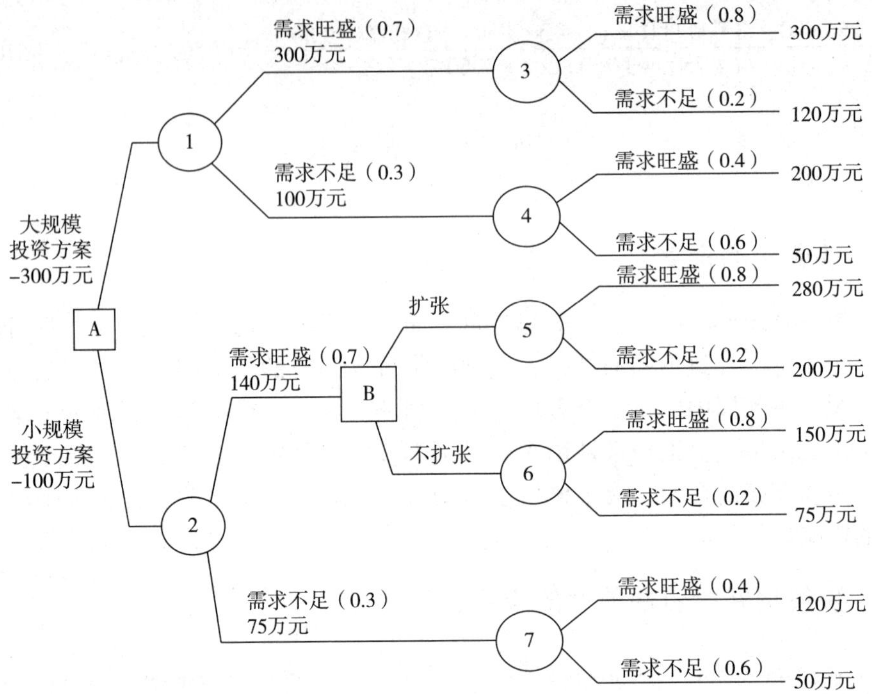

图 6－1　决策树

提供了两种需求情况下的现金流量。当进一步知道贴现率之后，我们就可以通过现金流贴方法计算各种选择的净现值（NPV），并进而评估投资决策。

公司可以选择大规模投资方案。就目前给定的已知条件看，大规模方案的投资决策是一次性的。现在，公司如果投资 300 万元实施大规模投资方案，那第一年：若需求旺盛，将会有 300 万元的现金流入；如需求不足，现金流入则为 100 万元。由于第二年的需求情况受第一年需求状况的影响，因而，图 6－1 也分别给定了第二年在不同情况下的现金流入量。假定大规模投资方案是一次性的决策，即如果公司在第一年选择了大规模投资方案，则在未来的时间里将不再需要决策。此时，我们只要计算出期望现金流并进行贴现即可得到大规模投资方案的净现值：

$$NPV = -300 + \frac{0.7 \times 300 + 0.3 \times 100}{(1 + 10\%)} + \frac{0.7 \times (0.8 \times 300 + 0.2 \times 120) + 0.3 \times (0.4 \times 200 + 0.6 \times 50)}{(1 + 10\%)^2}$$

$$= -300 + 218.18 + 180 = 98.18(\text{万元})$$

公司也可以选择小规模投资方案。公司的想法是考虑一个两年期限的决策，第一年可以先小规模投资，从而在未来需求不确定的情况下给公司保留一个未来扩充规模的选择权。在第一年，需求旺盛、需求不足情况下的现金流入分别为 140 万元、75 万元。

如果公司决定实施小规模投资方案，那在第一年年末的时候，公司需要作出第二个决策：根据第一年的市场需求情况，判断第二年是否要扩充服务规模，这个决策由第二个方块（B）表示。如果第一年需求旺盛，第二年就可以投资100万元扩大服务规模；如果第一年需求不足，公司则依然暂时维持现有规模，以期待未来的市场发展。为什么在第一年市场需求不足的情况下，公司依然选择维持运营而不是退出市场？因为公司相信在老龄化程度加深的背景下，养老服务属于“未来产业”。

此时，决策树的逆向决策特征得到明显的体现：在知道第一期的决策之前，首先需要知道第二期的决策。根据这样的思想，公司在第二年需要解答的问题是：在第一年实施小规模投资方案的基础上，若市场需求旺盛，第二年是否要扩张。

需求旺盛时，公司可以选择扩张：投资支出为100万元，需求旺盛和需求不足两种情况下分别得到280万元和200万元的现金流入。因而，第二年若扩充服务规模，公司的期望收入为

$$\text{期望收入} = 0.8 \times 280 + 0.2 \times 200 = 264(\text{万元})$$

如果贴现率为10%，则第一年末，扩张的净现值为

$$NPV = -100 + \frac{264}{1 + 10\%} = 140(\text{万元})$$

需求旺盛时，公司也可以选择不扩张；需求旺盛和需求不足的两种情况下，公司现金流入分别为150万元和75万元。这种情况下，公司的期望收入为

$$\text{期望收入} = 0.8 \times 150 + 0.2 \times 75 = 135(\text{万元})$$

同样以10%的利率贴现到第一年末，可得到不扩张的净现值：

$$NPV = 0 + \frac{135}{1 + 10\%} = 122.73(\text{万元})$$

显然，由于扩张的价值（$NPV = 140$万元）高于不扩张的价值（$NPV = 122.73$万元），所以如果第一年市场需求旺盛，公司应该选择扩充养老服务的规模。由此，我们就知道了第二年的公司决策。

我们知道了第二年的公司决策，从而可以判断公司在第一年的投资决策。由于现在的决策包含了项目未来发展的各种情况，所以我们现在需要考虑项目未来的现金流量。由图6－1可知，如果第一年实施小规模投资方案：需求旺盛时，项目现金流量为第一年末扩张的价值加上第一期的现金流入，即280万元（140万元＋140万元＝280万元）；需求不足时，项目现金流量为第一年末不扩张的价值加上第一期的现金流入，即为146万元（75万元＋$\frac{0.4 \times 120 + 0.6 \times 50}{1 + 10\%}$万元＝146万元）。因此，公司第一年实施小规模投资方案的净现值为

$$NPV = -100 + \frac{0.7 \times 280 + 0.3 \times 146}{1 + 10\%} = 118(\text{万元})$$

对比上述公司实施小规模投资方案的净现值（118 万元）与实施大规模投资方案的净现值（98.18 万元），显然公司在第一年选择小规模投资方案进行尝试是一个更好的选择。但是，值得注意的是，本案例仅考虑两年的期限，如果考虑期限更长，则最终决策或有所不同。另外，在有些投资决策中，每期的贴现率可能会不一样。

第五节　实物期权

一、实物期权的含义与形式

在资本的世界中，几乎万事万物都可以被定价，权利也是如此。金融期权就通过一纸合约，给予了购买合约的人在未来选择是否按照合约价格购买或者出售标的资产的权利，并把该权利标价交易，即买方期权（Call Options）或者卖方期权（Put Options）。简而言之，期权是一种可以选择做或者不做的权利。这种“可以而不是必须”的权利在金融市场通过合约的形式被标准化，投资者评估合约的价值，并且自由交易。

现实经济生活中也存在这种“可以而不是必须”的情况，这种现象被斯图尔特·迈尔斯（Stewart Myers）捕捉到，并于 1977 年提出实物期权（Real Options）的概念。迈尔斯（1977）指出：一个投资方案产生的现金流量所创造的利润，来自截至目前所拥有资产的使用，再加上一个对未来投资机会的选择。也就是说，企业拥有一个权利，即在未来以一定价格取得或出售一项实物资产或投资计划。故而，企业在对一个投资项目估值的时候，其价值等于静态的净现值（NPV）再加上这个选择权利的价值。需要注意的是，企业拥有的选择权利是“天然”而非“人为设计”的，且企业执行项目的同时只是具有对项目处置的选择权（如延迟、扩张、放弃），而没有必须要履行的义务。基于以上两个特征，中国资产评估协会于 2017 年 9 月 8 日颁布了《实物期权评估指导意见》，实物期权被定义为“附着于企业整体资产或者单项资产上的非人为设计的选择权”。

实物期权的价值主要体现在两个方面：一个是学习的机会，另一个是“排他性”。在投资风险资产时，投资者对于新的领域往往并不完全了解，或者对于市场信息并未全面掌握，但是投资者可以通过初期的实践和对于市场中发生的事情进行观察、分析和学习，进而调整自己的行为，以增加投资收益的潜力或者减少可能出现的损失。但是，当且仅当只有投资者具有学习机会，并根据学习采取行动时，学习的价值才能达到最大化。也就是说，如果竞争对手或者大众都有机会学习并且根据它采取行动，那么学习机会的预期价值对于投资者而言接近于零。这个前提条件即为“排他性”，并且以这个标准来判断实物期权价值最大化的时间点。因此，虽然一个项目的投资过程中有很多选择的可能性，但并非所有的选择都具有价值，这一点在项目评估中需要特别注意。

实物期权种类繁多，我们按照投资者在风险管理过程中，通过持续更新自己的知识而可能采取的三种应对措施（等待、扩张、放弃），将实物期权分为三种形式。

1. 等待期权（Option to Defer），也称为延迟期权，指可以延迟投资而不失去投资机会的权利。“万事俱备，只欠东风。”延迟期权是在观察和等待中捕捉最佳的投资时机。等待的价值主要体现在两个方面：一是投资的不可逆性，二是未来现金流的不确定性。这两个方面也是实物期权理论与传统净现值理论最大的区别之一。具体而言，对于大多数企业而言，总有一部分投资成本是不可逆的。也就是说，企业无法在改变投资决策时收回这部分投资成本，因此投资不可逆程度越高，企业在面对未来不确定性时（如经济环境的不确定性，或者项目未来现金流估计的不确定性），继续等待的价值就越大。但是，现实中的投资机会具有显著的时效性，稍纵即逝，只有少数投资项目具有等待的期权，比如专利权和自然资源型资产等具有明显行业进入壁垒的投资项目。

2. 扩张期权（Option to Expand），也称为增长期权，指企业面对不熟悉或者前景具有巨大不确定性的市场，先通过少量的投资试探市场环境，更新市场信息，形成一定的资源条件，进而获得未来扩大生产规模或者拓宽产品范围的机会和权利。比如，企业在成功研发新产品之后，一般先少量生产投放市场进行产品测试，如果消费者对产品的接受程度超过预期，那么企业将会以此为基础，扩大产品生产规模并且加快产品的上市速度。这样的项目在实物期权的细分领域被称为规模扩大期权，与之对应的是范围扩展期权。比如，小米公司初期是专注于手机和平板产品的企业，在 2013 年开始发展产品生态链，在智能硬件和物联网市场爆发的环境下，投资多达 290 家生态链企业，将产品从手机领域拓展到手机周边、智能硬件和生活耗材，形成了小米家的产品生态圈。

3. 放弃期权（Option to Abandon），也称为退出期权，指企业可以在项目的收益不足以弥补投入的成本或市场条件变坏的情况下，及时通过压缩规模、出售项目或者转产其他产品等方式止损的权利。由此可见，与前两个期权不同的是，放弃期权的目的是保护投资者免受或者尽可能少受损失。也就是说，这里的放弃并非无条件的终止或半途而废，而是指企业可以“无损失”退出或者投资得到适当补偿，如项目可以按照合理的价格出售或者低成本转换用途等。从另一个角度讲，如果项目在投资之后发现决策错误而被迫终止，那么该项目显然不具有退出期权的价值。

二、实物期权评估的步骤

实物期权为企业管理者提供了如何在不确定环境中进行战略投资决策的思路，成为当今投资决策的主要方法之一。实物期权的估值方法依然主要依靠期权定价模型。也就是说，投资者需要判断相应实物期权的性质是买方期权还是卖方期权。其中，等待期权和扩张期权属于买方期权，放弃期权属于卖方期权。在识别期权之后，投资者还需要收集资料、估计参数、实施评估，此为实物期权评估的四个步骤。

1. 识别期权是指在评估某资产时，通过全面了解企业的资源、能力、优势和劣势以及潜在的外部机会和威胁，同时结合企业的战略规划识别出该项目是否存在或者应该使用期权定价的价值。在识别期权的过程中需要特别注意，不是所有内嵌在项目里的等待、扩张、放弃的权利都具有价值，决定选择权利价值的核心因素是项目“排他性”的持续时间。如果在等待或者学习的过程中，企业的优势可以被竞争对手迅速攻克，那么等待或者扩张期权将不再具有价值；如果企业放弃一个项目是因为决策错误而被迫终止，那么放弃期权也不具有价值。所以，在识别期权的阶段需要收集大量的定性判断的资料，正确判断期权执行的可能性，以及确定实物期权的标的资产。

由于实物期权是未来投资项目的内嵌权利，而非人为附加的权利，而且项目的经营一般具有极大的灵活性，所以，一个投资项目可能会表现出多个实物期权的特征。比如，在中国资本市场的早期，限制企业的上市数量导致一部分需要融资的企业不得不面对“长久排队等待上市”的困局。为了降低时间成本，一部分企业选择通过先并购已经上市的公司、再重组的方式实现间接上市，即“借壳上市”。由此可见，在中国的主板市场，“壳”的稀缺性使其不仅具有资产性质，也具有期权性质。但是在评估期权价值的过程中，“壳公司”不仅可以为并购方提供短期的融资和投资机会，以获取未来收益的扩张期权价值，而且也为并购方提供了在未来转让上市公司股票，执行退出期权的可能性。在实践中，面对多种实物期权，通过权衡评估成本与评估价值，同时参考“简单、谨慎、合理”的原则，投资者需要先识别出价值最大的期权，忽略价值较小的期权。

2. 收集资料是识别期权和期权估值的基础，不仅包括上文提到的定性判断资料，而且包括有助于估值的定量估算资料。一方面，定性判断资料来自资产和行业的调研报告，翔实地了解资产的各种可能用途、资产拥有方和使用方的情况，进而判断企业是否有执行相应实物期权的能力和准备条件。同时，需要明确实物期权的标的资产是企业的某个未来业务或项目，而非企业本身。另一方面，因为实物期权估值也主要依靠布莱克—斯科尔斯（Black - Scholes）模型，所以定量估算资料主要用于估计参数：标的资产价值（S）、期权到期时间（T）、期权执行价格（X）、标的资产波动率（σ）和无风险收益率（r）。

3. 参数估计需要在资料准确度较高的情况下，对以上五大参数深入理解，并结合企业未来的投资项目特征，选择适当的估计方法，给出合理的估计结果。第一，厘清标的资产是企业的某项未来投资项目，那么，标的资产的价值（S）即为该项目的现值，可以使用收益现值法估算。第二，期权到期时间（T）是项目机会可供利用即可投资的最后期限。一般情况下，实物期权到期时间的计算从首期投资开始，到执行等待、扩张或者放弃期权的最后期限为止。第三，期权执行价格（X）是指企业执行未来某项目时需要支付的投资额。第四，标的资产波动率（σ）是指该投资项目收益的风险或者不确定性的大小，波动率的估计一般参考经验值的范围粗略估算。第五，无风险收益率（r）指没有违约风险情况下的收益率，其估计一般参考类似期限国债的收益率来估算。

4. 评估实物期权的价值可以使用布莱克—斯科尔斯模型、二项树模型或者数值模拟方法等。布莱克—斯科尔斯模型和二项树模型虽然在表达形式上具有较大的差异，但是二者的理论基础都是无套利定价理论。而且，理论上在二项树模型取极限的情况下（划分期数为无限多、每期长度为无限短），其估算的期权价值应该与使用布莱克—斯科尔斯模型估算的期权价值一致。所以，这两个模型在实践中可以相互印证，被广泛接受和应用。虽然数据的收集、参数的估计和模型选择的准确性是获得较为可靠估计结果的前提条件，但是，即便前提条件准确，也不能保证评估结果完全正确。当然，即使是有偏估计，也好过没有评估数据作为参考。

三、实物期权分析实例

（一）元宇宙介绍

“元宇宙”（Metaverse）一词最早出现在 1992 年尼尔·斯蒂芬森（Neal Stephenson）的科幻小说《雪崩》，在 2021 年火爆全球，因此 2021 年被称为“元宇宙”元年。虽然没有公认的“元宇宙”定义，但目前被普遍接受的观点是：元宇宙是当前信息技术的集大成者，通过整合区块链、物联网、网络及运算、人工智能、电子游戏技术、交互技术（包括 VR 虚拟现实、AR 增强现实、MR 混合现实等）六大支撑技术之后，为人类在网络上的“虚拟重生”提供可能性。虽然元宇宙实现了空间自由，为企业的管理节约成本和提高效率，但实践中仍需要解决法律、道德、技术等诸多难题，故而对于元宇宙，或者虚实结合的沉浸式工作场景的研发，具有巨大的发展潜力和高度的不确定性。

元宇宙的世界形态依然扑朔迷离，但是抢占通往元宇宙世界的赛道被众多高科技企业纳入战略计划。比如，Roblox 公司在招股说明书中第一次正式提出元宇宙概念，并于 2021 年 3 月 10 日成功在纽约证券交易所上市，将元宇宙从科幻概念推动到落实应用阶段。同年 10 月 28 日，脸书（Facebook）正式更名为“Meta”，宣布将核心业务逐步过渡到高度仿真的全新虚拟社区。此外，苹果、微软、谷歌、英伟达、腾讯、字节跳动、网易等国内外互联网企业纷纷根据各自的优势和对元宇宙的理解加大对元宇宙的布局，主要方向为 GPU 等硬件技术、底层平台系统、云计算、AI、游戏等内容、VR/AR 设备与软件等。其中，游戏作为现实的模拟和延伸，形态与元宇宙十分相似，有可能成为元宇宙最先应用的场景。

（二）案例背景介绍

腾讯的创始人马化腾曾提出“全真互联网”概念，与元宇宙的概念不谋而合。马化腾描述了一个通过多种技术发展，最终从量变演化为质变，让实体与模拟完美融合的线上、线下一体化世界。企业在元宇宙的赛道上呈现多元化势头，原因有两点：一方面，元宇宙不是一个新技术的发展，而是多项高科技的整合；另一方面，企业对于元宇宙的理解如同“盲人摸象”，各有不同，再结合自身企业优势，企业的选择便呈现多样化趋势。

元宇宙的特征体现在沉浸感和用户创造内容（UGC）的提升。沉浸感的实现道阻且长，而UGC平台在游戏创作方面的应用已日渐成熟。2020年2月，腾讯参与投资的Roblox便是典型的UGC型社区平台。Roblox以“创造”和“迷你游戏”为核心，提供面向用户的3D数字世界客户端、面向开发者的Roblox Studio工具集以及Roblox云服务，使玩家和开发者尽情在虚拟世界中游玩、竞技、社交。平台上所有的游戏和场景都是由用户使用Roblox提供的工具来开发的，玩家在平台上可以使用虚拟货币Robux进行交易和买卖。区别于传统的由开发商生产制作游戏供玩家游玩，任何人通过Roblox论坛提供的详细创作教程，以较低的成本快速学习和掌握游戏设计的技巧，这种去中心化的创作模式和丰富的内容生态使得UGC生态得到良好的发展。

我们假定腾讯全额投资Roblox 1.5亿美元，获得中国区产品发行的独家代理，将《罗布乐思》和《堡垒之夜》作为接下来在元宇宙游戏方面的两大王牌。本案例分析将以2020年2月为参考点，使用实物期权的方法来评估腾讯投资Roblox的价值，判断1.5亿美元的投资额是否合理。值得说明的是，这里的案例分析数据均来源于公开资料，分析过程仅仅是为了解释定价方法，其中包括了一些定价所需的假设，分析结果不代表我们对该项投资可行性的任何倾向性判断。

（三）实物期权估值

1. 识别期权。实物期权是期权应用于实物资产的一种描述，在本案例中，腾讯投资的实物资产为Roblox，这被认为是简化版元宇宙世界雏形的游戏社区，因为Roblox不局限于为多人提供开发和游玩的即时、流畅的游戏平台，同时具备社交功能和经济系统。Roblox平台游戏用户拥有统一的虚拟角色，使得社交关系得以延续，实现一般线下社交的线上化平移，而非如Epic Game或者Steam平台仅局限于单一游戏或平台内社交。Roblox还构建了虚实结合的经济体系，结合高激励政策构筑活跃创作生态：玩家按照R$1 = $0.01比例购买虚拟货币Robux，游戏中设有pay to win和pay to cool等场景，平台收到Robux后会按一定比例分给创作者及开发者，玩家可以按照R$1 = $0.0035的比例换出虚拟货币。最终，开发者获得20%的分成，平台获得55%的分成。

鉴于元宇宙的早期形态是“UGC游戏+社交”，腾讯投资Roblox获得了未来进一步投资元宇宙的机会，实现从“游戏+社交”到“社交+内容+经济”的虚拟数字孪生世界的发展，更进一步接近元宇宙的终极形态。比如，在腾讯投资Roblox之前，已经于2019年与Roblox创建战略合作关系，共同出资成立品牌为Luobu的中外合资企业，其核心业务为Roblox Stidio中文版的开发、本土化和授权。在腾讯进一步投资Roblox股权之后，Roblox上线中国版“罗布乐思”平台并由腾讯代理运营，同时腾讯可以多维度投资和发展其云服务和金融支付业务，使其早日实现虚实自由切换的元宇宙模式。由此可见，投资Roblox内嵌了一个扩张期权的属性。

除此之外，元宇宙的投资目前依然是一个高度不确定性的风险项目，如果腾讯在之后的发展中发现元宇宙投资项目不如当初计划得那么有利润，想停止元宇宙的探索之路，标的资产Roblox的股权将可以被出售。当然，腾讯在后期决定出售大概率可能是因为消极的环境和悲观的态度，即使Roblox的股价可能不会处于高点让腾讯收入丰厚，但也不会让腾讯血本无归。因此，投资 Roblox 也同时内嵌了一个放弃期权。

如前文所述，由于实物期权是内嵌在项目中的权利，而非人为设计，所以可能出现一个项目呈现多个期权特征。而我们在估计的时候，以“简单、谨慎、合理”的原则为标准，通过权衡评估成本与评估价值，识别出价值最大的期权，忽略价值较小的期权。本案例中，我们认为扩张期权的价值大于放弃期权，原因有三点。首先，腾讯掌门人马化腾对未来互联网形态的描述与元宇宙不谋而合，持有积极态度。投资 Roblox 是腾讯进军元宇宙世界的战略之一，而元宇宙的投资是一个长期项目，所以在可预见的未来五年之内，腾讯不具有退出元宇宙赛道的可能性。其次，中国为元宇宙的发展提供了友好的探索环境，提供各种政策扶持元宇宙世界创建的基础设施，如 5G、云计算、AI、人工智能等。而且，由国务院批准成立的中国移动通信联合会于 2021 年 11 月 11 日成立元宇宙产业委员会，并发布《元宇宙产业宣言》。最后，元宇宙被认为是第三代互联网，也是全球创新竞争的新高地，其不仅局限于企业，政府也加入其中。比如，韩国首尔市政府发布《元宇宙首尔五年计划》，宣布从 2022 年起分三个阶段在经济、文化、旅游、教育、信访等市政府所有业务领域打造元宇宙行政服务生态，并计划斥资 2 000 万美元用于元宇宙平台开发。综上所述，我们假定该案例中，扩张期权的价值远大于放弃期权。

2. 估计参数。本案例研究的时间点是 2020 年 2 月，即腾讯投资 Roblox 的时间点。对该投资项目的估值可以用公式描述为

$$项目价值 = Roblox 的内在价值 + 扩张期权价值$$

在腾讯的元宇宙战略布局中，以“游戏 + 社交”UGC 平台为切入点，制订为期五年的两个阶段发展计划。第一阶段，投资 Roblox 并获得《罗布乐思》游戏的中国区独家代理权，在未来 2 年内实现游戏元宇宙的本土化，估计投资 1.5 亿美元。第二阶段，3 年后再增加投资 6.5 亿美元开发生活类社交 UGC 平台并构建虚实结合的数字经济系统，进一步逼近元宇宙生活的最终形态，确保自己始终处于该赛道的领跑地位。

首先估计项目第一阶段的净现金流。一方面，收益主要来自《罗布乐思》游戏的中国区域收入，该收入主要由单日活跃用户量（DAU）增长拉动。参考 Roblox 公布的亚太地区财务报表，预计 2021 年 DAU 突破 840 万人，同比增速为 74%。出于对中国市场的保守估计，适当调低未来 3 年的用户增速至 60%，则 2021—2025 年中国市场的 DAU 将分别为 773 万、1 236 万、1 978 万、3 165 万、5 064 万人。若每人可贡献收入 2.45 美元，则 2021—2025 年的预计收入将分别为 1.9 亿、3.0 亿、4.8 亿、7.76 亿、12.41 亿美元。另一方面，Roblox 的成本支出主要是开发者分成的费用、基建和安全费用、本土化研发费用、管理费用和销售费用。根据 Roblox 2018 年和 2019 年财报，成本大约占收入的 55%。我们使用此比例预计 2021—2025 年中国市场游戏运营的费用支出分别为 1.05 亿、1.65 亿、2.64 亿、4.27 亿、6.83 亿美元。

当腾讯的元宇宙战略进入第二阶段，从游戏延伸到生活时，其收入除了预估的游戏的净利润外，还将加入腾讯社交平台通过虚拟数字孪生世界创造的利润。由于该利

润具有极大的不确定性，所以本案例使用可比估值方法，参考脸书（Meta）的净利润估算 2024 年和 2025 年腾讯的社交收入。因为脸书不仅是世界广泛使用的社交平台，而且其创始人早在 2016 年就开始布局元宇宙战略，并且在 2021 年通过更改公司名字来彰显自己对元宇宙探索之路的决心。根据彭博（Bloomberg）提供的股票交易数据和广发证券发展研究中心的分析预测，脸书在 2021 年、2022 年、2023 年的净利润将分别为 399.74 亿、404.98 亿和 479.75 亿美元。脸书的 2020 年财报显示其 2020 年的平均 DAU 为 18.2 亿人，考虑到脸书的用户总数已经达到 22 亿人，约占全球总人口的 1/3，所以我们认为 DAU 在接下来几年波动的幅度不大。据此 DAU 数据粗略估计每人将为脸书的净利润贡献 23.52 美元$\left(\frac{399.74+404.98+479.75}{3}\div 18.2\right)$。考虑到客户黏性和较高的同平台转化率，我们使用 2021—2025 年中国用户登录游戏平台的 DAU 数据，估算腾讯可能在 2024 年和 2025 年由生活社交创造的净利润为 7.54 亿和 11.78 亿美元。综上所述，Roblox 的投资项目总现金流如表 6－6 所示。

表 6－6　　　　预期投资与收益　　　　单位：亿美元

年份	2020	2021	2022	2023	2024	2025
投资金额	1.5			6.5		
游戏预计收入		1.9	3.0	4.8	7.76	12.41
游戏预计支出		1.05	1.65	2.64	4.27	6.83
游戏净现金流量		0.85	1.35	2.16	3.49	5.58
生活社交净现金流					7.54	11.78
项目总净现金流	－1.5	0.85	1.35	2.16	11.03	17.36

3. 期权评估。

第一，投资 Roblox 的内在价值。不考虑第二阶段的追加投资，该项目第一阶段起初 1.5 亿美元的投资产生的项目价值为（假设风险调整后的折现率为 10%）

$$NPV_1 = \sum_{i=2021}^{2025} \frac{CF_i}{(1+r)^i} - I_1 = 7.15(\text{亿美元})$$

第二，扩张期权价值。我们使用布莱克—斯科尔斯模型为实物期权估值。扩张期权是一个看涨期权，其公式可表述为

$$\text{扩张期权价值} = SN(d_1) - Ke^{-rt}N(d_2)$$

其中，S 为基础资产的当前价值；K 为行使期权时的执行价格；t 为期权的有效期；r 为有效期内的无风险利率；$d_1 = \dfrac{\ln\left(\dfrac{S}{K}\right)+\left(r+\dfrac{\sigma^2}{2}\right)t}{\sigma\sqrt{t}}$；$d_2 = d_1 - \sigma\sqrt{t}$；$\sigma^2$ 为现实资产价值的波动率，$N(d_1)$ 和 $N(d_2)$ 分别是标准化变量 d_1 和 d_2 的累积正态分布函数。

根据表 6－6 的现金流分析，扩张期权标的资产的价值为 2024 年和 2025 年现金流的现值，假设风险调整收益率为 10%，则可计算得到 S 等于 16.59 亿美元。行使期权的执行价格为第二阶段的投资额，即 6.5 亿美元。期权的有效期到 2023 年底，即 $t=3$。

有效期内的无风险利率使用 3 年期国债收益率 2.61%。

除此之外，使用布莱克—斯科尔斯模型还需要估计标的资产的价值波动率。在金融期权中具体指的是标的股票收益率的标准差，其用于描述对未来收益不确定性或风险的衡量。但是，在本案例中，由于 2020 年 Roblox 还未上市，而且期权衡量的第二阶段的投资收益偏向于游戏元宇宙生活化的收益。所以，本书采用类比脸书的股票波动率来分析。需要注意的是，我们使用脸书公司 2019 年的月收益率数据计算出标准差 13.19%，再进行年化处理得到年波动率为 45.69%。根据以上参数估值，在 Excel 中可求得隐含的扩张期权的价值为 $C = 10.93$ 亿美元。

最后，将上述结果相加，得到腾讯投资 Rbolox 的项目总价值为

$$NPV = NPV_1 + C = 7.15 + 10.93 = 18.08(\text{亿美元})$$

从计算结果来看，Rbolox 是一个值得投资的项目。即使不考虑第二阶段动态调整投资战略的可能性，该项目的净现值依然为正，投资计划应该被接受。但是，传统 NPV 对项目的估值显然偏低。在其他案例中，可能会误导企业错误地拒绝具有极大潜力但同时伴随高度不确定性的项目。

【本章小结】

1. 净现值不能显示不确定性因素变化时净现值如何变化，从而也就不能告诉我们影响项目价值的重要因素。敏感性分析就是从众多不确定性因素中找出对投资项目现金流量有重要影响的敏感性因素，并进而判断项目承受风险能力的一种不确定性分析方法。

2. 敏感性分析忽视了净现值影响因素同时变化的可能性。如果要同时考虑几个因素变化对项目价值的影响，可采用情景分析。

3. 盈亏平衡分析揭示固定成本、变动成本、销售量、单价、利润等项目价值影响因素之间的内在联系。会计保本点指总销售收入等于总成本时的生产量或销售量，此时企业的净利润等于零。财务保本点是净现值等于零时的销售量。

4. 每个决策或事件都可能引出两个或多个事件，导致不同的结果，这种决策分支画成的图形很像一棵树的枝干，故称决策树。决策树可以帮助我们理解项目的风险，把握未来决策对项目现金流的影响。

5. 实物期权的价值主要体现在两个方面：一个是学习的机会，另一个是“排他性”。实物期权为企业管理者提供了如何在不确定环境中进行战略投资决策的思路。

【重要概念】

敏感性分析　情景分析　盈亏平衡分析　会计保本点　财务保本点　现金保本点
决策树　实物期权

【扩展阅读】

请阅读以下文献，对决策树、实物期权等问题有进一步的理解。

1. 何燕．投资项目风险分析模型制作——决策树分析与蒙特卡洛模拟的综合运用[J]．会计之友（下旬版），2010（3）：43-46.

2. 黎精明，邱英．基于实物期权的NPV资本预算方法改进：以地产项目为例[J]．财会月刊，2013（4）：91-93.

3. 王洪强，张梦情，程敏．PPP项目动态调价机制与利益相关方敏感性研究——以污水处理PPP项目为例[J]．价格理论与实践，2017（8）：148-151.

4. 周远祺，杨金强，刘洋．高能耗企业绿色转型技术的实物期权选择路线[J]．系统工程理论与实践，2019，39（1）：19-35.

【思考与练习】

1. 为什么要在不确定的条件下考虑项目的价值？

2. 说明决策树方法的应用思路。

3. 实物期权在创业投资中如何运用？

4. 公司准备投资一个新项目，预测的现金流如下表所示，资本成本为10%，所得税税率为50%，计算项目的净现值。(单位为万元)

项目	第0年	第1~10年
投资	15	
总收入		37.5
变动成本		30
固定成本		3
折旧		1.5
税前利润		3
所得税		1.5
净利润		1.5

若企业的经营情况发生了变动（见下表），计算在新情境下的项目的净现值。

项目	原假设	新情境
市场规模	10 000	11 000
市场份额	10%	10%
产品价格	375	400
单位变动成本	300	360
固定成本	30 000	20 000

5. 某房地产开发公司对某一块地拟定两种开发方案。A方案：一次性开发多层住宅45 000平方米，需投入总成本费用9 000万元，开发时间为18个月。

B方案：将地块分两期开发，一期开发高层住宅36 000平方米，需投入总成本费用8 100万元，开发时间15个月。如果一期销路好，则二期继续开发高层住宅36 000平方米，投入总费用8 100万元；如果一期销路差，或者暂停开发，或者开发多层住宅22 000平方米，投入总费用4 600万元，开发时间为15个月。两方案销路好和销路差时的售价和销量情况见下表。根据经验，多层住宅销路好的概率是0.7，高层住宅销路好的概率是0.6，暂停开发每季度损失10万元，季度利率为2%。请计算：（1）两方案销路好和销路差时季度平均销售收入各为多少万元？（假定销售收入在开发时间内均摊）（2）用决策树作出决策，应采用哪种方案？

<table>
<tr><th colspan="4" rowspan="2">开发方案</th><th rowspan="2">建筑面积（万平方米）</th><th colspan="2">销路好</th><th colspan="2">销路差</th></tr>
<tr><th>售价（元/平方米）</th><th>销售率（%）</th><th>售价（元/平方米）</th><th>销售率（%）</th></tr>
<tr><td>A方案</td><td colspan="3">多层住宅</td><td>4.5</td><td>4 800</td><td>100</td><td>4 300</td><td>80</td></tr>
<tr><td rowspan="4">B方案</td><td>一期</td><td colspan="2">高层住宅</td><td>3.6</td><td>5 500</td><td>100</td><td>5 000</td><td>70</td></tr>
<tr><td rowspan="3">二期</td><td>一期销路好</td><td>高层住宅</td><td>3.6</td><td>5 500</td><td>100</td><td></td><td></td></tr>
<tr><td rowspan="2">一期销路差</td><td>多层住宅</td><td>2.2</td><td>4800</td><td>100</td><td>4 300</td><td>80</td></tr>
<tr><td>停建</td><td></td><td></td><td></td><td></td><td></td></tr>
</table>

6. 某公司准备投资1 000万元建设一条新的生产线，如果进展顺利，生产线产生的现金流现值为1 400万元；但如果进展不顺利，生产线产生的现金流现值仅为500万元。公司认为项目进展顺利的概率为50%。

（1）公司是否应该投资于该项目？

（2）如果项目进展不顺利，生产线可以按900万元的价格出售给另一个厂商，那么公司是否应该投资于该项目？

（3）计算放弃期权的价值。

第七章

资本成本与杠杆分析

引导企业综合融资成本下降，推动经济高质量发展，一直是经济金融政策的重要内容之一。中国人民银行统计数据显示，2020年12月企业贷款加权平均利率创有统计以来的新低，降至4.61%，较上年同期下降0.51个百分点。2021年3月，国务院办公厅印发的《建设高标准市场体系行动方案》明确提出，要降低实体经济融资成本。这为“巩固贷款实际利率下降成果，促进企业综合融资成本稳中有降”提供了有利条件。为什么企业融资成本如此重要？这是因为资本成本是公司理财的重要基础，而融资成本是公司资本成本的直接影响因素，并最终影响公司价值。企业只有建立起资本成本观念，才可能进行和优化筹资与投资决策。

旅途公司是由大量的地区性旅客连锁店合并而成的股份有限公司，它希望与国家星级酒店竞争。现在公司总经理、财务经理与投资银行及有关人员正在讨论公司的资本成本问题，以便为筹措资金、确定资本结构提供依据。公司的资产负债简表如表7－1所示。

表7－1　　旅途公司的资产负债表（2022年）　　单位：万元

资产		负债及所有者权益	
现金	1 000	应付账款	2 000
应收账款	1 500	其他应付款	1 000
存货	2 500	长期债券	2 500
固定资产净值	5 000	普通股	3 500
		留存收益	1 000
资产合计	10 000	负债及所有者权益合计	10 000

其他约束条件如下：（1）长期债券的期限为10年，票息率为8%，每年付息一次，到期一次还本，筹资费用为5%；（2）公司流通在外的普通股目前市价为20元，筹集费用为10%，预计股利年增长率为5%，本年度每股发放股利2元；（3）旅途公司的所得税税率为40%。我们需要根据上述资料估算公司的加权平均资本成本。你应该如何思考呢？

第一节　企业的融资方式

融资方式，即企业融资的渠道。从资金性质上可以分为两类：债务性融资和权益性融资。前者包括银行贷款、发行债券、应付票据和应付账款等；后者主要指股票融资。债务性融资构成负债，企业要按期偿还约定的本息，债权人一般不参与企业的经营决策，对资金的运用也没有决策权。权益性融资构成企业的自有资金，投资者有权参与企业的经营决策，有权获得企业的红利，但无权撤资。

另外，从融资期限上也可以分为两类：长期融资和短期融资。一般来说，长期融资是指期限在1年以上的资金；短期融资是指期限在1年以内（包括1年）的资金。

一、长期融资方式

如上所述，长期融资是指企业筹集的使用期限在1年以上的资金，主要目的是满足其长期发展的需要，如新建厂房、购买机器设备或进行技术研发等长期投资项目。长期融资的方式主要有股权融资、债券融资以及长期借款三种。此外，企业也可以通过金融衍生工具、长期租赁等方式来融通长期资金。

（一）股权融资

股权融资是指企业通过发行股票或者利用留存收益来筹集资金的方式。股票是出资人的所有权凭证，它没有到期日，无须归还，因此不会对公司产生还本付息的压力。股权融资又可以分成普通股、优先股和留存收益三种方式。

1. 普通股（Common Stock）。普通股是股份有限公司发行的最普通、最基本的股份。普通股股东通常拥有参与公司经营的表决权，参与股息红利的分配权，优先认股权以及公司破产后依法分配剩余财产的权利。普通股没有到期日，无须支付固定股利，筹资风险小。但普通股的筹资成本较高，此外会分散公司的控股权。

2. 优先股（Preferred Stock）。优先股是股份公司发行的在分配红利和剩余财产时比普通股具有优先权的股份。优先股股东一般没有选举权和被选举权，对股份公司的重大经营无投票权。优先股通常有事先确定的股息率，该股息一般不随公司业绩变化而增减，类似于债券。优先股的优先权主要表现在两个方面：一是股息领取的优先权；二是剩余资产分配优先权。

3. 留存收益（Retained Earnings）。留存收益是企业历年留存的税后利润，包括企业提取的盈余公积和未分配利润两部分。留存收益可用来弥补未来可能发生的亏损，也可以用做未来的利润分配，还可以作为企业的资本积累，用于扩大再生产。留存收益的多少取决于企业的经营成果和股利分配政策。企业的经营效益越好，股利分配率越低，企业通过留存收益融通的资金越大。

（二）债券融资

债券（Bond）是债务人为筹集长期资金而发行的，承诺在一定期限内向债权人还本付息的有价证券。公司发行债券通常是为其大型投资项目而筹集的大额长期资金。债券的基本要素有债券面值、债券期限、票面利率、付息方式等。债券投资者与发行者之间是一种债权债务关系，债券发行人即债务人，投资者（债券购买者）即债权人。债券筹资的优点有资金成本较低、具有财务杠杆作用等，缺点是财务风险大、资金使用的限制性条款多等。

（三）长期贷款

长期贷款（Long－term Loans）是企业向银行或其他金融机构借入的期限在 1 年以上的贷款，它主要用于固定资产投资、设备的更新改造以及满足研发费用的需要等。

长期贷款通常是抵押贷款，要求企业以特定的抵押品作为担保。抵押品可以是设备、建筑物等固定资产，也可以是股票、债券等有价证券。银行也会对某些信誉良好的企业发行无须担保的信用贷款，但由于风险较大，通常收取较高的利息。

二、短期融资方式

如上所述，短期融资指的是期限在 1 年以内（包括 1 年）的资金。短期融资通常是为企业季节性和临时性的需要融通资金，主要用于企业日常经营所需的周转资金，如发放工资、购买原材料等。短期融资的方式主要有商业信用、商业票据和短期借款三种。

（一）商业信用

商业信用（Commercial Credit）是企业之间以赊销和预付款等形式获取的信用。赊销是销售企业提供给购货企业的信用，而预付款是购货企业提供给销售企业的信用。

从总体上来讲，商业信用对于加强企业之间的经济联系、加速资金的循环与周转、促进社会再生产的顺利进行等方面都起着非常重要的作用。具体而言，对于商业信用的卖方提供者来说，其作用表现在能够扩大商品经营规模、开拓商品市场、提高竞争力；对于商业信用的买方提供者来说，其作用主要表现在能够稳定货源、稳定供需关系；对于商业信用的卖方与买方接受者来说，其主要作用均表现为缓解资金短缺的困难。

（二）商业本票

商业本票（Commercial Paper）是企业为筹措短期资金，由企业署名担保发行的票据。商业本票的发行大多采取折价方式进行，但大多数是通过经纪商的渠道发售的。商业本票这种融资方式突出的优点是融资成本低和手续简便，省去了与金融机构签订协议等许多麻烦。但由于它的融资受资金供给方资金规模的限制，也受企业本身在票据市场上知名度的限制，因而特别适合于知名大企业的短期融资。

（三）短期贷款

短期贷款是指企业向金融机构借入的期限在 1 年以内（含 1 年）的贷款。短期贷款一般用于借款人生产、经营中的流动资金需要。对于资金额度较少的短期贷款，银行可以为企业提供信用贷款。短期贷款的优点是利率比较低，资金供给和偿还比较稳定；缺点是不能满足企业长期资金的需要。

第二节　资本成本概述

一、资本成本的定义

资本成本（Capital Cost）是指企业为筹集和使用资本而付出的代价。从广义上来说，企业筹集和使用任何资金，无论是长期的（大于1年）还是短期的（小于等于1年），都要付出代价。狭义的资本成本就是指企业筹集和使用长期资本的成本。资本成本包括资金筹集费和资金占用费两部分。

（一）资金筹集费

资金筹集费是指企业在资本筹集过程中付出的代价。比如，在发行证券时支付的广告费、印刷费、评估费、公证费、代理发行费、担保费等。资金筹集费用通常在资本筹集时一次性发生，在资本使用过程中不再发生，因此通常把资金筹集费用视为筹资总额的一项扣除。比如，某企业筹集了1 000万元资金，资金筹集费用为50万元，则企业应扣除50万元的资金筹集费用，实际筹集总额只有950万元。

（二）资金占用费

资金占用费是企业在资金使用过程中多次发生的，而不是仅仅发生于资金筹集时，如企业支付给股东的股利，企业支付给银行的贷款利息，以及支付给其他债权人的各种利息费用等。

二、资本成本的作用

第一，对于企业筹资来讲，资本成本是选择资金来源、确定筹资方案的重要依据。企业的资本可以从各种渠道取得，如银行贷款、发行债券、发行股票、自有资金、民间资金等，企业要选择资本成本最低的筹资渠道。

第二，对于企业投资来讲，资本成本是评价投资项目、决定投资取舍的重要标准。投资项目只有在其投资收益率高于资本成本时才是可接受的。比如，某个项目的预期投资收益率只有10%，那么正常情况下，只有资本成本小于10%，企业的融资才有利可图。

第三，资本成本还可作为衡量企业经营成果的尺度，即营业利润率（营业利润与营业收入的比率）应高于资本成本，否则就表明企业资本的运用效益差，经营业绩欠佳；反之则相反。

三、资本成本的分类

（一）个别资本成本

个别资本成本是指企业各种长期资金来源的成本。企业在比较各种筹资方式时，可使用个别资本成本。从资本的性质分类，个别资本成本可以分为债务资本成本和权益资本成本两类。

1. 债务资本成本。债务资本成本是指企业通过负债形式融资所必须支付的报酬。由于债务利息可以在税前扣除，即负债存在一定的“税盾效应”，因此债务资本成本相对较低。由于企业的负债融资形式主要包括银行贷款和发行债券，因此债务资本成本又可以分为长期贷款资本成本和长期债券资本成本。两者的基本比较见表7－2。

表7－2　长期债券与银行贷款之间的比较

内容	企业债券	银行贷款
融资成本	五年期3.36%～3.8%，平均3.56%	五年期以上人民币贷款利率为4.9%
融资规模	较大，平均8.33亿元	较小
融资方式	直接融资	间接融资
资金使用	用途由发行人控制，可相对灵活使用	用途受商业银行的严格限制
融资难度	大企业较容易，中小企业较难	在紧缩政策下较困难
融资主动性	主动	被动
能否提高企业形象	能	不能

资料来源：企业债券数据根据深交所2021年企业债券信息计算；银行贷款利率来自中国工商银行网站。

2. 权益资本成本。权益资本成本是投资者投资企业股权时所要求的收益率。与负债融资相比，由于没有抵税作用，因此权益资本成本一般比债务资本成本要高。企业的权益融资形式可分为留存收益、优先股和普通股，因此也有相应的三种权益资本成本。

（二）加权平均资本成本

加权平均资本成本（Weighted Average Cost of Capital，WACC）是以公司各种资本占全部资本的比例为权重，对个别资本成本进行加权平均而得出的。企业在进行长期资本结构决策时，使用加权平均资本成本。

第三节　个别资本成本

企业有多种可选的方式进行资本筹集时，可以通过个别资本成本的高低来选择。如上所述，个别资本成本包括债务资本成本和权益资本成本。债务资本成本是可以抵税的，而权益资本成本不可以抵税。因此，在有税收情况下，首先要注意两者计算方法的不同。

一、债务资本成本

（一）长期借款的资本成本

企业长期借款的主要形式是银行贷款，当然也可以向其他金融机构、企事业单位、个人借款。由于长期借款属于债务融资方式，因此利息可以抵税。在不考虑时间价值的情况下，分期付息、到期一次还本的长期借款资本成本为

$$长期借款资本成本=\frac{利息\times（1-所得税税率）}{借款总额\times（1-筹资费率）}$$

用公式可以表示如下：

$$K_1 = \frac{I \cdot (1-T)}{L \cdot (1-F_1)}$$

式中，K_1 为长期借款的税后资本成本；I 为借款利息，它等于借款本金乘以利率；T 为所得税税率；L 为长期借款筹资额，即借款本金；F_1 为长期借款筹资费率。

【例 7－1】

某企业取得 5 年期长期借款 200 万元，年利率为 11%，每年付息一次，到期一次还本，筹资费用率为 0.5%，企业所得税税率为 33%。则该项长期借款的资本成本为

$$K_1 = \frac{200 \times 11\% \times (1-33\%)}{200 \times (1-0.5\%)} = 7.41\%$$

上述计算长期借款资本成本的方法比较简单，但缺点在于没有考虑货币的时间价值。在实务中，还可根据现金流量计算长期借款资本，其公式为

$$L(1-F_1) = \sum_{t=1}^{n} \frac{I_t}{(1+K_l)^t} + \frac{P}{(1+K_l)^n}$$

$$K'_l = K_l(1-T)$$

式中，P 为第 n 年末应偿还的本金；K_l 为长期借款的税前资本成本。

在实际计算时，可以先利用 Excel 软件求解借款的税前资本成本，再调整为税后资本成本。

【例 7－2】

沿用【例 7－1】的资料，如果考虑货币时间价值，则该项长期借款的资本成本计算如下。

首先，计算税前借款资本成本 K_l：

$$L(1-F_l) = \sum_{t=1}^{n} \frac{I_t}{(1+K_l)^t} + \frac{P}{(1+K_l)^n}$$

$$200 \times (1-0.5\%) = \sum_{t=1}^{5} \frac{200 \times 11\%}{(1+K_l)^t} + \frac{200}{(1+K_l)^5}$$

上式是一元多次非线性函数，求解比较困难。常规的求解方法是插值法，有兴趣的同学可以参考其他文献相关内容。本书利用 Excel 软件中的内含报酬率公式，对上式进行求解，可得

$$K_l = 11.14\%$$

再计算出最终的税后资本成本为

$$K'_l = K_l(1-T) = 11.14\% \times (1-33\%) = 7.46\%$$

（二）长期债券的资本成本

和长期借款一样，长期债券融资同样是负债融资的一种形式。债券的债息同样可以抵税。其资本成本的计算方式和过程与长期借款方式基本一致，因此本部分将简略阐述。

在不考虑时间价值的情况下，分期付息（债息 = 面值 × 票息率）、到期一次还本的长期债券资本成本为

$$长期债券资本成本 = \frac{债息 \times（1 - 所得税税率）}{发行总额 \times（1 - 发行费率）}$$

用公式可以表示如下：

$$K_b = \frac{I_b \cdot (1 - T)}{B \cdot (1 - F_b)}$$

式中，K_b 为长期债券的税后资本成本；I_b 为债券债息，每期债息等于债券面值乘以票息率；T 为所得税税率；B 为长期债券发行总额，即企业通过发行债券筹集的资本总额；F_b 为长期债券发行费率。

【例 7 - 3】

某企业发行总面值为 1 000 万元的 7 年期债券，票息率为 12%，每年付息一次，到期一次还本，发行费率为 5%，企业所得税税率为 33%。该项长期债券的资本成本为

$$K_b = \frac{1\,000 \times 12\% \times (1 - 33\%)}{1\,000 \times (1 - 5\%)} = 8.46\%$$

一般情况下，我们均默认债券是平价发行。但必须注意的是，如果该债券明确说明是溢价或折价发行，则其资本成本将发生变化。比如，在【例 7 - 3】中，如果该债券溢价发行，发行总额为 1 200 万元，其资本成本为

$$K_b = \frac{1\,000 \times 12\% \times (1 - 33\%)}{1\,200 \times (1 - 5\%)} = 7.05\%$$

如果该债券折价发行，发行总额为 800 万元，其资本成本为

$$K_b = \frac{1\,000 \times 12\% \times (1 - 33\%)}{800 \times (1 - 5\%)} = 10.58\%$$

如果考虑货币的时间价值，则仿照长期借款公式，长期债券的资本成本为

$$B(1 - F_b) = \sum_{t=1}^{n} \frac{I_b}{(1 + K_b)^t} + \frac{P}{(1 + K_b)^n}$$

$$K'_b = K_b(1 - T)$$

式中，P 为第 n 年末应偿还的长期债券本金，K_b 为长期债券的税前资本成本。

【例 7 - 4】

沿用例【7 - 3】的资料，如果考虑货币的时间价值，则该项长期债券的资本成本计算如下：

首先，计算税前长期债券的资本成本 K_b：

$$B(1-F_b)=\sum_{t=1}^{n}\frac{I_b}{(1+K_b)^t}+\frac{P}{(1+K_b)^n}$$

$$1\ 000\times(1-0.5\%)=\sum_{t=1}^{7}\frac{1\ 000\times 12\%}{(1+K_b)^t}+\frac{1\ 000}{(1+K_l)^7}$$

同样利用 Excel 软件中的内含报酬率（IRR）公式，对上式进行求解，可得

$$K_b=13.14\%$$

进一步计算出最终的税后资本成本为

$$K'_b=K_b(1-T)=13.14\%\times(1-33\%)=8.80\%$$

二、权益资本成本

（一）优先股的资本成本

由于优先股同时具有债权和股权的性质，即每年支付固定股利，但无到期期限，因此可以把优先股看成是一种永续年金。根据永续年金现值的公式计算，可得优先股的资本成本：

$$\text{优先股资本成本}=\frac{\text{年股利}}{\text{发行价格}\times(1-\text{发行费率})}$$

用公式可以表示为

$$K_p=\frac{D_p}{P(1-F_p)}$$

式中，P 为优先股的发行价格；D_p 为每年支付的股利；K_p 为优先股的资本成本；F_p 为优先股的发行费率。

【例 7-5】

某公司发行总额 1 000 万元的优先股，面值为 100 元，年股利率为 10%，平价发行，发行费率为 5%，该优先股的资本成本为

$$K_p=\frac{100\times 10\%}{100\times(1-5\%)}=10.53\%$$

（二）普通股的资本成本

普通股的股利支付是不固定的，它随公司经营状况的变动而变动，所以其资本成本计算较为复杂。因为我们很难对诸如企业未来发展状况、股东对未来风险所要求的溢价等作出准确测定。计算普通股资本成本的方法主要有以下三种。

1. 股利增长模型法。股利增长模型法是依照股票投资的收益率不断提高的思路计算其资本成本。一般假定收益以固定的年增长率（g）递增。当企业发行普通股时，要支付

筹集费用。因此在计算时，应该把筹资费用予以扣除。普通股的资本成本计算公式为

$$K_c = \frac{D_1}{P_0(1 - F_c)} + g$$

式中，K_c 表示普通股的资本成本；D_1 表示第 1 期末的年股利；P_0 表示普通股市价；F_c 为普通股的发行费率；g 表示普通股利年增长率。

【例 7 – 6】

某公司普通股目前市价为 28 元，筹集费用为股票市值的 10%。预计股利年增长率为 4%，本年每股发放股利 2 元，则该普通股的资本成本为

$$D_1 = 2 \times (1 + 4\%) = 2.08(\text{元})$$

$$K_c = \frac{2.08}{28 \times (1 - 10\%)} + 4\% = 12.25\%$$

2. 资本资产定价模型法。按照资本资产定价模型法（CAPM），可计算普通股的资本成本，公式如下：

$$K_c = R_f + \beta(R_m - R_f)$$

式中，R_f 为无风险报酬率；β 为发行股票公司所在行业的风险系数；R_f 为证券市场上组合证券的平均必要报酬率。

【例 7 – 7】

某期间市场无风险报酬率为 5%，市场组合的平均必要报酬率为 10%，某公司普通股的 β 值为 1.2。则该普通股的资本成本为

$$K_c = 5\% + 1.2 \times (10\% - 5\%) = 11\%$$

3. 风险溢价法。根据投资“风险越大，要求的报酬率越高”的原理，投资普通股的风险要大于投资债券，因而可以给债券设定一个基础收益率，投资者在该收益率上再要求一定的风险溢价。依照这一理论，普通股的资本成本公式为

$$K_c = K_b + RP_c$$

式中，K_b 为税后债务成本；RP_c 为普通股股东所要求的风险溢价。

债务成本比较容易计算，但风险溢价却很难精准计算。一般只能凭借经验估计。通常情况下，我们可以采用 3% ~5% 区间某一数值的风险溢价。

【例 7 – 8】

某企业的债券资本成本为 9%，普通股股东的风险溢价为 4%，则该普通股的资本成本为

$$K_c = 9\% + 4\% = 13\%$$

（三）留存收益的资本成本

留存收益是企业缴纳所得税后剩余的利润，并不发生实际支付，只作为机会成本的形式存在，所以应视为具有与普通股相同的成本。正因为如此，留存收益的资本成本计算与普通股一样，同样有股利增长模型法、资本资产定价模型法、风险溢价法三种方式。唯一与普通股不同的是，留存收益不需要考虑筹资费用。因此，采用股利增长模型法计算其资本成本时，公式如下：

$$K_s = \frac{D_1}{P_0} + g$$

式中，K_s 表示留存收益的资本成本；D_1 表示第 1 期末的年股利；P_0 表示普通股市价；g 表示普通股利年增长率。

【例 7－9】

某公司普通股目前市价为 28 元，预计股利年增长率为 4%，本年每股发放股利 2 元，则该留存收益的资本成本为

$$D_1 = 2 \times (1 + 4\%) = 2.08(\text{元})$$

$$K_c = \frac{2.08}{28} + 4\% = 11.43\%$$

通过与【例 7－6】中普通股的资本成本（12.25%）相比较，由于留存收益不需要考虑筹资费率，因此留存收益的资本成本更低（11.43%）。如果采用资本资产定价模型和风险溢价法计算，由于此时不考虑普通股的筹资费率，普通股和留存收益的资本成本是完全相同的。

第四节 加权平均资本成本

一、加权平均资本成本的计算步骤

加权平均资本成本（*WACC*）是企业进行资本结构决策的主要依据，它反映了一个公司通过股权和债务融资的平均成本，项目融资的收益率必须高于这个加权平均资本成本，该项目才具有投资价值。*WACC* 的计算公式如下：

$$WACC = \frac{D}{A} \times K_d \times (1 - T) + \frac{E}{A} \times K_e$$

式中，$\frac{D}{A}$表示债务占总资产的比重；$\frac{E}{A}$表示权益占总资产的比重；K_d 表示债务的资本成本；K_e 表示权益的资本成本；T 表示所得税税率。

从该计算公式可以看出，计算 *WACC* 的步骤主要分成以下几步：

第一步，首先把各种融资方式分成两类，区分是属于债务融资还是权益融资（因为债务融资可以抵税，而权益融资不能抵税），并分别计算出其占总资产的比重。

第二步，计算债务类的资本成本。如果债务融资的方式又细分为长期借款、长期债券两类，则分别计算其资本成本再加总，注意税收扣除。

第三步，计算权益类的资本成本。如果权益融资的方式又细分为优先股、普通股、留存收益三类，则同样分别计算其资本成本再加总。

第四步，把债务资本成本和权益资本成本相加，即得 *WACC*。

二、加权平均资本成本的初步应用

本部分的 *WACC* 计算考虑存在税收的情况，因此对于负债融资，需要计算其税后的资本成本。

【例 7-10】

某企业共有资金 1 000 万元，其中债券 300 万元，优先股 100 万元，普通股 400 万元，留存收益 200 万元，各种资金的资本成本分别为 6%、8%、10% 和 9%。假定税率为 33%，试计算该企业的加权平均资本成本。

第一步，从该题可知，属于债务融资方式的只有债券；而属于权益融资的包括优先股、普通股和留存收益。各种资本占总资产的比重计算如下：

$$债券/总资产 = 300/1\ 000 = 0.3 = 30\%$$

$$优先股/总资产 = 100/1\ 000 = 0.1 = 10\%$$

$$普通股/总资产 = 400/1\ 000 = 0.4 = 40\%$$

$$留存收益/总资产 = 200/1\ 000 = 0.2 = 20\%$$

第二步，计算债务类资本成本。由题意可知，债券的资本成本为 6%，因此债务的税后资本成本为

$$K_d \times (1 - T) = 6\% \times (1 - 33\%) = 4.02\%$$

第三步，计算权益类资本成本。由题意可知，优先股、普通股、留存收益的资本成本分别为 8%、10% 和 9%。注意权益类资本成本并不需要税收扣减。

第四步，计算 *WACC*。各种融资方式的权重乘以相应的资本成本再加总。

$$WACC = 30\% \times 4.02\% + 10\% \times 8\% + 40\% \times 10\% + 20\% \times 9\% = 7.81\%$$

三、加权平均资本成本的计算实例

（一）案例背景

一家虚拟的“家肴鲜”餐饮公司认为，虽然“民以食为天”，未来餐饮业有良好的发展前景，但是也面临转型的机遇与挑战。面对零售化、外卖、渠道下沉的发展趋势，餐饮业需要在健康餐饮、智能餐饮和社交餐饮方面提早决策，以便抓住餐饮市场发展的红利。考虑到公司战略调整的潜在可能性，公司准备首先衡量每个部门对股东价值的贡献，因为一个部门如果不能提供超过公司资本成本的预期收益率，那么该部门的未来发展就需要慎重决策。因此，估算公司的资本成本成为评估过程的关键环节。

（二）案例分析思路

公司将分别计算三个部门的加权平均资本成本，并在此基础上计算公司的加权平均资本成本。加权平均资本成本的计算过程如下：（1）根据上文介绍的资本成本计算方法估算每个部门的股权资本成本和债务成本；（2）确定每个部门的目标资本结构，以此作为计算单个部门加权平均资本成本的权重；（3）用目标资本结构对债务、股权等单项资本成本进行加权，从而确定每个部门的加权资本成本；（4）以每个部门的价值百分比作为权重，利用各部门的资本成本计算整个公司的加权资本成本。

（三）案例分析过程

尽管公司有很多融资来源，但大致而言，可分为普通股和债务，因而该公司准备按照上文思路计算单个融资来源的资本成本。

1. 计算普通股资本成本。按照公司财务实践中的常用方法，公司采用资本资产定价模型（CAPM）计算普通股资本成本。

$$K_s = R_f + \beta(R_m - R_f)$$

运用 CAPM 模型估算部门的股权资本成本时需要确定：无风险收益率、市场预期收益、部门β值。

（1）估算无风险收益率 。由于国债基本上没有违约风险，因而采用国债的到期收益率来衡量无风险收益率。通过查询中国国债收益率曲线数据，2022 年 11 月，一年期国债收益率为 1.76% 。

（2）估算市场预期收益率。餐饮业的投资逻辑是标准化和规模化，通过标准化复制做大规模，通过规模摊低成本。与此同时，企业品牌力不断提高，形成无形但强大的壁垒。受益于标准化和品牌力赋能产业发展，公司保守估计市场预期收益率为 12% 。

（3）估算部门的β值。由于公司是非上市公司，因此三个部门的β值不能通过市场交易数据计算。考虑到非上市公司β值的衡量方法各有不足，公司准备采用两种办法来估算部门的β值。第一，同业类比法。公司理财实践中，常常使用同行业上市公司的相关财务数据衡量非上市公司的某一个财务指标。这种处理方式的理论基础是相同行业的公司应该具有相似的财务特征。为了让上市公司与非上市公司具有可比性，我们往往根据规模相近或者同行业平均的方式尽量降低公司异质性带来的影响。公司准备通过与业务部门相同的上市公司估计部门β值。第二，会计β值法。受益于系统的财务会计制度，每个业务部门的财务数据均可便捷地获得，因而公司准备利用每个业务部门的会计数据来估计该部门的β值。

以上两种方法得到的β值都可以直接应用于资本成本的估计，但是公司为了尽量平滑信息，决定用这两种方法所求得的β值的平均值来计算所属部门的股权资本成本，最终得到的β值为：堂食部门为 1.17，外卖部门为 2.02，饮料部门为 1.07。

根据以上数据，各部门的股权资本成本计算如表 7 - 3 所示。

表 7－3　各部门的股权资本成本

部门	股权资本成本
堂食	1.76% +1.17×（12% －1.76%）＝13.74%
外卖	1.76% +2.02×（12% －1.76%）＝22.44%
饮料	1.76% +1.07×（12% －1.76%）＝12.72%

2. 估算债务资本成本。根据投资学原理可知，相比权益资本成本，由于债务的现金流量比较稳定，因而确定债务资本成本比较简便。但是，WACC 的计算公式表明，作为权重的资本结构直接影响资本成本。因此，考虑负债率因素，部门资本成本将会受到该部门目标资本结构的影响。负债率越高，财务风险越大，投资者在无风险收益率上附加的收益率越大，这称为风险溢价补偿。根据资本成本的计算方法，债务资本成本将按照下面的公式计算。

$$K_d = (R_f + \text{风险溢价}) \times (1 - T)$$

先估算每个业务部门的风险溢价补偿，加上 1 年期国债的收益率即可得到债务资本的税前成本，再调整为税后成本，此处所用的税率为 25%。计算结果如表 7－4 所示。

表 7－4　各部门的债务资本成本

部门	风险溢价（%）	债务资本成本
堂食	1.35	（1.76% +1.35%）×（1－0.25）＝2.33%
外卖	2.15	（1.76% +2.15%）×（1－0.25）＝2.93%
饮料	1.13	（1.76% +1.13%）×（1－0.25）＝2.17%

3. 计算加权平均资本成本。公司准备使用融资来源的目标值为权重计算加权平均资本成本。公司确定每个部门的目标债务与总资产比率如下：堂食部门 30%，外卖部门 20%，饮料部门 26%。根据以上所有信息，就可以计算各部门的加权平均资本成本（见表 7－5）。

表 7－5　各部门的加权平均资本成本

部门	权益资本成本（%）	权益比例（%）	债务资本成本（%）	负债比例（%）	加权资本成本
堂食	13.74	70	2.33	30	13.74% ×70% +2.33% ×30% ＝10.32%
外卖	22.44	80	2.93	20	22.44% ×80% +2.93% ×20% ＝18.54%
饮料	12.72	74	2.17	26	12.72% ×74% +2.17% ×26% ＝9.98%

在获得部门的加权平均资本成本之后，最后一步就是计算整个公司的加权平均资本成本。公司的加权平均资本成本为各部门加权平均资本成本的加权平均，权重等于

每个部门的账面价值百分比。根据资产负债表，假定每个部门的权重分别为：堂食25%，外卖30%，饮料45%。则公司的加权平均资本成本可计算为

$$WACC = 25\% \times 10.32\% + 30\% \times 18.54\% + 45\% \times 9.98\% = 12.63\%$$

第五节　杠杆分析

自然界中的杠杆效应是指人们通过利用杠杆，可以用较小的力量移动较重物体的现象。本来这是一个物理学的专业名词，“给我一个支点，我就能撬起整个地球！”古希腊科学家阿基米德的这句名言已为人们所熟知。公司理财中的杠杆效应主要表现为：由于特定费用（如固定成本或固定财务费用）的存在而导致的，当某一财务变量以较小幅度变动时，另一相关财务变量会以较大幅度变动。公司财务中的杠杆主要有三种：经营杠杆、财务杠杆和总杠杆；总杠杆等于经营杠杆与财务杠杆的乘积。企业管理层试图在经营杠杆（或财务杠杆）上寻找一个支点位置，确定合适的固定资产投资规模（或债务筹资规模），使企业的经营杠杆或财务杠杆的利益和风险达到企业可接受的程度，从而作出满意的决策。

一、经营风险与经营杠杆

经营风险是指公司未曾使用负债融资时，公司营运本身所具有的风险，这种风险是隐含在公司未来的营运收入或息税前利润（EBIT）中的不确定性。为了衡量经营风险，我们首先需要明确经营风险的影响因素。

经营风险的影响因素包括不可控因素、可控或部分可控的因素。企业一般无法控制经济景气程度、政府价格控制、具有竞争力的新产品研发等因素，由这类不可控因素导致的公司未来营运收入下降的不确定性称为基本经营风险。比较而言，下列因素属于可控或部分可控的因素：产品需求的变异性，即消费者对公司产品需求的稳定性；产品售价的变异性，即公司产品销售价格的稳定性；投入因素价格的变异性，即公司生产所需的各种投入因素价格的稳定性；公司是否具备随着投入因素价格的变动而调整产品售价的能力；公司成本的固定程度，即公司总成本中固定成本所占的比重。

不可控因素和只能部分可控的因素不能被公司完全控制，自然不能作为杠杆分析中的支点。在可控因素中，固定成本比较特殊。因为在一定产销量范围内，产销量的增加一般不会影响固定成本总额，但会使单位产品固定成本降低，从而提高单位产品利润，并使利润增长率大于产销量增长率；反之，产销量减少，会使单位产品固定成本升高，从而降低单位产品利润，并使利润下降率大于产销量的下降率。可见，固定成本可以作为杠杆分析的支点。一旦我们从固定成本的角度分析经营风险，经营杠杆就产生了。

经营杠杆（DOL）衡量公司营运中固定成本的使用程度，指由于固定成本的存在，使销售变动一个百分比产生一个放大的营业利润（或损失）变动的百分比，其定义式

如下。

$$DOL = \frac{\Delta EBIT/EBIT}{\Delta Q/Q}$$

式中，*EBIT* 为息税前利润，*Q* 为销售量。当然，我们在财务分析中假定销售量等于生产量。*DOL* 越高，表示企业息税前利润对销售量变化的敏感程度越高，经营风险也越大；*DOL* 越低，表示企业息税前利润受销售量变化的影响越小，经营风险也越小。

假定企业成本、销量、利润保持线性关系，销售价格 *P*、单位变动成本 *VC*、固定成本 *FC* 保持稳定，经营杠杆的定义式就可以做如下变换。

由于 $EBIT = Q \times (P - VC) - FC$，$\Delta EBIT = \Delta Q \times (P - VC)$，所以 *DOL* 变换如下。

$$DOL = \frac{\Delta EBIT/EBIT}{\Delta Q/Q} = \frac{\frac{\Delta Q(P - VC)}{Q(P - VC) - FC}}{\frac{\Delta Q}{Q}} = \frac{Q(P - VC)}{Q(P - VC) - FC}$$

$$= \frac{EBIT + FC}{EBIT} = 1 + \frac{FC}{EBIT}$$

从单因素角度进行分析：只要存在固定成本，就存在经营杠杆；固定成本越高，公司的经营杠杆越大；息税前利润越大，公司的经营杠杆越小；高度的经营杠杆意味着只要销售量产生相当小的变动，公司的息税前利润就会产生相当大的变动。杠杆效应是一把“双刃剑”，就像公司的利润可以被放大一样，公司的损失也可以被放大。公司固定成本为 0 时，经营杠杆等于 1，此时公司没有经营杠杆，但依然存在经营风险。

从多因素角度进行分析：即使公司有很大的固定资产，但如果息税前利润更大，公司的 *DOL* 水平也将较低；同样，即使公司的固定资产很小，但如果息税前利润更小，公司也将面临较大的 *DOL*。

特别地，由前面章节所述，我们可令 $EBIT = Q(P - VC) - FC = 0$，此时 $Q_{BE} = \frac{FC}{P - VC}$。我们将 Q_{BE} 称为盈亏平衡点，即使总收入与总成本相等所要求的销售量。结合上述 *DOL* 计算公式的变换过程，可做另外的变换如下。

$$DOL = \frac{Q(P - VC)}{Q(P - VC) - FC} = \frac{Q}{Q - \frac{FC}{P - VC}} = \frac{Q}{Q - Q_{BE}}$$

从单因素角度进行分析：盈亏平衡点越大，企业的息税前利润或亏损的绝对值就越大，而用 *DOL* 衡量的息税前利润对产出变动的敏感性就越高；销售量逼近盈亏平衡点时，*DOL* 就趋向于正或负无穷大，这意味着如果企业总是在盈亏平衡点附近经营时，公司将面临巨大的经营风险；当销售量超过盈亏平衡点进行增长时，固定成本的存在对息税前利润造成的放大效应逐渐减少。

从多因素角度进行分析：即使公司有很大的固定资产，但如果销售量远远超过盈亏平衡点，公司的 *DOL* 水平也将较低；同样，固定资产水平很低的企业如果靠近盈亏平衡点进行经营，那么 *DOL* 也会很大。

【例 7－11】

GDUF 公司 CFO 想知道销售水平分别为 6 000 件、8 000 件和 10 000 件时的 DOL。我们假定：$FC=100\,000$ 元，$P=43.75$ 元/件，$VC=18.75$ 元/件。

利用已知条件，计算得到盈亏平衡点为 $Q_{BE}=\frac{100\,000}{43.75-18.75}=4\,000$（件），因而不难算出：$DOL_{6\,000}=\frac{6\,000}{6\,000-4\,000}=3$，$DOL_{8\,000}=\frac{8\,000}{8\,000-4\,000}=2$，$DOL_{10\,000}=\frac{10\,000}{10\,000-4\,000}=1.67$。对比不同销售水平下的经营杠杆，不难发现销售量增加对经营杠杆影响的边际效应呈递减趋势。

二、财务风险与财务杠杆

当企业通过长期借款、发行债券、优先股等方式融资时，企业就面临固定的利息和本金（债务类）支付的义务。负债与优先股的使用会使公司的经营风险集中在普通股股东身上，由于债务融资所增加的公司普通股股东收益的风险就被称为财务风险，其与企业使用债务的程度有关。资金供求、利率变动、资本结构等影响财务风险的因素都与利息直接相关。当息税前利润增大时，每一元盈余所负担的固定财务费用就会相对减少，因而能给普通股股东带来更多的盈余，这被称为财务杠杆。

财务杠杆作用的大小通常用财务杠杆系数表示。财务杠杆系数是指普通股每股收益（EPS）变动率相对于息税前利润（$EBIT$）变动率的倍数。财务杠杆系数越大，表明财务杠杆作用越大；财务杠杆系数越小，表明财务杠杆作用越小。财务杠杆系数的计算公式如下：

$$DFL=\frac{\Delta EPS/EPS}{\Delta EBIT/EBIT}$$

式中，DFL 表示财务杠杆系数。由于 $EPS=\frac{(EBIT-I)\times(1-T)}{N}$，$\Delta EPS=\frac{\Delta EBIT\times(1-T)}{N}$，则上述公式还可以推导为

$$DFL=\frac{\Delta EPS/EPS}{\Delta EBIT/EBIT}=\frac{\Delta EBIT\times(1-T)/N}{(EBIT-I)\times(1-T)/N}\times\frac{EBIT}{\Delta EBIT}=\frac{EBIT}{EBIT-I}$$

式中，I 表示债务利息，N 为流通在外的普通股股数。

从单因素角度进行分析：公司负债率越高，财务杠杆越大，每股收益因 $EBIT$ 变动而变动的幅度就越大；由于固定资本成本 I 加大，债务到期不能支付的可能性也增大，即 DFL 越大，财务风险就越大；只要存在固定的利息和优先股股息，就存在财务杠杆；当 $DFL=1$ 时，即没有固定的利息和优先股股息时，财务杠杆几乎不起作用；财务杠杆的作用有正有负，只有当企业资金收益率大于负债利率时，运用财务杠杆才可以使股

东收益率大于资金收益率，否则财务杠杆就会发挥负向作用。我们通过上一章的【例6－1】说明财务杠杆的正向效应。

【例7－12】

某项目投资总额为200万元，资金来源结构为：资产负债率为40%，即债务资本为80万元，利率为6%；权益资本为120万元。项目有效期为4年。采用直线法折旧，假定期末无残值。在项目有效期内，每年实现营业收入220万元，营业成本150万元。公司所得税税率为25%。

不考虑营运资本的占用，从权益资本投资人的角度出发，测算权益资本投资回报水平如表7－6所示。根据表7－6数据，我们发现总资产回报率为9.09%，高于负债成本6%。这意味着资金收益率大于负债利率，故而财务杠杆提升股东回报率的正向效应将发挥作用。根据表7－6可知，净资产收益率为9.5%，而根据现金流量测算出的权益资本的内含报酬率为18.59%。

表7－6　权益资本回报水平评估　　单位：万元

项目	期初	第1年末	第2年末	第3年末	第4年末
营业收入		220	220	220	220
营业成本		150	150	150	150
折旧		50	50	50	50
息税前利润		20	20	20	20
利息支出（6%）		4.8	4.8	4.8	2.4
税前利润		15.2	15.2	15.2	17.6
所得税（25%）		3.8	3.8	3.8	4.4
净利润		11.4	11.4	11.4	13.2
权益现金流量		61.4	61.4	61.4	63.2
偿还本金				40	40
权益净现金流量	－120	61.4	61.4	21.4	23.2
内含报酬率（*IRR*）	18.59%				

由于资金使用效率较高，所以存在进一步提升资产负债率的可能性。假如根据项目实际情况，资产负债率允许达到60%，即债务资本投入120万元，权益资本投入80万元。再一次重新测算表7－6的各项数据，结果见表7－7。在60%的资产负债率下，净资产回报率达到12%，根据权益净现金流量计算的内含报酬率达到31.93%。可见，通过调整财务杠杆，权益资本投资人的收益水平进一步提高。

表 7-7　新的财务杠杆下权益资本回报水平评估　单位：万元

项目	期初	第1年末	第2年末	第3年末	第4年末
营业收入		220	220	220	220
营业成本		150	150	150	150
折旧		50	50	50	50
息税前利润		20	20	20	20
利息支出（6%）		7.2	7.2	7.2	3.6
税前利润		12.8	12.8	12.8	16.4
所得税（25%）		3.2	3.2	3.2	4.1
净利润		9.6	9.6	9.6	12.3
权益现金流量		59.6	59.6	59.6	62.3
偿还本金				60	60
权益净现金流量	-80	59.6	59.6	-0.4	2.3
内含报酬率（IRR）	31.93%				

通过上述分析可以看出，在项目总体投资回报水平既定的情况下，根据总资产回报率与负债利率之间的大小相应调整财务杠杆，可以提高权益资本投资回报水平。在竞争激烈、产业利润日益平均化的今天，善于运用财务杠杆来提高权益资本投资回报水平则更显重要。

三、总杠杆分析

经营杠杆反映了产品销售量经由固定成本作用而产生的对息税前利润的放大效应，财务杠杆反映了息税前利润经由固定资本成本作用而产生的对每股收益的放大效应。公司是一个承担经营风险和财务风险的整体，如果经营杠杆与财务杠杆共同起作用，那么销售量就会经由固定成本、固定资本成本对每股收益产生影响。普通股每股收益变动与销售量变动的关系就被称为总杠杆（DTL）。计算公式如下。

$$DTL = \frac{\Delta EPS/EPS}{\Delta Q/Q} = \frac{\Delta EBIT/EBITS}{\Delta Q/Q} \times \frac{\Delta EPS/EPS}{\Delta EBIT/EBIT} = DOL \times DFL$$

进一步地，可将经营杠杆、财务杠杆的简化计算公式代入上式。

$$DTL = DOL \times DFL = \frac{(P-V)Q}{(P-V)Q-F} \times \frac{EBIT}{EBIT-I} = \frac{(P-V)Q}{EBIT-I} = \frac{(P-V)Q}{(P-V)Q-F-I}$$

可见，总杠杆是经营杠杆与财务杠杆的乘积，表明了经营杠杆和财务杠杆综合考虑所产生的影响。总杠杆系数越大，公司的总风险就越大。为了达到某一总杠杆系数，经营杠杆和财务杠杆可有多种不同组合。在维持总风险一定的情况下，企业可以根据实际，选择不同的经营风险和财务风险组合。

杠杆分析对公司财务决策的意义在于，在公司总风险给定的情况下：如果公司的经营风险比较大，其就应当降低财务风险，即公司资产负债率需要下降；如果公司的经营风险比较小，其就可以尝试承担更高的财务风险，即公司资产负债率可以提高。由此，我们通过杠杆分析引入了公司财务的另一个核心问题：融资决策（或者称为资本结构）。现代公司财务理论就是从探讨资本结构与企业价值之间的关系开始的，我们将从下章开始进行详细的介绍。

【本章小结】

1. 融资方式即企业融资的渠道，可以分为债务性融资和权益性融资。

2. 根据融资期限，可以分为长期融资和短期融资两种。长期融资的方式主要有股权融资、债券融资以及长期借款等；短期融资的方式主要有商业信用、商业票据和短期借款等。

3. 资本成本包括资金筹集费和资金占用费两部分。资金筹集费用通常在资本筹集时一次性发生；资金占用费则是企业在资金使用过程中多次发生。

4. 企业在比较各种筹资方式时，可使用个别资本成本。个别资本成本又可以分为债务资本成本和权益资本成本两类，其中债务资本成本是可以抵税的，而权益资本成本不可以抵税。

5. 加权平均资本成本是以公司各种资本占全部资本的比例为权重，对个别资本成本进行加权平均而得的。企业在进行长期资本结构决策时，可使用加权平均资本成本。

6. 经营杠杆系数衡量公司营运中固定成本的使用程度，指由于固定成本的存在，使销售量变动一个百分比产生一个放大的营业利润（或损失）变动的百分比。经营杠杆越大，经营风险越大。

7. 财务杠杆系数是指普通股每股收益变动率相对于息税前利润变动率的倍数。财务杠杆系数越大，财务风险越大。

8. 总杠杆是经营杠杆与财务杠杆的乘积，表明了经营杠杆和财务杠杆综合考虑所产生的影响。

【重要概念】

融资方式　债务融资　权益融资　长期融资　短期融资
商业信用　商业票据　资本成本　资金筹集费　资金占用费
个别资本成本　债务资本成本　权益资本成本　加权平均资本成本
经营杠杆　财务杠杆　总杠杆

【扩展阅读】

资本成本是现代财务理论中一个科学而严谨的学术概念，是财务理论体系的基础。下面的文献在资本成本的理论探讨和企业股权成本的计算中进行了尝试。

1. 霍晓萍，任艺．企业股权资本成本的估算与分析：2000—2016［J］．财会通讯，2019（20）：81－84.

2. 李永吉，汪玉兰，张守文．企业投资管控制度如何实现学习与创新？——基于三峡集团 WACC 财务评价体系的案例研究［J］．会计研究，2018（9）：72－79.

3. 唐秀球．资本成本：一个由来已久的误解［J］．财会通讯，2020（20）：10－14.

4. 吴景阳．用净现值评价资本预算时折现率的影响因素分析［J］．商业会计，2011（9）：17－18.

5. 邹颖，汪平．资本成本：概念的演进、困惑与思考［J］．经济与管理研究，2011（11）：61－67.

【思考与练习】

1. 企业有哪些长期和短期的融资方式？

2. 资金筹集费和资金占用费的区别何在？

3. 计算普通股资本成本的方法主要有哪些？

4. 某企业取得 4 年期长期借款 1 000 万元，年利率为 10%，每年付息一次，到期一次还本，筹资费用率为 1%，企业所得税税率为 33%。如果不考虑货币的时间价值，其资本成本是多少？

5. 假设某公司发行总额为 5 000 万元、期限为 10 年的长期债券，年利率为 10%，每年付息一次，到期一次还本。发行费率为 5%，企业的所得税税率为 33%。如果不考虑货币的时间价值，其资本成本是多少？如果考虑货币的时间价值，其资本成本又是多少？

6. 假定短期国库券（无风险）收益率为 3%，市场组合的平均期望报酬率为 12%，该股票的贝塔值为 0.8，根据 CAPM，求该股票的资本成本。

7. 某公司拟筹资 8 000 万元，其中发行票面利率为 12% 的债券 2 000 万元，偿还期限为 5 年，发行手续费率为 3%；发行优先股股票 20 万股，每股 100 元，固定年股息率为 8%，支付发行费率 5%；发行普通股股票 40 万股，每股 100 元，假定 1 年期国库券利率为 5%，市场组合收益为 10%，该公司贝塔系数为 1.1，公司所得税税率为 33%。试计算筹资 8 000 万元的资本成本。如果预期投资报酬率为 16%，该筹资方案是否可行？

8. 某公司长期资本构成及其成本如下表所示。假定所得税税率为 33%，根据表中数据，计算出该公司的综合资本成本。

融资方式	金额（万元）	占总资本的比重（%）	成本（%）
银行借款	1 500	5	8. 50
债券	3 000	10	7. 20
优先股	7 500	25	9. 40
普通股	12 000	40	11. 20
留存收益	6 000	20	8. 60
合计	30 000	100	—

9. 简述财务杠杆、财务杠杆系数和财务风险之间的关系。

10. 经营杠杆通常可以用税前利润变动率和销售量变动率的比值来确定，即销售量增加1%导致税前利润增加的百分比。(1) 根据第六章【思考与练习】第4题的信息，计算项目的经营杠杆（设销售量为1 000单位产品）。(2) 如果销售量变为2 000单位，经营杠杆会如何变化?

第八章

资本结构理论：MM 理论

万科企业股份有限公司（股票代码：000002，股票简称：万科 A，以下简称万科）成立于 1984 年 5 月，是中国大型专业住宅开发企业，其股票也是中国股市中有代表性的蓝筹股。万科于 1988 年进入房地产开发与经营业（按证监会行业分类指引划分），1993 年将大众住宅开发确定为公司的核心业务。截至 2021 年 5 月，万科位列“2021 福布斯全球企业 2000 强”第 96 位。房地产开发与经营业是一个对资本依赖程度较高的行业，作为房地产开发与经营业的典型代表，万科的资产负债率既有房地产开发与经营业的共性，也有其特性。表 8－1 列出了 2012—2020 年万科的资产负债率和房地产开发与经营业以及全部沪深主板上市公司的资产负债率的均值。

表 8－1　资产负债率均值

项目＼年份	2012	2013	2014	2015	2016	2017	2018	2019	2020
万科	0.783	0.780	0.772	0.777	0.805	0.840	0.846	0.844	0.813
行业均值	0.631	0.642	0.650	0.651	0.645	0.640	0.635	0.632	0.638
全样本均值	0.507	0.492	0.501	0.470	0.454	0.447	0.464	0.475	0.527

资料来源：Wind 数据库。

从表 8－1 中可以看出，万科的资产负债率随时间的变化而变化，房地产开发与经营业的资产负债率均值和全样本均值也呈现出相同的特性；万科的资产负债率和行业均值的关联度明显要高于万科的资产负债率和全样本均值的关联度；尽管万科和行业均值之间的关联度较高，但它们二者之间还是存在显著的差异。

由此，我们应当提出以下几个问题：是否存在最优的资本结构（资产负债率）？如果存在，那么它由什么因素决定？又是什么因素导致了这一最优资本结构的变化？资产负债率的行业特性表现在什么方面？又是什么因素导致了公司资产负债率和行业资产负债率之间的差异？在本章中，我们将集中讨论与资本结构的决定有关的理论。

第一节　资本结构理论问题的提出

在前面的章节中，我们已经认识到，投资于净现值为正的项目能够为公司创造价值，而项目的净现值由项目的现金流和项目的加权平均资本成本决定；我们还认识到，加权平均资本成本是权益资本成本和债务资本成本的加权平均值，其权重分别为权益和债务占总资产的比重。然而，在前面的章节中，我们总是在给定了资产负债率、权益资本成本以及债务资本成本的情况下讨论资本预算问题，但在实际操作过程中，我们还需要知道资产负债率如何选择，权益资本成本和债务资本成本是否会随着资产负债率的变化而变化。如果资产负债率的选择不会影响加权平均资本成本，那么从财务管理目标的角度来看，资本结构的选择问题就不是一个重要的问题；但如果资产负债率的选择会影响加权平均资本成本，那么讨论资本结构问题就显得特别有意义。这就必然涉及资本结构理论。

资本结构，从狭义的角度来看，应当是指负债和权益之间的比例关系；从广义的角度来看，应当包含所有与资产负债表（账面资产负债表和市值资产负债表）右边构成有关的问题。在本章的分析中，我们主要针对狭义的资本结构问题进行讨论。

资本结构问题起源于1952年由美国国家研究局在纽约举行的一次关于企业财务学的学术会议，在此次会议上，经济学家大卫·杜兰特（David Durand）提交了一篇题为《企业的债务和权益资本成本：趋势和测量问题》的文章。在这篇文章中，杜兰特总结了三种早期的资本结构理论：净收益理论、净营业收益理论和传统的资本结构理论（Durand，1952）。

净收益理论认为，企业价值应当是净收益的资本化，且该理论假定，债务资本成本和权益资本成本不会随着债务水平的变化而变化，由于债务资本成本系统地低于权益资本成本，因此，随着债务水平的提升，企业的加权平均资本成本会逐渐下降。这就使得企业价值和债务水平呈正相关关系，即债务水平越高，企业价值越大。图8－1可以刻画这一理论关系。

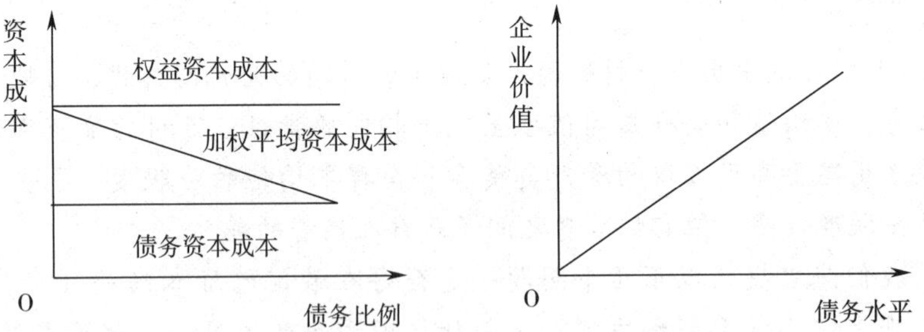

图8－1　净收益理论下的资本成本与企业价值

净营业收益理论认为，企业价值应当是净营业收益的资本化。该理论假定，企业的债务资本成本不会随着债务水平的变化而变化，但随着债务水平的上升，企业的财务风险会增加，从而提高了权益资本成本。但总的来说，企业的加权平均资本成本不会随着债务水平的变化而变化，这就意味着企业价值应当和资本结构无关。图 8－2 可以刻画这一理论关系。

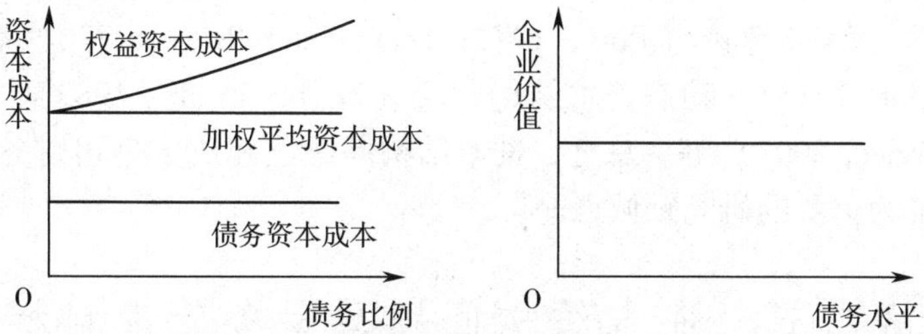

图 8－2　净营业收益理论下的资本成本与企业价值

显然，净收益理论和净营业收益理论都过于极端，明显与现实情况不吻合，而介于两者之间还有一种传统的资本结构理论。该理论认为，债务水平的上升不仅会提高权益资本成本，也会提高债务资本成本，但在资产负债率水平较低时，债务资本成本的上升幅度较小，因此在资产负债率较低时，增加债务能够降低加权平均资本成本，但当债务水平突破某一个临界点时，债务水平的增加会导致债务资本成本大幅上升，进而提高加权平均资本成本。这就意味着应当存在一个最优的资本结构水平以使得加权平均资本成本最小，而企业价值最大。图 8－3 可以刻画这一理论关系。

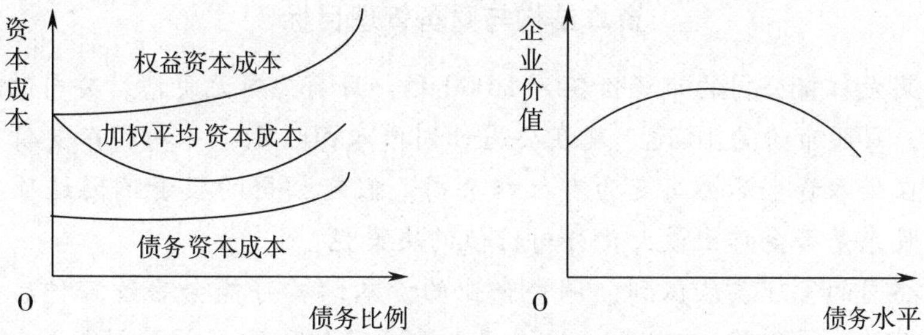

图 8－3　传统的资本结构理论下的资本成本和企业价值

很显然，传统的资本结构理论与现实更加吻合，但传统的资本结构理论缺乏严密的逻辑推理和证明，这也使得同时参加了此次会议的卡内基理工学院（后来的卡内基·梅隆大学）的经济学家弗兰科·莫迪利安尼（Franco Modigliani）大为困惑。在回到了卡内基之后，经过近四年的思考，莫迪利安尼基本形成了此后被称为 MM 定理 I 的主要理论框架。在一次例行授课中，莫迪利安尼讲授了自己对这一问题的证明结果，这一证明结果引起了前来听课的默顿·米勒（Merton H. Miller）极大的兴趣，莫迪利安尼和米勒之间极富创造性的合作正式开始。大约一年半后，《美国经济评论》刊发了两人合作的题为《资本成本、公司财务与投资理论》的经典论文，现代资本结构理论的研究正式拉开大幕。1985 年，莫迪利安尼主要因储蓄生命周期理论而获得诺贝尔经济学奖，部分也因为他在资本结构理论研究上的贡献；1990 年，米勒则主要因为其在资本结构理论上的贡献而获得了诺贝尔经济学奖。

在此后的资本结构理论研究中，学者们相继提出了税差理论（Farrar and Selwyn，1967）、破产成本理论（Krous and Litzenberger，1973）、代理成本理论（Jensen and Meckling，1976）、信号理论（Ross，1977；Leland and Pyle，1977）、融资优序理论（Myers and Majluf，1984）、动态资本结构理论（Fischer et al.，1989）、市场时机理论（Baker and Wurgler，2002）等。总之，资本结构问题已经成了公司财务理论研究中成果最为丰硕也最为重要的研究领域之一。

第二节　资本结构问题与财务管理目标

在前面的章节中，我们已经认识到，在满足一定条件的情况下，企业价值最大化的目标和股东财富最大化的目标是一致的。由于资本结构决策是公司重要的财务决策之一，而股东又在法理上具有对公司的最终控制权，那么在相同的条件下，股东作出的最大化股东财富的资本结构决策是否也能最大化公司价值？也就是说，在资本结构决策中，股东财富最大化目标和企业价值最大化目标是否是统一的？下面的例子将有助于对这一问题的理解。

【例 8－1】

资本结构与财务管理目标

假定某无杠杆公司的市场价值为 1 000 元，目前公司无负债，公司的流通股数为 100 股，每股市价为 10 元。现在公司计划借入 500 元，并向股东支付每股 5 元的股利。在借入资金后公司变为有杠杆公司。假定公司的投资不因这项交易而改变，那么股东是否会作出最大化公司价值的决策呢？

假定公司的管理层认识到，调整企业的资本结构可能会导致三种后果：调整资本结构后的公司价值为：（1）1 250 元；（2）1 000 元；（3）750 元。初始资本结构和新资本结构下的所有者权益如表 8－2 所示。

表 8－2　调整公司资本结构前后的所有者权益情况　单位：元

初始资本结构		支付股利之后的债务和权益价值（三种可能）		
		（1）	（2）	（3）
债务	0	500	500	500
股东权益	1 000	750	500	250
公司价值	1 000	1 250	1 000	750

现在，在三种可能的情况下，股东权益都低于初始的 1 000 元，但需要注意的

是，股东同时已经得到了500元的股利，这已经分配出去的500元股利不能够当成是公司价值，也就不能当成是调整后的公司的股东权益。在考虑了股利所得和资本利得之后，股东的净收入或净损失如表8-3所示。

表8-3　　调整资本结构后的股东盈利　　单位：元

项目	调整资本结构后的股东盈利		
	(1)	(2)	(3)
资本利得	-250	-500	-750
股利	500	500	500
股东的净收入或净损失	250	0	-250

没有人事先知道哪种结果会出现，但如果管理者认为第（1）种情况出现的可能性最大，也即股票价格下跌到每股7.5元，此时股东的净收益为250元，管理者会选择调整资本结构；如果管理者认为第（3）种情况会出现，也即股票价格下跌至每股2.5元，此时股东的净收益为-250元，管理者会选择不调整资本结构。我们会发现，管理者选择的能够提高股东收益的决策，也能够提高公司价值。此时，股东财富最大化的目标和企业价值最大化的目标统一起来了。

需要注意的是，这个例子是有前提条件的，如管理者和股东之间不存在代理问题，大股东和中小股东之间不存在代理问题，但最为重要的前提还是股东和债权人之间不存在代理问题。我们将在下一章中详细讨论这一点。

第三节　资本结构与企业价值

一、资本结构与股东回报

在讨论最优资本结构决策以前，我们先来看一下【例8-2】，该例阐明了资本结构和股东回报之间的关系，在讨论完这个例子之后，我们就可以开始正式讨论最优资本结构的决定问题了。

【例8-2】

资本结构与股东回报

假定GDUF公司当前的资本结构中无负债，公司计划借债以回购部分权益。公司当前的和计划的资本结构如表8-4所示。公司的资产是1 000元，这个全权益公司有100股股票，意味着每股的市场价值为10元。公司计划借入的债务为500元，剩下的500元是权益，利率为10%。

表 8－4　GDUF 公司的财务结构

项目	当前	计划
资产（元）	1 000	1 000
负债（元）	0	500
股东权益（元）	1 000	500
利率（%）	10	10
每股市场价值（元）	10	10
流通在外的股份数（股）	100	50

在当前的资本结构下，经济状况对每股盈余的影响如表 8－5 所示。在经济衰退、符合预期以及经济扩张的情况下，息税前利润（EBIT）分别为 50 元、150 元和 250 元，净资产收益率（ROE）分别为 5%、15% 和 25%，每股盈余（EPS）分别为 0.5 元、1.5 元和 2.5 元。

表 8－5　GDUF 公司当前资本结构下的经济状况对每股盈余的影响

项目	经济衰退	符合预期	经济扩张
息税前利润（EBIT，元）	50	150	250
净资产收益率（ROE，%）	5	15	25
每股盈余（EPS，元）	0.5	1.5	2.5

注：在本例中不考虑所得税因素的影响，下表同。

在计划的资本结构下，经济状况对每股盈余的影响如表 8－6 所示。可以看出，在使用了负债之后，由于利息因素的影响，净资产收益率在三种情况下分别变为 0、20% 和 40%，而每股盈余则分别变为 0、2 元和 4 元。

表 8－6　GDUF 公司计划资本结构下的经济状况对每股盈余的影响

项目	经济衰退	符合预期	经济扩张
息税前利润（EBIT，元）	50	150	250
利息（元）	50	50	50
税前息后利润（EBT，元）	0	100	200
净资产收益率（ROE，%）	0	20	40
每股盈余（EPS，元）	0	2	4

此时，我们会发现，如果经济处于衰退状态，那么借债会降低每股盈余；如果经济增长符合预期或处于扩张状态，那么借债将会提高每股盈余。也就是说，存在一个盈亏平衡点，当 EBIT 低于这一水平时，借债不利；当 EBIT 高于这一水平时，借债有利。显然，债务的使用放大了每股盈余的波动程度，这也是债务的使用被称为财务杠杆的原因。

然而，我们事先并不知道哪种情况会真的发生，我们仅能依赖于我们对未来的预期作出是否调整资本结构的决策。假定我们预计每种状态发生的概率各为三分之一，那么，我们是否应当调整资本结构呢？通常的想法是，我们可以先求出期望的 ROE 或者期望的 EPS。我们发现，调整之后的期望的 ROE 和期望的 EPS 分别为 20% 和 2 元，明显高于调整之前的期望的 ROE（15%）和期望的 EPS（1.5 元）。那么这是否意味着我们应当调整资本结构呢？学过投资学的同学应该知道，我们在评估投资项目时，不仅应当考虑投资的收益，而且应当考虑投资的风险。调整资本结构在提高了期望收益的同时，也提高了风险水平。那么资本结构决策和公司价值之间的关系到底如何呢？

二、自制财务杠杆

在这一节中，我们采用自制财务杠杆的方法来说明资本结构决策和公司价值之间的关系。自制财务杠杆的思想来自莫迪利安尼和米勒（1958）的经典论文。所谓自制财务杠杆，是指投资者通过购买无杠杆公司的股票和借债的方式复制出有杠杆公司的权益回报率的过程，具体如下。

比较两个不同的策略对股东权益的影响，第一个策略（称为策略 A）是直接购买杠杆公司的股票；第二个策略（称为策略 B）是购买无杠杆公司的股票，但自己借入债务以复制出直接购买杠杆公司股票的效果。

策略 A：直接买入 10 股杠杆公司的股票。

在表 8－7 的上半部分中，第一行表示在计划的资本结构下，杠杆公司在三种经济情况下的 EPS。相应地，第二行表示个人买入 10 股股票可获得的收益。第三行表示购买这 10 股股票的初始成本 100 元。

策略 B：自制财务杠杆。

（1）从银行借入 100 元。

（2）用借入的 100 元，加上自己投入的 100 元，购买无杠杆公司的股票 20 股，每股价格为 10 元。

在表 8－7 的下半部分中，以中间列为例，数据显示，无杠杆公司的 20 股股票可以产生 30 元的收益，但由于该股东同时还借入了 100 元，产生了 10 元的利息支出，因此净收益为 20 元。

表 8－7　自制财务杠杆的成本和收益　　单位：元

策略 A：买入杠杆公司股票 10 股	经济衰退	符合预期	经济扩张
杠杆公司的 EPS	0	2	4
每 10 股的收益	0	20	40
初始成本＝100 元			
策略 B：自制财务杠杆	经济衰退	预期	经济扩张
无杠杆公司的 EPS	0.5	1.5	2.5
每 20 股的收益	10	30	50
100 元的利息（利率为 10%）	10	10	10
净收益	0	20	40
初始成本＝100 元			

从该例中可以看出，两种策略所产生的净收益是相同的，而且初始成本也是相同的。这就说明，调整资本结构无益于也无损于股东权益。此时，我们发现，有杠杆公司和无杠杆公司的价值是相同的，都为1 000元。我们可以设想，如果在调整了资本结构之后，每股股票的价格上升了，也即公司的价值超过了1 000元，此时，公司的股东会选择出售杠杆公司的股票，而采用策略B，即以更低的成本来复制有杠杆公司的收益。由于每个人都会选择出售杠杆公司的股票，都会购买无杠杆公司的股票，根据供求原理，杠杆公司股票的价格会下降，无杠杆公司股票的价格会上升，最终两个公司的价值相等。

显然，在使用上述的自制财务杠杆的策略时，需要满足一些前提假定，如个人借贷的利率和公司借贷的利率相等、买卖证券无成本等。此时，我们已经可以开始正式讨论MM理论了。

第四节　MM理论（无税）

在这一节中，我们开始讨论MM理论（无税）的两大命题。无税的MM理论是莫迪利安尼和米勒（1958）提出来的，其基本结论如下。

一、命题Ⅰ：公司价值与财务杠杆水平无关

实际上，在上面的例子中，我们已经得出了命题Ⅰ的基本内容，即有杠杆公司的价值和无杠杆公司的价值相等，但我们尚缺乏严格的理论证明。下面将给出这一理论的详细证明，这一证明过程来自于莫迪利安尼和米勒发表于1958年的经典论文。

MM理论的成立依赖于完美资本市场的假设，这些假设至少应当包含如下的内容：（1）无税收；（2）无交易成本；（3）个人可以与企业以相同的利率借贷；（4）永续现金流；（5）同质预期，即股东对未来收益和风险的认知是相同的；（6）无破产成本；（7）完美信息；（8）理性人，投资者是理性的，管理者也是理性的。

证明过程如下：

假定公司1为全权益融资公司，其权益用S_1表示，公司2中有债务D_2，其权益用S_2表示；假定两个公司具有相同的商业风险等级①，期望收益均为X，即两家公司的全部收益$X_1=X_2=X$。

若公司2的价值V_2大于公司1的价值V_1，则有如下的分析：

假定投资者持有公司2的价值为s_2美元的股票，代表全部发行在外股份的价值S_2的α部分，那么该投资的收益为：$Y_2=\alpha(X-rD_2)$，式中，r为债务利率。此时，投

① 相同的商业风险等级概念是资本结构理论中最难取得一致认同的概念，关于商业风险等级概念的争论由来已久。本书认为，所谓相同的商业风险等级，应当是指企业经营的系统性风险是相同的，即具有相同的β系数。之所以使用这一概念，是因为MM理论是在1958年提出的，而CAPM模型是在1964年提出的，所以才使用了这一概念。

资者可以卖出公司 2 的价值为 αS_2的股票，以获得公司 1 的价值为 s_1的股票，其中 $s_1 = \alpha(S_2 + D_2)$。显然，投资者的财富不足以购买这么多公司 1 的股票，但他可以以抵押的方式借入差额部分 αD_2。因此，他可以获得公司 1 的股票及盈利的比例为 $s_1/S_1 = \alpha(S_2 + D_2)/S_1$的部分。该投资者持有的新组合的收益为：$Y_1 \frac{\alpha(S_2 + D_2)}{S_1}X - r\alpha D_2 = \alpha\left(\frac{V_2}{V_1}X - rD_2\right)$。显然，如果 V_2大于 V_1，那么 Y_1将大于 Y_2，这就意味着，我们可以通过自制财务杠杆的方式获得超额收益。此时，每个人都会购买公司 1 的股票，出售公司 2 的股票，从而使公司 1 股票的价格上升，公司 2 股票的价格下降，直至两者的价值相等为止。命题得证。

相应地，当 V_2小于 V_1时，我们可以进行相反的操作。同学们可以尝试以类似的方法证明这一情形。

此时，财务杠杆和公司价值之间的关系如图 8－4 所示。

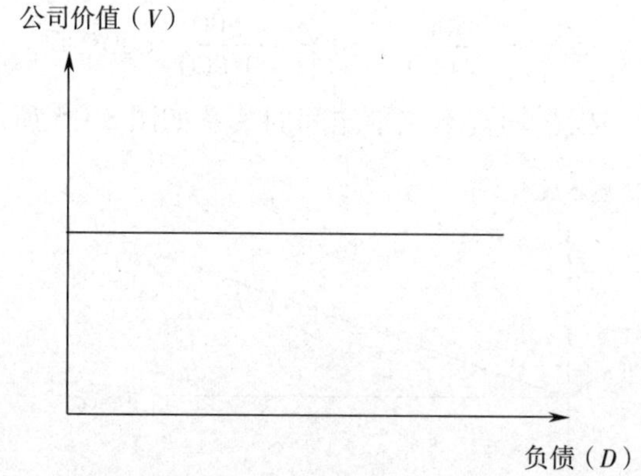

图 8－4　财务杠杆和公司价值之间的关系［MM 理论（无税）命题 I］

二、命题Ⅱ：股东的风险和期望收益率会随着财务杠杆水平的提高而上升

【例 8－2】表明，财务杠杆不仅会放大盈利，也会放大损失，也即有杠杆公司的权益面临的风险水平更高。更高的风险需要更高的期望收益率作为补偿。这一推理过程使我们有理由进一步探讨 MM 理论的命题Ⅱ。

MM 理论（无税）的命题Ⅱ：

$$R_S = R_0 + D/S \times (R_0 - R_D)$$

式中，R_S为有杠杆公司的权益的期望回报率，也称为权益资本成本；R_D为有杠杆公司的债务资本成本；D 为有杠杆公司的债务水平；S 为有杠杆公司的权益水平；R_0为全权益融资公司的权益资本成本。

在给定命题Ⅰ的情况下，命题Ⅱ的证明相对简单，具体如下。

由前面的章节可知，在无税的情况下，有杠杆公司的加权平均资本成本为 $R_{WACC}=\frac{S}{D+S}R_s+\frac{D}{D+S}R_D$，无杠杆公司的加权平均资本成本即为全权益融资公司的权益资本成本 R_0，由于两公司的价值相等，且两公司具有相等的永续现金流，因此两公司的加权平均资本成本也应当相等，即 $R_{WACC}=R_0$。整理之后易得，$R_S=R_0+D/S\times(R_0-R_D)$。命题Ⅱ得证。

我们可以使用【例 8－2】的数据来验证这一命题：

GDUF 公司资本成本的计算：

$$R_{WACC}=\frac{S}{D+S}R_s+\frac{D}{D+S}R_D$$

无杠杆公司的加权平均资本成本：

$$15\%=\frac{10}{1\ 000}\times10\%+\frac{1\ 000}{1\ 000}\times15\%$$

有杠杆公司的加权平均资本成本：

$$15\%=\frac{500}{1\ 000}\times10\%+\frac{500}{1\ 000}\times20\%$$

此时，财务杠杆和加权平均资本成本之间的关系如图 8－5 所示。

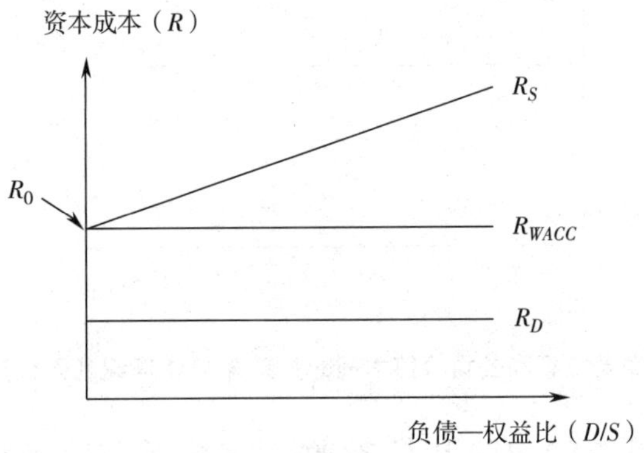

图 8－5　财务杠杆和权益资本成本的关系［MM 理论（无税）命题Ⅱ］

MM 理论预示着，管理者无法通过改变公司的资本结构来改变公司的价值，因而公司的管理者无须关注公司的资本结构。由于这一观点是基于严格的套利证明，因此在提出之后得到了广泛的认可。但显然，该理论仅能保持内部的逻辑自洽，它的理论推论和经验事实之间并不吻合。从该章开篇的案例中就可以看出，有些公司始终保持着较高的债务水平，而有些公司则始终选择较低的债务水平，公司的管理者在公司资本结构的选择上显然下足了功夫，至少不是漠不关心的。那么到底是什么因素导致了理论推论和经验事实之间的背离呢？通常情况下，遇到这种情况，我们往往会选择仔细审视理论的假设，那些最不符合现实的假设首先被揪了出来。

第五节　有税的 MM 理论

无税收的假设显然不符合现实，引入公司所得税或许是调和理论推论和经验事实不吻合的办法。在这一节中，我们将讨论公司所得税因素对资本结构决策和企业价值的影响。

一、公司所得税与自制财务杠杆

我们继续使用自制财务杠杆的方式来讨论公司所得税和企业价值以及资本结构之间的关系。

【例 8－3】

公司所得税与自制财务杠杆

与【例 8－2】类似，我们同样通过借入 500 元来回购股票，以调整公司的资本结构。由于有公司所得税因素的存在（假定公司所得税税率为 25%），调整公司的资本结构可能会影响企业价值和权益价值，此时，我们并不清楚表 8－8 中的资产项、股东权益项以及每股市场价值项的具体数值为多少，因此，我们暂且用符号来表示。

表 8－8　　存在公司所得税时的 GDUF 公司的财务结构

项目	当前	计划
资产（元）	1 000	V_L
负债（元）	0	500
股东权益（元）	1 000	S_L
利率（r_D,%）	10	10
每股市场价值（元）	10	s_L

我们同样可以通过比较两种不同策略对股东财富的影响来讨论公司所得税因素对资本结构决策的影响，第一种策略（称为策略 C）是直接购买有杠杆公司的股票，第二种策略（称为策略 D）是借入资金并购买无杠杆公司的股票，具体操作办法如下。

策略 C： 购买比例为 N（如前所述，假定 $N=10\%$）的杠杆公司的股票。

表 8－9 的上半部分给出了在考虑公司所得税的情况下，购买比例为 10% 的公司股票的投资者的收益。在三种经济状况下，投资者的收益分别为 0、7.5 元和 15 元。投资者的初始成本为 100 元。

策略 D： 自制财务杠杆。

（1）从银行借入 $N \times D \times (1 - T_C) = 0.1 \times 500 \times (1 - 25\%) = 37.5$（元）的债务。

（2）用借入的 37.5 元，加上自己投入的 62.5 元，购买无杠杆比例为 10% 的无杠杆公司的股票，价值为 $0.1 \times V_U = 100$ 元。

表 8-9　　自制财务杠杆的成本和收益（有税）　　单位：元

策略 C：买入比例为 10% 的杠杆公司股票	经济衰退	符合预期	经济扩张
息税前利润（$EBIT$）	50	150	250
利息（$r_D \times D$）	50	50	50
息后税前利润（$EBT = EBIT - r_D \times D$）	0	100	200
所得税（$T_C \times EBT$）	0	25	50
净利润	0	75	150
投资者的收益	0	7.5	15
初始成本 $= N \times S_L = 0.1 \times S_L$ 元			
策略 D：自制财务杠杆	经济衰退	符合预期	经济扩张
息税前利润（$EBIT$）	50	150	250
所得税（$T_C \times EBIT$）	12.5	37.5	62.5
净利润	37.5	112.5	187.5
投资者从股权投资上得到的收益	3.75	11.25	18.75
投资者个人需支付的利息	3.75	3.75	3.75
投资者的净收益	0	7.5	15
初始成本 $= N \times V_U - N \times D \times (1 - T_C) = 0.1 \times 1\ 000 - 0.1 \times 500 \times (1 - 0.25) = 62.5$			

由于策略 C 和策略 D 获得了相同的投资者净收益，根据无套利原则，两者的初始成本也应当相等。因此有，$S_L = V_U - D \times (1 - T_C) = 1\ 000 - 500 \times (1 - 0.25) = 625$（元），$V_L = V_U + D \times T_C = 1\ 125$（元）。可见，在有公司所得税的情况下，杠杆公司的价值要高于无杠杆公司的价值，且多出的部分的价值等于所得税税率乘以债务水平，我们称之为税盾（Tax Shield）的价值。之所以称之为税盾的价值是由于债务的利息是在税前抵扣的，这部分利息的节税额被股东获得，使得权益的价值上升，进而导致公司价值上升。

【思考题】GDUF 公司的股份有多少被回购了？

二、命题Ⅰ（含公司税）：杠杆公司的价值等于无杠杆公司的价值加上税盾的价值

实际上，上面的例子已经得出了含公司所得税的 MM 命题Ⅰ的基本内容，但尚缺乏严格的证明，下面我们将给出这一命题的无套利证明。和无税情况下的 MM 命题Ⅰ相比，有税情况下的 MM 命题Ⅰ仅突破了无公司所得税的假定。

MM 理论（含公司税）的命题Ⅰ：

$$V_L = V_U + T_C \times D$$

证明过程如下：

假定公司 1 为全权益融资公司，公司的权益用 S_1 表示，公司 2 中有债务 D_2，其权益用 S_2 表示；假定两个公司具有相同的商业风险等级，期望收益均为 X，即两家公司的全部收益 $X_1=X_2=X$。

若公司 2 的价值 V_2 大于公司 1 的价值 V_1 加上 $D_2 \times T_C$，则有如下分析。

投资者持有公司 2 的价值为 s_2 美元的股票，代表全部发行在外股份的 α 部分，那么该投资的收益为：$Y_2=\alpha(X-rD_2)(1-T_C)$，式中，$r$ 为债务利息。此时，投资者可以卖出公司 2 的价值为 αS_2 的股票，以获得公司 1 的价值为 s_1 的股票，其中 $s_1=\alpha[S_2+D_2(1-T_C)]=\alpha(S_2+D_2-D_2\times T_C)$。显然，投资者的财富不足以购买这么多的公司 1 的股票，但他可以以抵押的方式借入差额部分 $\alpha D_2(1-T_C)$。因此，他可以获得公司 1 的股票及盈利的比例为 $s_1/S_1=\alpha[S_2+D_2(1-T_C)]/S_1$ 的部分。投资者持有新组合的收益为：$Y_1\ \frac{\alpha[S_2+D_2(1-T_C)]}{S_1}X(1-T_C)-r\alpha D_2(1-T_C)=\alpha\left(\frac{V_2-D_2T_C}{V_1}X-rD_2\right)(1-T_C)$。显然，如果 V_2 大于 V_1 加上 T_C 乘以 D_2，那么 Y_1 将大于 Y_2。也就是说，我们可以通过自制财务杠杆的方式获得超额收益。此时，每个人都会购买公司 1 的股票，出售公司 2 的股票，从而使公司 1 的股票价格上升，公司 2 的股票价格下降，直至命题 I 成立为止。命题得证。

相应地，当 V_2 小于 V_1 加上 $T_C\times D_2$ 时，我们可以进行相反的操作。同学们可以尝试以类似的方法证明这一情形。

此时财务杠杆和公司价值之间的关系如图 8－6 所示。

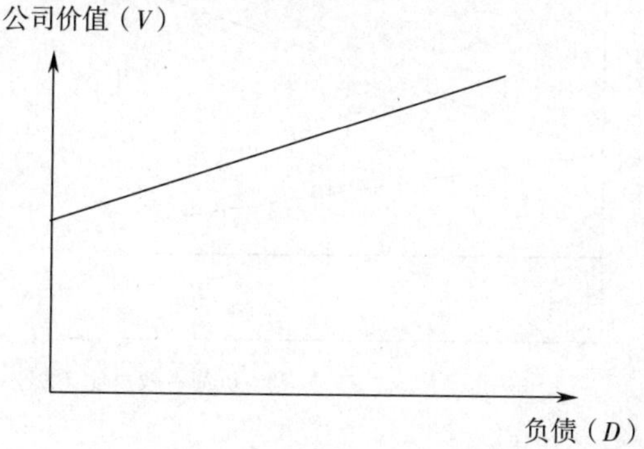

图 8－6　财务杠杆和公司价值之间的关系［MM 理论（含公司税）的命题 I］

【例 8－4】

含公司税的 MM 理论

GDUF 公司是一家无杠杆公司，公司预期产生的永续息税前利润（$EBIT$）为 150 元。公司所得税税率为 25%，税收收益全部用于股利支付。

公司计划重新调整其资本结构，即增加债务200元，债务的利率为10%。在同一行业中，无杠杆公司的权益资本成本为20%，请问GDUF公司的新价值为多少？

GDUF公司的价值将为

$V_L = EBIT(1-T_C)/R_0 + T_C \times D = 150 \times (1-0.25)/0.2 + 0.25 \times 200 = 612.5$(元)。

显然，杠杆公司的价值要比无杠杆公司的价值高出50元，而权益的价值也相应地变为412.5元。

三、考虑了公司所得税的期望收益率

无税的MM命题Ⅱ认为，权益的期望收益率和财务杠杆之间呈正相关关系，原因是，权益的风险会随着财务杠杆水平的提高而上升。在存在公司所得税的世界中，该结论同样成立，只是该结论的具体表达形式有所改变。

MM理论（含公司税）的命题Ⅱ：$R_S = R_0 + D/S(1-T_C)(R_0 - R_D)$

在给定命题Ⅰ的情况下，命题Ⅱ的证明相对简单，具体如下：

由命题Ⅰ可知，$V_L = V_U + T_C \times D = S + D$，在永续零增长模型中，流入公司的现金流量等于流出公司的现金流量，因此有：$S \times R_S + D \times R_D = V_U \times R_0 + T_C \times D \times R_D$，整理该式，即可得到命题Ⅱ。

此时，财务杠杆和加权平均资本成本之间的关系如图8-7所示。

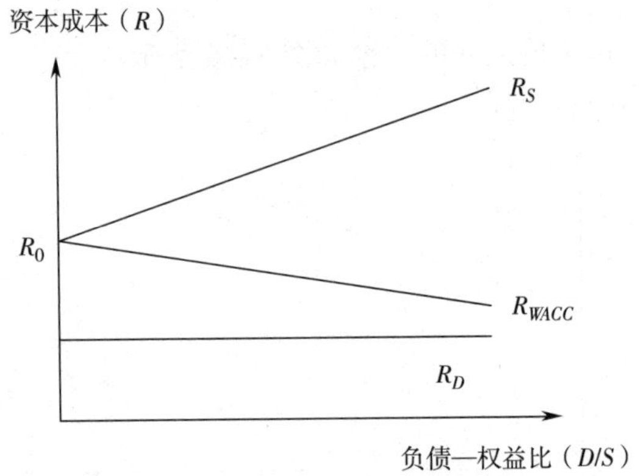

图8-7 财务杠杆和权益资本成本的关系［MM理论（含公司税）命题Ⅱ］

对于【例8-4】中的GDUF公司，其权益资本成本将为：$R_S = 0.2 + (200/412.5) \times (1-0.25) \times (0.2-0.1) = 0.2364$，明显高于无杠杆公司的权益资本成本。

四、加权平均资本成本和公司所得税

在前面的章节中，我们已经将加权平均资本成本定义为

$$R_{WACC} = S/(S+D) \times R_S + D/(S+D) \times R_D \times (1-T_C)$$

其中，之所以债务资本成本之后还需要乘以（$1-T_C$），是因为债务的利息是在税前抵扣的。而由于股利不能够抵税，因此权益的资本成本之后不需要乘以该值。在没有公司所得税的情况下，财务杠杆不影响加权平均资本成本。而在有税的世界中，由于债务资本成本乘以了一个小于1的数，因此加权平均资本成本会随着财务杠杆水平的提高而下降。

对于【例8-4】中的GDUF公司，其加权平均资本成本：

$$R_{WACC}=412.5/(412.5+200)\times 0.2364+200/(412.5+200)\times 0.1\times(1-0.25)$$
$$=0.1837$$

可见，由于债务的抵税作用，公司的加权平均资本成本由原来的0.2下降到了当前的0.1837。我们可以重新使用净现值方法来检验在当前的加权平均资本成本水平下，公司的价值是否等于之前得到的水平，结果两者是相同的。

$$V_L=EBIT\times(1-T_C)/R_{WACC}=150\times(1-0.25)/0.1837=612.41$$

有税的MM理论预示着：在资本市场不完美仅包含公司所得税的情况下，公司的负债水平越高，公司价值越大，因此公司应当全部使用债务来融资。显然，这一推论和真实的财务决策并不吻合，现实经济生活中很少有公司全部使用债务来融资。可见，仅仅放松不存在公司所得税的假定还不足以解释现实经济生活中的资本结构现象，我们还需要通过放松其他假定来构建更符合现实经济生活的理论模型，而这正是下一章的主要内容。

【本章小结】

1. 现代资本结构理论起源于莫迪利安尼和米勒（1958）的经典论文，它是针对经济学家杜兰特报告的一篇关于传统资本结构理论的论文中所提出的问题的理性思考。

2. 在完美资本市场中，最大化股东财富的资本结构决策也能最大化公司价值。

3. 在完美资本市场中，当不存在公司所得税时，MM理论的命题Ⅰ表明，财务杠杆水平不能够影响公司价值，即$V_L=V_U$。原因是，无杠杆公司的投资者能够通过无成本地自制财务杠杆的方式复制出杠杆公司的权益投资者的收益。

4. 在完美资本市场中，当不存在公司所得税时，MM理论的命题Ⅱ表明：$R_S=R_0+D/S\times(R_0-R_D)$，这意味着权益资本成本会随着杠杆水平的提高而上升。原因是，随着杠杆水平的提高，权益投资者面临的风险也相应上升，因而需要获得相应的补偿。

5. 在完美资本市场中，当存在公司所得税时，MM理论的命题Ⅰ被修正为：杠杆公司的价值等于无杠杆公司的价值加上税盾的价值，即$V_L=V_U+T_C\times D$。原因是，债务的利息可以在税前抵扣，而这部分节省下来的利息被权益投资者得到。

6. 在完美资本市场中，当存在公司所得税时，MM理论的命题Ⅱ表明：$R_S=R_0+D/S\times(1-T_C)\times(R_0-R_D)$，这同样意味着权益资本成本会随着杠杆水平的提高而上升，但上升的幅度要比不存在公司所得税时的小。因此，加权平均资本成本会随着杠杆水平的上升而不断下降。

【重要概念】

资本结构　　净收益理论　净营业收益理论　传统资本结构理论
自制财务杠杆　MM 理论（无税）命题Ⅰ　MM 理论（无税）命题Ⅱ
MM 理论（含公司税）命题Ⅰ　MM 理论（含公司税）命题Ⅱ

【扩展阅读】

经济学家弗兰科·莫迪利安尼和默顿·米勒关于资本结构的研究代表了现代公司财务理论的起点，请搜索了解他们的生平介绍。

【思考与练习】

1. 早期的资本结构理论主要有哪几种？其主要观点是什么？其主要缺陷又是什么？

2. 最大化股东财富的资本结构决策也是最大化公司价值的决策吗？如果该命题成立，那么它应当有哪些前提条件？

3. 请列举 MM 理论（无税）成立的前提假设。在现实世界中，这些假设是否合理？

4. 请辨析：在完美的资本市场中，使用债务回购权益会导致股票价格上升。

5. 请辨析：在完美的资本市场中，适度负债将不会提高权益的必要回报率。

6. 在 MM 理论的假定下，增加债务会提高债务的资本成本吗？

7. 在有公司所得税的情况下，给定其他条件相同，有杠杆公司的价值大于无杠杆公司的价值的原因是什么？

8. 无税的 MM 理论和有税的 MM 理论对财务管理的政策含义分别是什么？

9. 假定某公司是一家全权益融资公司，总市值为 20 000 万元，流通在外的股份数为 2 500 万股。在经济处于正常水平时，息税前利润（EBIT）为 1 800 万元；在经济衰退时，*EBIT* 会降低 40%；在经济繁荣时，*EBIT* 会提高 20%。

（1）假定不存在公司所得税，请分别计算这三种经济环境下的每股盈余。另外，请计算在经济繁荣和经济衰退的情况下，每股盈余的变化百分比。

（2）假定不存在公司所得税，且公司拟通过发行价值为 4 000 万元、利率为 5% 的债务以回购权益，请重新计算问题（1）的答案。

（3）假定公司所得税税率为 25%，请重新计算问题（1）和问题（2）的答案。

10. 假定一家全权益融资公司的资产是 8 000 元，公司流通在外的股份数为 2 000 股。公司计划借入 2 000 元的债务以回购公司的权益，利率水平为 10%。

（1）请问如何通过自制财务杠杆的方式复制出有杠杆公司的权益回报率？

（2）假定所得税税率为 25%，那么又应当如何构造？

11. 假定一家全权益融资公司的永续息税前利润（EBIT）为 1 000 元，权益资本成本为 10%。

（1）假定不存在公司所得税，那么该公司的价值是多少？

（2）假定不存在公司所得税，公司拟通过发行价值为4 000元、利率水平为5%的负债以回购权益，请问公司的价值是多少？公司的加权平均资本成本和权益资本成本分别是多少？

（3）假定公司的所得税税率为25%，那么全权益融资公司的价值是多少？实施了回购操作之后的公司价值是多少？公司的加权平均资本成本和权益资本成本分别是多少？

第九章

资本结构理论：对 MM 理论的扩展

无锡尚德太阳能电力有限公司（以下简称尚德电力）由施正荣于 2001 年 1 月建立，是一家集研发、生产、销售为一体的外商独资高新技术光伏企业，主要从事晶体硅太阳电池、组件、光伏系统工程、光伏应用产品的研究、制造、销售和售后服务。公司于 2005 年 12 月 14 日在美国纽约证券交易所上市，施正荣也以 23 亿美元的身价成为了当年的中国首富。

然而，自 2011 年以来，尚德电力的形势急转直下。如今，公司的负债总额已达到 35.82 亿美元，资产负债率高达 81.8%，尚德电力的市值已由上市之初的 49.22 亿美元跌落至 1.49 亿美元，尚德电力面临破产重组。2013 年 3 月 18 日，尚德电力的债权银行联合向无锡市中级人民法院递交无锡尚德破产重整申请。经法院审查，鉴于债务方尚德电力无法归还到期债务，无锡市中级人民法院依据《中华人民共和国企业破产法》相关规定，于 20 日正式裁定对尚德电力实施破产重整。不少人感叹，529 家债权人是他们见过的最大的债权人队伍。

尽管成本费用高企、产能利用不足等是生产经营状况恶化的首要原因，但资产负债率大幅攀升导致的财务状况恶化也是公司陷入破产的重要原因。申请破产重组之后的债务人人数众多以及债务水平过高也给公司的重生造成了极大的障碍。债务水平过高的恶果在破产重整的过程中凸显了出来。[①]

第一节 财务困境成本

在前一章中，我们已经得出，有杠杆公司的价值应当等于无杠杆公司的价值加上税盾的价值。债务水平越高，公司价值越高。这就意味着，公司应当尽可能多地使用债务，最好是全部使用债务来融资。显然，我们几乎观察不到全部使用债务来融资的公司。可见，有税情况下的 MM 理论也不能解释我们观察到的经验现象，这就需要引入破产成本或财务困境成本的概念。

① 资料来源：百度百科。

一、破产成本还是破产风险

当一个公司的债务水平很高时，该公司陷入破产的可能性就会增加。由于有限责任的存在，在公司破产之后，债务人将优先获得补偿，股东仅能获得偿还了所有债务之后的剩余部分。人们或许会认为，破产风险的存在将导致公司价值的减损，但事实上，仅有破产风险而没有破产成本，是不会降低公司价值的。【例9－1】可以说明这一点。

【例9－1】

破产成本与破产风险

假设A公司拟经营一年的时间，预计明年的现金流量分别为100元和50元，发生的概率均为50%。A公司需偿还的债务的本金与利息之和为49元。B公司与A公司具有相同的预期现金流，但需要偿还的本金与利息之和为60元。两公司的现金流量如表9－1所示。

表9－1　**A公司和B公司的现金流量**　单位：元

情况/项目	A公司		B公司	
	繁荣期	衰退期	繁荣期	衰退期
现金流量	100	50	100	50
需偿还的本金和利息	49	49	60	50
股东的现金流	51	1	40	0

现在假设：(1) 债权人和股东都是风险中性的投资者；[①] (2) 投资者要求的回报率均为10%。此时，A公司的权益的价值为 $(51\times0.5+1\times0.5)/1.10=23.64$ 元；债务的价值为 $(49\times0.5+49\times0.5)/1.10=44.54$ 元，因此A公司的总价值为68.18元。B公司的权益的价值为 $(40\times0.5+0\times0.5)/1.10=18.18$ 元；债务的价值为 $(60\times0.5+50\times0.5)/1.10=50$ 元，因此B公司的总价值也为68.18元。

在上例中，A公司没有破产风险，而B公司有破产风险，但两者的价值是相等的。可见，破产风险本身并不会影响公司的价值。那么，是什么因素影响了有破产风险的公司的价值呢？答案是破产成本或财务困境成本。所谓破产成本，是指由于破产可能的存在而导致的公司价值的减损。对于B公司而言，更加现实的现金流状况会如表9－2所示。

① 通常情况下，我们都假设投资者是风险厌恶的，即投资于有风险的项目是需要获得相应补偿的。在前一章中，我们已经指出，在不存在破产风险的情况下，随着债务水平的上升，权益投资者所要求的回报率也跟着上升，但债务投资者所要求的回报率却保持不变；而在存在破产风险的情况下，债务投资者所要求的回报率也会跟着上升。需要注意的是，即便我们假定投资者是风险厌恶的，这一例子的定性结论也不会发生变化。为方便起见，我们假设投资者是风险中性的，这样的话，不同投资者所要求的回报率是相同的。

表 9－2　存在破产成本时 B 公司的现金流量　单位：元

项目＼情况	繁荣期	衰退期
现金流量	100	50
需偿还的本金和利息	60	35
股东的现金流	40	0

对比表 9－2 和表 9－1，我们发现，当存在破产成本时，在衰退期，能够偿还给债务人的本金和利息仅为 35 元，而非总的现金流量 50 元。之所以债务人仅能获得小于 50 元的现金流量，是因为当债务人得知其无法收回全部的本金和利息时，往往会聘请律师起诉该公司。由于聘请律师和会计师等人员需要支付相应的费用，而这些费用总是先于对债务人的偿付，因此最终债务人能够获得的现金流将小于总的现金流量。在这里，我们假定这些由破产引起的成本为 15 元。此时，我们会发现，B 公司的债务的价值变为（60 × 0.5 + 35 × 0.5）/1.10 = 43.18 元，B 公司的总价值相应地变为 61.36 元，小于 A 公司的总价值 68.18 元。

通过这个例子，我们发现：破产风险本身并不能够影响公司的价值，真正影响公司价值的是与破产风险相伴随的破产成本。

此外，我们可以发现，在不存在破产成本时，债权人被承诺的回报率（Promised Return）（注意：非期望回报率）为（60 － 50）/50 = 20%。即对于承诺的 60 元的本金和利息偿付，债权人仅愿意支付 50 元。在存在破产成本时，债权人被承诺的回报率为（60 － 43.18）/43.18 = 39%。即对于承诺的 60 元的本金和利息偿付，债权人仅愿意支付 43.18 元。可见，破产成本的存在损害了公司利益，同样也损害了股东利益。

二、财务困境成本（破产成本）的种类

前一节的分析已经表明，财务困境成本的存在将影响公司价值，但财务困境成本包含哪些方面？其规模到底有多大？在这一节中，我们将对此进行详细的分析。

（一）直接破产成本

当公司陷入破产的境地时，律师会介入整个破产清算的全过程。律师费往往非常高昂，他们的计费方式往往是以小时计，而这些费用在公司支付给债权人之前就会支付给他们。此外，会计师费、顾问费以及相应的管理费用往往也相当高昂。这些成本被称为直接破产成本。

那么，这些破产成本到底有多大？一些学者对此进行了测算。Warner 和 White（1983）、Altman（1984）、Weiss（1990）等的研究表明，财务困境的直接成本大约为公司市场价值的 3%。Warner（1977）的研究表明，在 20 个铁路破产案例中，财务困境的直接成本大约为公司破产前七年的市场价值的 1%，为破产前三年的市场价值的

2.5%。需要注意的是，这些成本往往是破产真实发生时的成本，但通常情况下，公司仍处于正常运营的情况之下。此时，公司的破产概率往往较低，破产概率可能仅为5%。这就意味着预期的破产成本可能仅为公司价值的万分之五（1%×5%）。

此时，我们可以简单地测算一下，公司的直接破产成本能否和公司的税盾收益形成权衡。假定公司的资产负债率为50%，公司所得税税率为25%，此时税盾的价值应当为公司价值的12.5%（$T_C \times D/A = 25\% \times 50\% = 12.5\%$）。显然，直接破产成本无法和债务的税盾价值之间形成权衡。那么这是否意味着破产成本无关紧要呢？答案并非如此。破产成本除直接破产成本之外，还有间接破产成本。

（二）间接破产成本

间接破产成本是指那些由于破产风险的存在，公司的正常运营受到影响所引致的成本。例如，当一个公司可能破产时，公司的顾客可能不再愿意购买该公司的产品，原因是购买该产品可能无法获得相应的售后服务；公司的大客户也不愿意预付货款，原因是这部分预付货款很可能会“打水漂”；同样的，公司的供应商也不愿意赊销给该公司，原因是这部分应收账款可能根本无法收回。凡此种种，都会对公司的正常运营造成影响。

Andrade 和 Kaplan（1998）的研究表明，总的财务困境成本为公司价值的10%～20%。Bar－Or（2000）的研究表明，这一比例为8%～10%，这显然比 Andrade 和 Kaplan（1998）的估计值要小，但这是由于前者估计的是已经陷入困境中的公司的财务困境成本，而非健康公司的预期的财务困境成本。结合直接成本部分的简单测算，我们发现，在引入了间接破产成本概念之后，财务困境成本和税盾价值似乎已经能够形成一定的权衡了。

第二节 代理成本

上一章讨论资本结构决策和财务管理目标之间的关系时发现，股东财富最大化的资本结构决策也是企业价值最大化的资本结构决策。但这一结论还有一个隐含的前提条件，即不存在股东和债权人之间的代理问题。事实上，由于股东是公司的最终控制人，这使得代表股东利益的管理者可能会作出有利于股东但有损于债权人的行为。然而，由于债权人能够理性地预期到股东的这一行为，这使得在股东发债之初，债权人就将这一损失纳入其购买公司债务的决策之中，因此这一部分代理成本（Agency Cost）最终会被股东承担。在这一节中，我们将集中讨论当公司使用债务时，股东和债权人之间的利益冲突所引致的几种代理行为。

一、资产替代

资产替代（Asset Substitution），是指当公司的债务水平较高时，股东会倾向于选择高风险项目的行为。为理解这一点，我们考虑下面的【例9－2】。

【例9－2】

资产替代

假定一家陷入财务困境的公司的资产负债表如表9－3所示。公司现金的账面价值为200，固定资产的账面价值为400，负债的账面价值为300，权益的账面价值也为300。假设公司的固定资产不具有可转让性，因此公司固定资产的市场价值可假定为0。当公司陷入财务困境时，公司债务的市场价值变为200，而权益的市场价值则相应地变为0。

表9－3　陷入财务困境的公司的资产负债表

资产	账面价值	市场价值	负债和权益	账面价值	市场价值
现金	200	200	债务	300	200
固定资产	400	0	权益	300	0
合计	600	200	合计	600	200

在这种情况下，公司的投资决策有可能会违反NPV法则。假设现在公司有一个可供选择的投资项目，其风险和收益特征如表9－4所示。

表9－4　一个可供选择的投资项目的风险收益特征

赌博	概率	收益
大赢	10%	1 000
大输	90%	0

假定这一投资项目有两种可能的结果：大赢和大输。大赢的概率为10%，相应的收益为1 000；大输的概率为90%，相应的收益为0。假定投资成本正好为公司的现金200，对于该投资项目，投资者要求的回报率为50%。按照净现值法则，该投资项目的NPV＝（10%×1 000＋90%×0）/（1＋0.5）－200＝－133。从最大化公司价值的角度来看，股东不应当选择该投资项目。但由于股东掌握公司的控制权，因此是否选择该投资项目取决于股东收益的净现值。

对于股东而言，当投资的结果为大赢时，其现金流为1 000－300＝700；当投资的结果为大输时，由于有限责任的存在，其现金流为0，因此，当投资该项目时，股东的预期现金流为（1 000－300）×0.1＋0×0.9＝70，相应的净现值为70/1.5＝47。对于债权人而言，当投资结果为大赢时，其现金流为300；当投资结果为大输时，其现金流为0，因此，当投资该项目时，债权人的预期现金流为300×0.1＋0×0.9＝30，相应的净现值为30/1.5＝20。然而，当不投资该项目时，股东的净现值为0，债权人的净现值为200。由此可见，股东会作出有损于公司和债权人但有利于自身的投资决策，即投资于这一净现值为负的项目。

这一例子是在投资与不投资之间进行选择，我们还可以列举一个在高风险项目和低风险项目之间进行选择的例子。

【例9-3】

高风险项目和低风险项目的抉择

假定一家杠杆公司承诺支付给债权人100元，且正面临两个相互独立的项目：一个是高风险项目，另一个是低风险项目。当选择低风险项目时，整个公司的价值如表9-5所示。

表9-5　　低风险项目的公司价值

情况＼项目	概率	公司价值（元）	股票（元）	债券（元）
衰退	0.5	100	0	100
繁荣	0.5	200	100	100

从表9-5中可得，选择低风险的项目时，公司的预期价值为150元（100×0.5+200×0.5）。现假设公司用高风险的项目替换低风险的项目，整个公司的价值会变为表9-6。

表9-6　　高风险项目的公司价值

情况＼项目	概率	公司价值（元）	股票（元）	债券（元）
衰退	0.5	50	0	50
繁荣	0.5	240	140	100

此时，公司的预期价值变为145元（50×0.5+240×0.5），低于选择低风险项目时的公司价值150元。[①] 因此，如果公司为全权益融资公司，那么股东会选择低风险的投资项目。但由于存在债务，且由于有限责任的存在，股票的预期价值在选择高风险项目时为70元（0×0.5+140×0.5），而在选择低风险项目时仅为50元（0.5×0+0.5×100）。可见，在当前的财务状况下，股东将选择高风险的投资项目。

这样的结果之所以会出现，原因是当公司的债务水平较高时，由于有限责任的存在，相对于低风险项目而言，如果选择高风险项目，那么在繁荣时期，股东会获得所有的盈利增加额，而在衰退时期，大部分的损失会由债务人承担。这就意味着，在债

① 在这里，部分同学可能会认为，两个项目的风险不一样，使用的贴现率应当也会不一样，因此选择这两个项目之后的公司价值不可直接比较。事实上，我们可以假定两个项目的总风险不同，但系统性风险是相同的，这样的话，选择这两个项目的预期公司价值就可以直接比较了。这也是Jensen和Meckling（1976）文章的观点。

务水平较高时，股东可以通过选择高风险的投资项目来掠夺债权人的价值。

二、投资不足

投资不足（Under - investment），是指当债务水平较高时，如果存在股东和债权人之间的代理问题，那么公司的投资水平会小于不存在代理问题时的投资水平。使用债务不仅可能导致资产替代，还可能导致投资不足。当公司债务水平较高时，股东会发现，新增投资往往以牺牲股东利益为代价来补偿债权人。我们可以以一个较为正式的【例9－4】来说明这一点。

【例9－4】

投资不足

假定有一个政府支持的保证可以获得350元收益的投资项目，该项目需要的投资成本为300元，假定公司当前的现金流仅为200元，股东必须为该项目额外付出100元。此外，公司承诺支付的债务水平为300元。假定该项目要求的回报率为10%，那么该项目的净现值为18.18元（350/1.1－300）。按照净现值法则，我们应当选择接受该项目。

然而，当我们考虑到股东和债权人之间的代理问题时，投资决策的结果就会发生改变。对于这一投资项目，债权人的预期现金流为300元，而股东的预期现金流仅为50元（350－300）。相应地，债权人收益的现值为272.73元（300/1.1），股东收益的现值为－54.55元（50/1.1－100）。但是，当不投资该项目时，债权人收益的现值为200元，而股东收益的现值为0。因此，从股东利益的角度出发，该投资项目不会被选择。

三、转移资产

财务杠杆的使用不仅可能导致投资政策的扭曲（资产替代和投资不足），还会导致股东进行一些其他的利己策略，如转移资产。所谓转移资产，是指股东通过一系列的操作手法将公司有价值的资产转移到自己手中。假定一家公司的资产负债表如表9－7所示。

表9－7　　某公司的资产负债表

资产	价值	负债和权益	价值
现金	100	负债	200
固定资产	100	所有者权益	0
合计	200	合计	200

公司的股东可以通过高额分红的方式来转移资产，转移后的公司的资产负债表将变为表9－8。

表9－8　　资产被转移后的资产负债表

资产	价值	负债和权益	价值
现金	0	负债	100
固定资产	100	所有者权益	0
合计	100	合计	100

使用财务杠杆至少会导致以上三种代理行为的发生，当代理行为真实发生时，债权人将承担这一损失。对于理性的债权人而言，他们在购买公司的债券时会理性地预计到可能会发生类似的情况，因此会要求更高的利率水平以保护自己，这使得在相同的支付承诺下，股东能够募集到的资金会更少，也就是说股东最终承担了这些成本。

第三节　降低债务成本的可能性

由于代理问题导致的债务成本最终都由股东承担，因此股东有动力去想方设法地降低这些成本。降低债务成本的方法很多，较为普遍的方法包括保护性条款和合并债务两类。

一、保护性条款

由于债务人能够理性意识到股东的代理行为，因此债权人的利益被侵占的可能性越大，债权人所要求的回报率就越高。为降低利率水平，股东有动力通过和债权人签订一些协议以限制自己的自利行为。这些协议就是所谓的保护性条款，而这些条款往往是股东和债权人之间的贷款协议的一部分。保护性条款一般可分为两类：消极条款和积极条款。

消极条款是限制企业不能够做什么的条款，限制性条款往往包括以下方面。(1) 限制公司的股利支付额。这样可以避免股东的恶意分红，在一定程度上避免了资产转移行为的发生。(2) 公司不能将其任意一部分资产抵押给其他债权人。债权人之所以愿意以较低的利率水平贷款，其中的原因之一可能是公司有可供抵押的资产。如果公司将一部分资产抵押给其他债权人，这必将降低原有债权人债务的信用等级。(3) 公司不能兼并其他企业。兼并和收购行为往往会改变公司的资产负债结构，进而影响公司原有债务的可偿还性。(4) 未经债权人同意，公司不能出售或出租其主要资产。公司出售资产或出租资产得到的现金是最容易被侵占和转移的资产，当公司的资产被出售或出租之后，债务的可偿还性会降低。(5) 公司不可发行其他长期债务。如果发行的这些长期债务的清偿顺序和原有债务的清偿顺序相同，这必将降低原有债权人债务的信用等级。

积极条款是要求公司必须采取的行动或必须达到的条件。例如：(1) 公司需要将其营运资本维持在某一最低水平；(2) 公司需要定期向债务人提供财务报表。

保护性条款能够降低公司的破产成本，最终提高公司价值。因此，公司的股东往往偏爱合理的保护性条款。在贷款合约中写入保护性条款能够利用发行债务所带来的税收好处，也能够避免发行无限制性债务时的高债务成本。

二、合并债务

破产成本高昂的一个重要原因是债权人过多导致的谈判成本过高。如果由一个或几个债权人承担所有债务，那么在财务困境发生时，谈判成本能够达到最小。不仅如此，当债权人的数量较少时，债权人更有可能将债务转成权益。在日本，公司的债务往往集中在几个大银行中，由于债务水平相对集中，因此日本的负债权益比相对较高。

第四节　经典权衡理论：税收和财务困境成本的权衡

在上一章中，MM 理论表明，在有公司所得税的情况下，公司的债务水平越高，税盾的价值就越大，这就意味着公司应当最大限度地使用债务。在这一章中，我们引入了财务困境成本和债务的代理成本，这些成本会随着债务水平的上升而提高。这意味着可能存在一个最优的资本结构，在该资本结构水平下，公司价值达到最大。图 9－1 给出了这一权衡的结果。

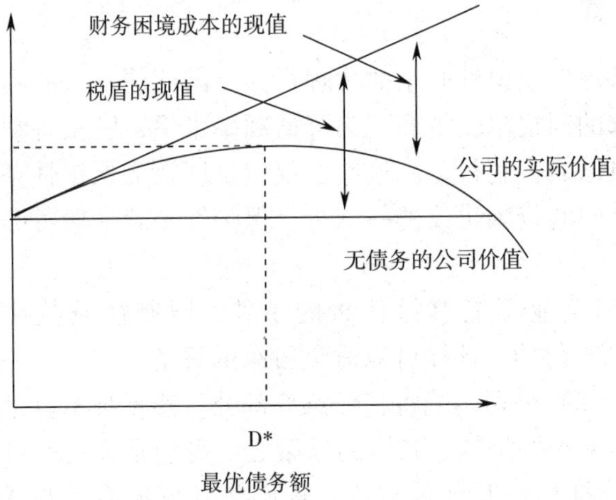

图 9－1　最优公司债务水平与公司价值

在图 9－1 中，无杠杆公司的价值是水平线对应的纵轴水平，当不存在公司所得税，也不存在财务困境成本时，公司价值和债务水平之间的关系就是这条水平线。当存在公司所得税时，税盾的价值会随着债务水平的上升而成比例上升，这一关系反映为向右上方倾斜的直线。这一斜线和前述的水平线之间的垂直距离就是税盾的现值。但随着债务水平的上升，财务困境成本会加速上升，这一成本会抵消税盾带来的好处，从而使得公司的实际价值呈现先上升后下降的态势，即债务水平和公司价值之间呈倒 U 形关系。这就意味着存在一个最优的债务水平 D^*，使公司的实际价值在该点达到最大。向上倾斜的斜线和倒U形曲线之间的垂直距离就是财务困境成本的现值。

尽管现有的理论已能够刻画出债务水平和公司价值之间的倒U形关系，但我们仍没有一个能准确地测度最优债务水平的公式，其主要原因是，我们无法准确地计算财务困境成本。我们仅能够得出这样一个结论：公司的最优资本结构是债务的税盾收益和财务困境成本之间权衡的结果。但具体如何选择，我们还更多地依赖经验规则而不是理论。

我们还可以从另一个角度来理解资本结构决策。事实上，按照前述的分析，公司的现金流将流向四个方面：股东、债权人、政府和律师。公司创造的总价值将等于这四笔现金流对应的价值，因此有 $V_T = S + D + G + L$，S 表示股权的价值，D 表示债权的价值，G 表示税收权对应的价值，L 表示破产索取权对应的价值。而最终的公司价值 V 将是 S 和 D 之和，在不存在代理问题的情况下，管理者最大化的也将是这一部分的价值。而由于 V_T 的价值不变，因此最大化公司价值实际上就等价于最小化 G 和 L 的价值之和。而 G 会随着债务水平的上升而下降，L 会随着债务水平的上升而上升，因此存在一个最优的资本结构水平使得 G 和 L 的价值之和最小，从而使得 S 和 D 的价值之和最大。

第五节　代理成本视角下的权衡理论

在第二节中，我们谈到了使用债务所引致的代理成本，那么使用债务是否能够带来代理收益呢？当公司有预定的资金募集额时，多使用债务意味着少使用权益，债务的代理收益也就是权益的代理成本。例如，假定公司的总募集金额为1 000万元，给定管理者的资金总额为500万元，如果他只能够举债200万元，那么他就需要再发行300万元的权益，自身股份占比将为62.5%；而如果他能够举债500万元，那么他就不需要再发行新的权益，自身股份占比将为100%。在讨论权益的代理成本之前，我们先来看看亚当·斯密在《国富论》中的一段论述："在这样的公司中（股份公司），经理是他人财产而非自己财产的管理者，不可能指望他们会像私人合伙人那样经常警戒地看守着自己的财富。如果是一个富人的管家，他们易于把注意力放在小事上，而不考虑他们主人的荣誉，并且很容易从中为他们自己谋利。因此，在这样一个公司的事务管理中，疏忽和挥霍总能或多或少地盛行。"

亚当·斯密的观点的现代含义就是：如果你是一个公司的所有者，那么你将比仅作为公司的雇员时更加努力工作；当你拥有一个公司绝大多数的股份时，那么你将比仅拥有小部分公司股份时更加努力工作。

事实上，权益的代理成本包括三类：剩余损失、监控支出和管束支出。所谓剩余损失，是指在管理者不拥有公司全部的股权时因消极怠工、在职消费和有害投资所导致的无谓损失。管理者消极怠工可以为自己节省时间；在职消费可以为自己带来享受；糟糕投资尽管会降低公司价值，但可以扩大公司规模，提高管理者薪酬。所有的这些好处将由管理者个人享有，而当管理者的股份占比较低时，他只用担负这些行为所引致的成本中很少的一部分。因此，当管理者的股份占比较低时，公司的价值会相应降低。所谓监控支出，是指委托人监督代理人所引致的成本。如果管理者的股份占比较高，那么只需要在监督上花费较低的成本；相反，如果管理者的股份占比较低，那么在监督上就需要花费较高的成本。所谓管束支出，是指委托人给代理人消费资源以确保代理人不会作出对委托人有害的行为所引致的成本。例如，对管理者设置的股权激励计划等实质上可以归为管束支出一类。

那么谁将担负这些成本呢？股东。当市场的参与者意识到降低公司的权益集中度会引致这些成本时，市场对这类公司的股票的估价会相应地降低，公司价值也会相应地降低。在第二节中，我们讨论了债务的代理成本，在这一节中，我们讨论了债务的代理收益。这就意味着，即便没有债务的利息在税前抵扣所引致的税盾收益，债务的代理成本和代理收益之间也能够形成权衡，也能够确定一个最优的资本结构，具体如图 9 – 2 所示。

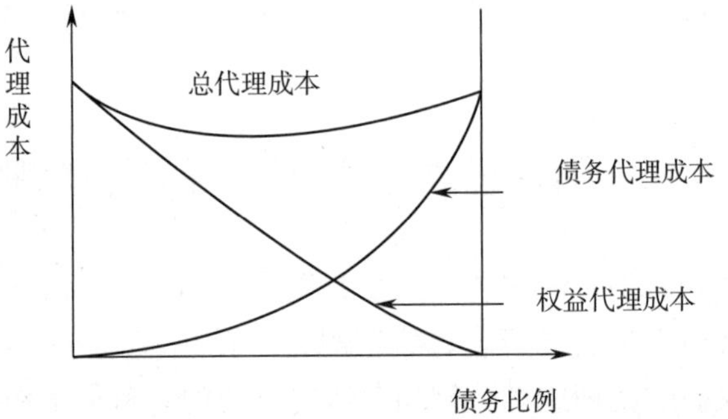

图 9 – 2　代理视角下的权衡理论

在图 9 – 2 中，随着债务比例的上升，债务的代理成本将逐渐上升，但随着债务比例的上升，在给定公司的总融资额一定的情况下，管理者的持股比例会相应上升，权益的代理成本（债务的代理收益）会逐渐下降，总的代理成本会在某一债务水平上达到最小。

当我们考虑了所有这些因素时，最优资本结构应当是（1）债务的税盾收益，减去（2）破产成本，减去（3）债务的代理成本，加上（4）债务的代理收益，达到最大时的资产负债率水平。

第六节　信息不对称视角下的资本结构理论

尽管权衡理论一直在公司的资本结构理论中占据主导地位，但随着信息经济学引起的范式革命的到来，一套新的资本结构理论引起了人们的重视，它就是信息不对称视角下的资本结构理论。信息不对称视角下的资本结构理论主要包括两类：信号模型和融资优序理论。

一、信号模型

信息经济学提出后，迅速被应用于公司金融的研究，Ross（1977）的信号模型就是这一应用的典型代表。在信号模型中，负债水平被当作发送公司质量的信号。由于内部人和外部人之间的信息不对称普遍存在，内部人始终拥有比外部人更多的信息。每个公司的内部人都始终试图告诉外部人其公司是好公司，但理性的外部人总是依据其所观察到的信号来作出对其所观察的公司的估价。公司的内部人发送的信号必须满足一个条件，即好公司发送的信号不能够被差公司模仿，或即便被模仿，其模仿的成本也要明显高于好公司，这样才可以确保信号能够将好公司和差公司区分开来。投资者会认为，高的债务水平可以被当成是高质量的信号，原因是高的债务水平往往伴随着高的破产概率，而破产后的公司管理者会遭受相应的惩罚，而在相同的债务水平下，好公司的破产概率要明显低于差公司的破产概率，因此，好公司能够以高债务水平发送自己高质量的信号，从而将自己与低质量的公司区分开来。于是有：（1）当公司提高其债务水平时，公司股价的市场反应为正，而当公司降低其债务水平时，公司股价的市场反应为负；（2）公司的质量越好，公司的债务水平越高。

结论（1）得到了经验证据的支持，而结论（2）却并未得到经验证据的支持，这使得我们有必要构建新的理论以解释这一现象。

二、融资优序理论

融资优序理论在资本结构理论中的影响要远大于信号模型的影响，它由 Myers 和 Majluf（1984）提出。为理解这一理论，设想你是一家公司的管理者，你很忠诚，总是以老股东的利益行事。和外部投资者相比，你更清楚公司的价值和未来项目的价值。假定利率为0，不存在税收、交易成本和其他的市场不完善，且不存在债务。假定公司有两种概率相同的自然状态，分别称为好消息状态和坏消息状态。你有两种策略可供选择：一种是不采取任何行动；另一种是向新股东发行 100 元的权益。在各种状态和各种行动之下的价值如表 9－9 所示。

表 9－9　　各种状态和各种行动之下的企业价值

项目 ＼ 状态与行动	不采取任何行动		发行权益	
	好消息	坏消息	好消息	坏消息
流动资产	50	50	150	150
固定资产	200	80	200	80
公司价值	250	130	350	230

如果公司不采取任何行动，市场对公司的估价将是 190 元（$0.5 \times 250 + 0.5 \times 130$）。如果管理者在消息为好消息时发行权益，那么老股东的股份的价值将为 229.31

元［190/（190+100）×（50+200+100）］；如果管理者在消息为坏消息时发行权益，那么老股东的股份的价值将为150.69元［190/（190+100）×（50+80+100）］。因此，老股东的股份的价值分布如表9－10所示。

表9－10　　老股东股份的价值分布

状态＼行动	不采取任何行动	发行权益
好消息	250*	229.31
坏消息	130	150.69*

可见，当消息为好消息时，管理者选择不发行权益。只有当消息为坏消息时，管理者才会选择发行权益。因此，发行权益就意味着消息为坏消息。新股东在认识到这一点后，其对公司价值的估价将降为130元［130/（130+100）×（130+100）］。

现在，我们可以在这一例子的基础上引入一个净现值为正的项目。假定该项目在消息为好消息时的净现值为20元，在消息为坏消息时的净现值为10元。在各种状态和各种行动之下的价值如表9－11所示。

表9－11　　引入一个净现值为正的项目时各种状态和各种行动之下的企业价值

项目＼状态与行动	不采取任何行动		发行权益	
	好消息	坏消息	好消息	坏消息
流动资产	50	50	150	150
固定资产	200	80	200	80
新项目NPV	20	10	20	10
公司价值	270	140	370	240

当公司不采取任何行动时，市场对公司的估价仍将是190元。而不发行权益但投资的收益的条件期望值将为205元［0.5×（50+200+20）+0.5×（50+80+10）］。如果管理者在消息为好消息时发行权益，那么老股东的股份的价值将为248.69元［205/（205+100）×（50+200+20+100）］；如果管理者在消息为坏消息时发行权益，那么老股东的股份的价值将为161.31元［205/（205+100）×（50+80+10+100）］。因此，老股东的股份的价值分布如表9－12所示。

表9－12　　引入一个净现值为正的项目时老股东股份的价值分布

状态＼行动	不采取任何行动	发行权益
好消息	270*	248.69
坏消息	140	161.31*

可见，管理者同样只会在坏消息时发行权益，而在消息为好消息时，管理者宁愿放弃有价值的投资机会也不愿意以较低的价格发行权益。这就意味着，由于信息不对

称的存在，管理者不得不放弃一部分有价值的投资机会，降低信息不对称能够在一定程度上减少此类情况的发生。我们还可以进一步地设想，如果在消息为好消息时，新项目的净现值较大，使得在好消息时发行权益并利用投资机会的价值大于250元，此时，无论消息是好消息还是坏消息，管理者都会选择发行权益。也就是说，当新的投资机会的价值很高时，即便老股东的股份会在发行权益时被低估，管理者也会发行权益并利用投资机会。

那么是否有方法避免信息不对称导致的无谓损失呢？当然。提高信息披露水平，降低信息不对称程度是其中一种办法，而当降低信息不对称程度不可行时，通过使用对信息更不敏感的方式募集资金将是合意的。这就意味着，公司在募集资金时可能遵循如下的融资次序：首先使用内部融资，然后使用对信息不敏感的债务，最后才是权益。这就是融资优序理论的主要结论。

此时，我们可以对融资优序理论和权衡理论的推论作一个简要的比较。

1. 权衡理论认为存在目标资本结构；融资优序理论认为不存在目标资本结构。前者认为，每个公司在选择资本结构水平时，都会权衡债务带来的成本和收益，最优的资本结构出现在债务的边际成本等于债务的边际收益时。而后者认为，现实的资本结构是多次融资累积的结果。公司首先使用内源融资，在内源融资耗竭之后才开始使用债务融资，在债务能力耗竭之后才开始使用权益融资。

2. 权衡理论认为盈利性越好的公司的债务水平越高；融资优序理论认为盈利性越好的公司的债务水平越低。前者认为，一方面较强的盈利性能够产生较高的债务能力，另一方面盈利性好的公司更能利用债务所带来的税盾优势，因此盈利性越好的公司的债务水平应当越高；后者认为，盈利能力强的公司的外源融资需求较小，由于较少利用外源融资，其债务水平也会相对较低。

3. 权衡理论认为公司不会保持财务弹性；融资优序理论则认为公司应当保持财务弹性。在经典的权衡理论中，一般都假定不存在信息不对称和交易成本，因此公司的管理者只需要在之前列示的债务的成本和收益之间进行权衡，而不需要保持财务弹性。而融资优序理论则认为，由于存在信息不对称，公司需要保持一定的财务弹性以及时利用一些好的投资机会。

第七节　个人所得税与米勒模型

一、个人所得税的影响

在前面的章节中，我们仅考虑了公司所得税，并未考虑个人所得税，但个人所得税却普遍存在。个人所得税会影响股东和债权人的现金流，进而影响公司价值，同时也会影响企业的资本结构决策。为深入理解个人所得税对资本结构的影响，我们先来考察如下的例子，详见表9－13。

表 9－13　不同计划下的投资者的现金流量　单位：元

项目	计划Ⅰ	计划Ⅱ
资产	1 000	1 000
负债（利率为 10%）	0	500
息税前利润（EBIT）	100	100
利息	0	(50)
税前利润	100	50
税收（25%）	(25)	(12.5)
税后利润	75	37.5
加回利息	0	50
所有投资者的总现金流量	75	87.5

在上面的例子中，我们仅考虑了公司所得税，并未考虑个人所得税。为方便讨论，我们假定所有税后利润均以股利的形式发放出去，且假定股利和利息都以相同的个人所得税税率征税（假设为 20%），我们可以得到表 9－14 的结果。

表 9－14　不同计划下考虑个人所得税的投资者的现金流量　单位：元

项目	计划Ⅰ		计划Ⅱ	
股利	75	—	37.5	—
股利的个人所得税（20%）	(15)	—	(7.5)	—
税后个人股利	—	60	—	30
利息	0	—	50	—
利息的个人所得税（20%）	0	—	10	—
税后个人利息	—	0	—	40
股东和债权人总的税后现金流量	—	60	—	70

在计划Ⅰ下，公司和个人层面的税收总额为：25 元 + 15 元 + 0 元 = 40 元；在计划Ⅱ下，公司和个人层面的税收总额为：12.5 元 + 7.5 元 + 10 元 = 30 元。可见，在计划Ⅱ下，所有投资者的税后个人现金流量较大。原因有两个：一是利息可以在公司所得税的税前抵扣，使得在忽略个人所得税时，计划Ⅰ的总现金流量较高；二是所有的现金流量（股利和利息）的税率相同。因此，使用债务能够提升公司价值的结论仍然成立。

以上的分析基于所有的税后利润都以股利的形式付出。实际上，公司可以采用回购的方式替代股利发放，由于回购导致的资本利得税的税率要低于股利的税率（我国尚未对资本利得征收所得税），因此对于股东分配的实际税率往往会低于个人所得税税率。为理解这一差异对总的现金流量的影响，我们假定对股东的实际个人所得税税率为 10%，为方便讨论，我们还假定利息的个人所得税税率为 50%，此时两个计划下的现金流量如表 9－15 所示。

表 9－15　　不同计划下所得税税率不同时的投资者的现金流量　　单位：元

项目	计划Ⅰ		计划Ⅱ	
给股东的分配	75	—	37.5	—
在股东分配上的个人所得税（税率假定为10%）	(7.5)	—	(3.75)	—
税后给予股东的分配额	—	67.5	—	33.75
利息	0	—	50	—
利息的个人所得税（税率假定为50%）	0	—	(25)	—
税后个人利息	—	0	—	25
股东和债权人总的税后现金流量	—	67.5	—	58.75

我们发现，当股东分配的实际个人所得税税率和利息的个人所得税税率不同时，股东和债权人总的税后现金流量的大小出现了反转。在计划Ⅰ下，公司和个人层面的税收总额为：25 元 +7.5 元 =32.5 元；在计划Ⅱ下，公司和个人层面的税收总额为：12.5 元 +3.75 元 +25 元 =41.25 元。可见，当股东分配的个人所得税税率和利息的个人所得税税率存在差异时，计划Ⅱ的所有投资者的税后个人现金流量可能更小。也就是说，仅从税收的角度来看，使用债务也有可能降低公司的价值。

二、米勒模型

在存在公司所得税和个人所得税的情况下，公司的价值可以表述为

$$V_L = V_U + \left[1 - \frac{(1 - T_C)(1 - T_S)}{(1 - T_D)}\right] \times D$$

式中，T_D是利息收入的个人所得税税率，T_S是权益分配收入的个人所得税税率。我们可以探讨一下 Miller 模型的几种特殊情况。

（1）当 $T_C = T_S = T_D = 0$ 时，即不存在所得税税率时，米勒模型就退化为无税情况下的 MM 定理，如图 9－3 中的 a 线所示。

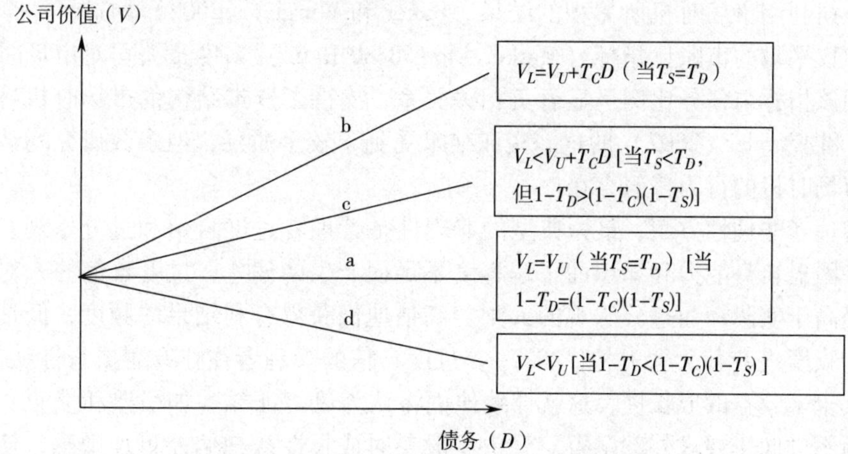

图 9－3　米勒模型中的财务杠杆与公司价值

（2）当 $T_S = T_D = 0$ 时，即不存在个人所得税税率时，米勒模型退化为有公司所得税情况下的 MM 定理，如图 9－3 中的 b 线所示。

（3）当 $T_S = T_D$ 时，米勒模型与有公司所得税情况下的 MM 定理相同，如图 9－3 中的 b 线所示。

（4）当 $1 - T_D = (1 - T_C)(1 - T_S)$ 时，米勒模型与无税的情况下的 MM 定理相同，如图 9－3 中的 a 线所示。

（5）当 $1 - T_D > (1 - T_C)(1 - T_S)$ 时，个人所得税会抵消一部企业债务所带来的税收收益，因此杠杆公司的价值会高于无杠杆公司的价值，但要低于只有公司所得税的情况下的有杠杆公司的价值，如图 9－3 中的 c 线所示。

（6）当 $1 - T_D < (1 - T_C)(1 - T_S)$ 时，个人所得税超过了企业债务所带来的税收收益，因此杠杆公司的价值会低于无杠杆公司的价值，如图 9－3 中的 d 线所示。但现实生活中这种情况较为少见。

第八节　行为金融学视角的资本结构理论

前述的资本结构理论都假定人是理性的，即投资者和管理者均是理性的。投资者理性意味着管理者可以认为资本市场是有效的，即价格能够反映关于基础价值的所有公开信息；相应地，管理者理性意味着投资者可以认为管理者是自利的，且会对薪酬契约、控制权市场和其他治理机制作出理性的反应［Baker，Ruback and Wurgler，(2007)］。但是，越来越多的研究表明，投资者和管理者均非完全理性。

在投资者非理性方面，管理者更倾向于在股价被高估时发行权益，而在股价被低估时回购权益，这种行为被称为市场时机行为（Market Timing）。如果公司的市场时机行为没有很快地被重新平衡，那么这一行为将会对公司的资本结构造成持久影响，而非只是短暂影响。因此，投资者非理性视角的市场时机理论认为，公司的资本结构水平会是公司利用市场时机所累积的结果。Baker 和 Wurgler（2002）构造了一个使用外部融资加权平均的市账比指标（Market－to－Book Ratio）来度量公司对市场时机的利用，发现该指标与债务比例呈显著负相关关系，支持了资本结构的市场时机理论。尽管 Baker 和 Wurgler（2002）的这一实证结果受到了较多质疑，但多数研究均认为管理者利用市场时机的行为普遍存在。

在管理者非理性方面，最为典型的非理性是管理者过度自信和过分乐观。过度自信是一种因对自身能力和知识面了解程度不足而产生的偏差，过度自信的人对自己的判断总是高于实际；而过分乐观的人则会高估他们获得有利结果的频度，低估面临不利结果的频度（赫什·舍夫林，2007）。过度自信的管理者往往有着成长性认知偏差，即高估其未来收益的成长性，这就导致他们将认为风险证券（如股票和债券）被低估了，因而不倾向于寻求外部融资。又由于股票对成长性认知偏差更加敏感，使管理者认为其股票被低估的程度更高，因而在公司需要外部融资时，更倾向于权益融资而非债务融资，这就导致了和融资优序理论相似的结果的出现。过分乐观的管理者往往有着风险认知偏差，即低估其未来的风险，这就导致了和融资优序理论相反的结果。而无论是过度自信的管理者，还是过分乐观的管理者，都会认为其公司陷入财务困境的可能性较低，因此，从权衡理论的角度来看，相比于不存在认知偏差的管理者，过度自信的管理者或过分乐观的管理者都倾向于选择更高的杠杆或更频繁地发行债券。Hackbarth（2008）的实证结果支持了上述论断。

第九节 公司资本结构的决定因素

资本结构理论是金融领域最深奥的理论之一。到目前为止，无论是权衡理论，还是融资优序理论，抑或是市场时机理论，都无法给出一个能确定公司资本结构水平的准确公式。尽管如此，一些证据表明，多数公司都有其目标资产负债率。一些因素也被公认为是影响资本结构的重要因素。

1. 税收。公司所得税税率越高，使用债务带来的税盾收益就越大，公司越倾向于使用债务融资。

2. 资产特性。由于破产成本与公司的资产类型密切相关，拥有大量固定资产的公司，其破产成本一般要低于那些进行了大量研发和广告投入的公司的破产成本，原因是后者的大部分价值都将消失于财务困境中。因此，有形资产比重较高的公司的目标资产负债率也相对较高。

3. 经营收入的不确定性。即便没有负债，经营收入不确定的公司经历财务困境的可能性也较高，因此此类公司多以权益来融资。例如，制药公司的收入主要依赖于其研发投入能够产生新的药品，但没有人能够预见到这一点。相比之下，公用事业公司经营收入的不确定性相对较低，因而其债务水平也相对较高。

4. 产业因素。在现实的经济生活中，不同行业的资本结构存在着巨大的差异。房地产业的资产负债率明显要高于计算机行业。当然，这一因素或可部分归因于资产特性因素。

此外，在我国，还有一些因素被认为是影响资本结构的重要因素，如公司的产权特征（王跃堂等，2010）、政企关系（余明桂和潘洪波，2008）、公司所在地的市场化进程（孙铮等，2005）和投资者保护（沈艺峰等，2009）等。

【本章小结】

1. 在前一章中，依据理论，公司应当全部使用债务来融资。但在真实的经济世界中，公司往往既使用权益又使用债务，这意味着必定有一些因素能够和税盾因素形成权衡，财务困境成本（破产成本）就是一个重要的因素。破产成本可分为直接破产成本和间接破产成本。直接破产成本主要指破产清算过程中的会计师费和律师费，间接破产成本则主要指由于破产可能性导致的经营能力受损。

2. 除经营能力可能受损外，使用债务还会导致三个方面的代理成本：(1) 资产替代，即股东会倾向于选择高风险但净现值为负的项目；(2) 投资不足，即股东会放弃一些有价值的投资机会；(3) 资产转移，即股东可能通过如高额派现等方式将公司的资产转移出去。

3. 由于债权人是理性的，因此财务困境成本将由股东承担，股东有动力来降低这些成本。降低这些成本的方法主要包括保护性条款和合并债务两类。保护性条款可以分为积极条款和消极条款两类。

4. 由于债务的成本只能被减少不能被消除，因此债务的税盾收益与债务的破产成本和代理成本之间会形成权衡，公司可以据此选择能最大化公司价值的负债—权益比。此即经典意义上的权衡理论。

5. 事实上，使用债务不仅会产生代理成本，也能产生代理收益，即使用债务能够减少权益的代理成本。权益的代理成本包括三个方面：剩余损失、监控支出和管束支出。此时，即便不存在税盾收益，债务的代理成本和代理收益之间也能够形成权衡，从而确定一个最优的资本结构水平，此即代理视角下的权衡理论。当然，在现实的经济生活中，股东需要权衡税盾收益、破产成本、债务的代理成本和债务的代理收益四个方面。

6. 随着信息经济学的发展，信息不对称视角下的资本结构理论被提出，这一理论主要包括两类：信号模型和融资优序理论。信号模型认为，公司债务水平是发送公司质量的信号，质量越好的公司越倾向于选择高的债务水平。更有影响力的融资优序理论认为，由于信息不对称的存在，发行权益会使得公司内部丧失其信息优势，因而发行权益意味着是坏消息；反之则为好消息，这意味着发行对信息敏感的证券将会被市场低估，这使得公司的管理者更偏好于内源融资而不是外源融资，更偏好于债务融资而不是权益融资。

7. 米勒模型分析了同时存在公司所得税和个人所得税的情况，无税情况下的 MM 定理和有公司所得税情况下的 MM 定理都是米勒模型的特例。

8. 投资者和管理者可能均是非理性的。在投资者非理性方面，管理者更倾向于在股价被高估时发行权益，在股价被低估时回购权益。市场时机理论认为，公司的资本结构仅是公司利用市场时机所累积的结果。管理者过度自信和过分乐观都是典型的管理者非理性。过度自信的管理者往往有着成长性认知偏差，过分乐观的管理者往往有着风险认知偏差，且两者均会低估公司陷入财务困境的可能性，因而均倾向于选择更高的杠杆或更频繁地发行债券。

9. 一般而言，公司都有一个目标资产负债率。一些因素被认为是影响资本结构的重要因素，如税收、资产特性、经营收入的不确定性和产业因素等。此外，产权特征、政企关系、公司所在地的市场化进程和投资者保护等因素也是影响我国公司资本结构水平的重要因素。

【重要概念】

破产成本　直接破产成本　间接破产成本　资产替代　投资不足　转移资产
保护性条款　积极条款　消极条款　经典权衡理论
代理视角下的权衡理论　剩余损失　监控支出　管束支出　信号模型
融资优序理论　米勒模型　市场时机　过度自信　过分乐观

【扩展阅读】

利用新华网（网址：http：//www. xinhuanet. com/energy/zt/xzt/08. htm）、网易财经（网址：http：//money. 163. com/special/suntech _ gsf/）以及其他财经网站中关于无锡尚德破产重组的专题，回顾无锡尚德破产重组始末，从宏观和微观两个层面思考公司资本结构的重要影响。

【思考与练习】

1. 辨析：破产风险会降低企业价值。
2. 间接破产成本会包含哪些成本？
3. 由于股东和债权人之间的代理冲突所引致的代理成本有哪些？
4. 辨析：公司的股东一定不希望投资一个净现值为负的项目。
5. 股东降低债务的代理成本的方式有哪些？
6. 请画出经典权衡理论下资本结构和公司价值之间的关系图。
7. 权益的代理成本形成的原因是什么？它包含哪些成本？
8. 请画出代理视角的权衡理论下资本结构和公司价值之间的关系图。
9. 简述信号模型和融资优序理论的基本思想并比较两者之间的差别。
10. 简述权衡理论和融资优序理论之间的差别。
11. 辨析：公司的管理者在股价被高估时发行权益能够提升老股东的收益。
12. 管理者的认知偏差通常有哪些？这些认知偏差对公司的资本结构又会产生怎样的影响？
13. 辨析：个人所得税的引入一定不会改变适度负债会提升公司价值的结论。
14. 假定某公司每年的息税前利润（EBIT）为50万元，这家公司的全权益公司资本成本为15%，公司的所得税税率为25%。公司发行在外的债券的总市值为150万元。

（1）公司的总价值为多少？

（2）如果公司的CFO告知CEO公司的总价值为300万元，该CFO的说法正确吗？

15. 假定某公司发行在外的债务的面值为400万元，流通在外的股份数为25万股，价格为每股33元。如果公司采用全权益融资，那么公司的价值将为1 200万元。公司所得税税率为25%。请问，由于破产成本的存在，公司价值下降了多少？

16. 某公司的资产负债表如下表所示：

资产	账面价值	市场价值	负债和权益	账面价值	市场价值
现金	100	100	债务	200	100
固定资产	300	0	权益	200	0
合计	400	100	合计	400	100

假定现有一投资项目，该投资项目的风险收益特征如下表所示：

赌博	概率	收益
大赢	20%	800
大输	80%	0

如果投资者要求的必要回报率均为50%，且股东掌握公司的控制权，那么股东是否会选择投资该项目？为什么？

第十章

股利政策

关于我国上市公司分红的评价，两个词汇出现的频率最高：一是“铁公鸡”，二是“掏空”。“铁公鸡”是指许多上市公司很少发放股利，几近于一毛不拔；“掏空”则是指一些上市公司发放超高股利，而留给上市公司用于发展的资金很少。我国上市公司的股利政策呈现出一派“冰火两重天”的奇特景象。

在“掏空”方面，我们以佛山照明、用友软件为例。自上市以来，佛山照明的现金股利发放情况如表10－1所示。从表10－1中可以看出，佛山照明的现金股利支付率水平非常高。如果考察现金股利占自由现金流的比重，我们会发现自由现金流还不足以覆盖公司的现金股利。同样，用友软件（2015年改名为用友网络）也实施了“高派现”的股利政策。自上市以来，用友软件的现金股利发放情况如表10－2所示。在表10－2中，我们同样可以看出，用友软件在2001—2005年保持了超高的股利支付率水平。如果我们考察现金股利占自由现金流的比例，那么我们也会得出自由现金流水平不足以覆盖现金股利的结论。

值得注意的是，在经历了“高派现”时期之后，两家公司的现金股利派发随后呈现整体下降趋势。从2001年之后，佛山照明虽然在2007年每10股派发现金股利5.85元，但是至此之后，公司现金股利整体呈现下降趋势，其中，每10股派发现金股利在2015年为0.125元，在2020年为1元。用友软件的高现金股利在2007年达到峰值（每10股派发现金股利10元）之后也开始下降，并最终在2017年降至最低点（每10股派发现金股利1.3元）。为什么“高派现”之后公司现金股利开始步入下降通道？这是一个有趣的问题。

表10－1　　1993—2001年佛山照明现金股利情况一览表　　单位：元、%

年份	1993	1994	1995	1996	1997	1998	1999	2000	2001
每10股派发现金	3	8.10	6.80	4.77	4	4.02	3.50	3.80	6
现金股利支付率	24	74	74	75	82	75	61	85	124

资料来源：陈信元，陈冬华，时旭．公司治理与现金股利：基于佛山照明的案例研究［J］．管理世界，2003（8）．

表 10－2　　2001—2005 年用友软件现金股利情况一览表　　单位：元、%

年份	2001	2002	2003	2004	2005
每 10 股派发现金	6	6	3. 75	3. 20	6. 60
现金股利支付率	86	65	60	67	116

资料来源：参照张阳．控股股东利益导向与股利政策安排——基于用友软件“高派现”的案例分析［J］．当代财经，2003（10），同时根据上市公司年报信息整理。

让我们再来看看另外一家公司的股利政策。2011 年以来，云南白药的现金股利数额和现金股利支付率呈现明显的上升趋势（见表 10－3）。其中，2020 年的现金股利再创历史纪录，每 10 股派发现金 39 元（含税），合计分红 49. 17 亿元。分红往往被视作提升投资信心的利好消息，是对股东投资和坚守公司的回报。事实上，云南白药自 1993 年上市以来，已经连续 29 年向股东分红，累计现金分红金额超过 180 亿元。正是因为这样，在中国上市公司协会于 2022 年 6 月 1 日公布的 A 股上市公司回报榜单中，云南白药同时入选上市公司“丰厚回报榜单”和“真诚回报榜单”，排名分别为第 61 位和第 80 位。为什么云南白药的现金分红持续提高呢？这也是一个值得关注的有趣问题。

表 10－3　　2011—2021 年云南白药现金股利情况一览表　　单位：元、%

年份	2011	2012	2013	2014	2015	2016	2017	2018	2019	2020	2021
每 10 股派发现金	1. 6	4. 5	5	5	6	8	15	20	30	39	16
现金股利支付率	9. 2	19. 74	22. 42	20. 75	22. 56	28. 57	49. 67	62. 9	91. 46	90. 28	72. 4

资料来源：公司财报。

我国上市公司在股利政策方面的独特性为我们提供了很好的研究素材。然而，要理解这些股利政策方面的“异象”，就需要我们首先对股利政策的基础知识和经典的股利政策理论有一个全面的了解，而这些正是本章的主要内容。

第一节　什么是股利

一、股利的形式

股利一般是指从利润中分配给股东的现金。一般而言，最主要的两种股利分配形式是现金股利和股票股利。

现金股利是最常见的股利分配形式。所谓现金股利，是指公司使用现金向股东进行分配的股利，它是股利支付的重要形式。现金股利通常被认为是实际的收益。分配现金股利将减少资产负债表中的货币资金项和股东权益中的未分配利润项。在给定股本不变的情况下，分配现金股利将降低每股净资产，提高净资产收益率。

股票股利是另外一种重要的股利分配形式。所谓股票股利，是指公司向现有股东发放额外的普通股股票以代替现金股利。对于企业而言，股票股利并没有现金流出企业，不是真正意义上的股利，它只是增加了流通在外的股份数量，相当于股票拆细，因而会降低股票的每股价值。从资产负债表的角度来看，股票股利仅仅是将资产负债表中股东权益项的未分配利润转化为股本。

此外，还有财产股利和负债股利等股利形式。财产股利是指股份公司以实物或有价证券的形式向股东发放的股利；负债股利是指上市公司通过建立一种负债，以债券或应付票据的形式向股东发放的股利。在我国，法律规定股份有限公司只能发放现金股利和股票股利，不能发放财产股利和负债股利。

二、股利的发放程序

我国《公司法》规定："公司分配当年税后利润时，应当提取利润的百分之十列入公司法定公积金。公司法定公积金累计额为公司注册资本的百分之五十以上的，可以不再提取。公司的法定公积金不足以弥补以前年度亏损的，在依照前款规定提取法定公积金之前，应当先用当年利润弥补亏损。公司从税后利润中提取法定公积金后，经股东会或者股东大会决议，还可以从税后利润中提取任意公积金。公司弥补亏损和提取公积金后所余税后利润，有限责任公司依照本法第三十四条的规定分配；股份有限公司按照股东持有的股份比例分配，但股份有限公司章程规定不按持股比例分配的除外。"

此后，董事会将根据所余的税后利润和公司的股利政策确定股利分配方案，在提交给股东大会审议之后方能生效。在股利分配的过程中，股利宣告日、股权登记日、除权除息日和股利发放日对股利分配非常重要。结合云南白药集团股份有限公司（股票代码：000538，以下简称云南白药）2021 年度权益分派方案，图 10－1 说明了股利的发放机制。

（1）股利宣告日。所谓股利宣告日，是指公司的董事会将股利分配方案予以公告的日期。在分配预案中，将宣布每股股利、股权登记日、除权除息日和股利发放日等信息。我国的上市公司一般每年发放一到两次股利，美国的上市公司一般每年发放四次股利。云南白药 2021 年度权益分派方案于 2022 年 4 月 20 日召开的公司 2021 年度股东大会审议通过，股东大会决议公告刊登于 2022 年 4 月 21 日的《中国证券报》《上海证券报》《证券时报》及巨潮资讯网（http：//www. cninfo. com. cn）。

（2）股权登记日。所谓股权登记日，是指有权领取本期股利的股东资格的登记截止日期。在这一天之前登记在册的股东有权领取本次股息，在这一日之后登记在册的股东无权领取本次股息。云南白药本次权益分派股权登记日为 2022 年 4 月 29 日。截至 2022 年 4 月 29 日下午深圳证券交易所收市后，在中国证券登记结算有限责任公司深圳分公司（以下简称中国结算深圳分公司）登记在册的云南白药全体股东，可以获得本次股息。

（3）除权除息日。尽管除权除息日一般而言是股权登记日的下一个交易日，但是在公司财务实践中也会有变化。当上市公司向股东分配股息时，就要对股票进行除息；

当上市公司向股东送红股时，就要对股票进行除权，因此有除权和除息之说。云南白药本次权益分派除权除息日为2022年5月5日。

除权除息日非常重要，因为在此之前购买的股票可以获得当期股利，而在此之后购买的股票不能获得当期股利。因此，股票价格会在除权除息日下跌。如果股利没有传递关于公司质量的信息，市场是有效的，无税，无交易成本，那么每发放1元的现金股利，股票价格将下降1元；每股发放n股的股票股利，股票价格将下降为原来价格的1/（1+n）。如果存在股利的个人所得税而无资本利得税，那么股票价格下跌的幅度将小于支付的股利额。

（4）股利发放日。所谓股利发放日，是指向股东发放股利的日期。从这一天开始，公司会通过各种手段将股利支付给股东。云南白药委托中国结算深圳分公司代派的A股股东现金红利将于2022年5月5日通过股东托管证券公司（或其他托管机构）直接划入其资金账户。

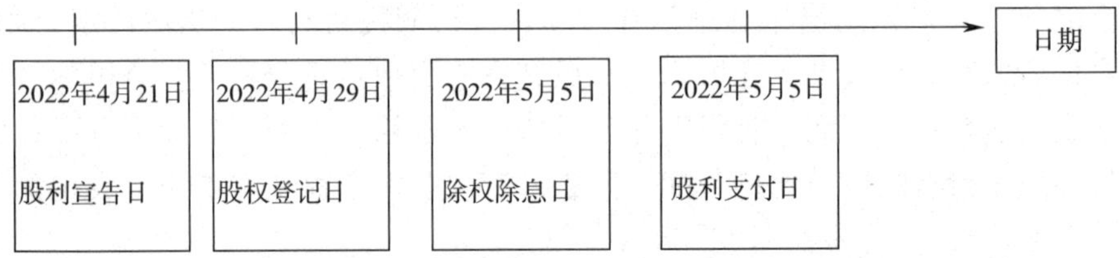

图10－1　云南白药2021年度股利发放程序

【例10－1】

股利发放与股票价格的变化

某公司2022年3月4日宣告的股利政策为每10股送2股派2元，股权登记日3月15日的收盘价为15.3元。假定市场是有效的，且股利发放未传递任何与公司价值有关的信息，那么预期股权除息日3月18日的股票价格将变为多少？假定不存在资本利得税，股利的个人所得税税率为20%。

上海证券交易所（沪市）、深圳证券交易所（深市）的除权除息参考价的计算公式有所不同。沪市以股票价格为计算依据，深市以股票总市值为依据。假定该公司为沪市上市公司，我们根据“除权参考价＝（股权登记日收盘价＋配股价×配股率－派息率）/（1＋送股率＋配股率）”计算除权除息价。这里没有配股，因而不考虑配股的影响。

首先，由于派送的红股不能够享受当期股利，因此在计算股票价格时应当先考虑现金股利的影响，这就意味着在没有送股的情况下，股票价格将下降0.2元（2/10），变为15.1元。其次，由于公司送了红股，因此相当于对股票进行了拆细，这就意味着股票价格将进一步下降为12.58元［15.1/（1+0.2）］。

第二节　股利政策无关论

一、两种股利政策的比较

在经典的股利政策理论中，争论的焦点之一是股利政策是否无关，即股利政策是否会影响公司价值。在这些争论中，最为著名的就是米勒和莫迪利安尼（1961）的股利政策无关论。【例10－2】可以说明这一点。

【例10－2】

股利政策与每股价值

假设A公司是一家全权益公司，流通在外的股份数为1 000股，财务经理非常准确地预测到公司马上将会收到10 000元的现金流量，同时在下一年度还会收到10 000元的现金流量，公司没有可供投资的净现值为正的项目，且公司将在一年后解散。现在有两种股利政策可供选择，一种是现行股利政策，即在每个时点发放10 000元的现金股利；另一种是备选的股利政策，即在现在发放11 000元的股利，在一年后发放剩余的股利。假定公司的折现率为10%，试分析在这两种股利政策下的每股价值。

在现行的股利政策下，公司的价值为19 090.91元［10 000元＋10 000元/1.10］。由于发行在外的股份数为1 000股，因此每股价值为19.09元。在备选的股利政策下，由于第一期的现金流量少于拟发放的股利数，因此必须通过其他方式筹集资金以发放股利。最为直接的方法就是在当前发行价值为1 000元的股票或债券。假设公司采用发行股票的方式募集剩余的资金，且新股东希望获得的投资回报率为10%。由于新股东希望能够获得10%的回报率，因此在一年后他们将需要获得1 100元，而老股东将仅能获得剩余的8 900元。这意味着对于老股东而言，当前的每股股利将为11元，一年后的每股股利将为8.9元。这意味着老股东的每股股票的价格为19.09元［11＋8.9/1.10］。

我们发现，在两种不同的股利政策下，老股东的每股价值是相等的。这说明投资者应当对股利政策是不在乎的，但显然这一结论的成立是有条件的。米勒和莫迪利安尼（1961）在论证这一结论时建立了如下假设。

（1）无税，无交易成本，投资者是证券价格的接受者，即市场是完美的。

（2）同质预期。所有投资者对未来投资、利润和股利等具有相同的信念。

（3）公司的投资政策是既定的，不会随着公司股利政策的变化而变化。

（4）不存在信息不对称。

（5）不存在代理成本。

二、自制股利

在第九章中，我们使用自制财务杠杆的概念说明了资本结构的 MM 定理。同样的，我们也可以使用自制股利的方式来说明米勒和莫迪利安尼的股利政策无关论。【例 10 - 3】给出了一个自制股利的例子。

【例 10 - 3】

自制股利与股利政策无关论

假设投资者希望在当前和下一年均取得 10 元的股利，如果公司的管理者选择在当前发放 11 元的股利，而在下一年发放 8.9 元的股利，那么投资者是否会觉得很失望？答案是不会。因为投资者可以从当前得到的 11 元中拿出 1 元以 10% 的收益率水平进行再投资，然后在下一年得到 1.1 元。这样的话，该投资者就能够在当前得到他想要的 10 元股利，在下一年也能够得到他想要的 10 元股利。

相反，如果公司的管理者选择在当前和未来都发放 10 元的股利，而投资者希望在当前获得 11 元的股利，在下一年获得 8.9 元的股利，那么投资者是否会觉得失望？答案也是不会。因为投资者可以在当前卖出价值 1 元的股票，使得当前获得的现金流量变为 11 元，而由于在当前已卖出了 1 元的股票，未来的现金流量变为 8.9 元。

以上的【例 10 - 3】说明，当不存在交易成本时，投资者可以通过“自制股利”的方式获得其希望达到的股利组合。图 10 - 2 中的斜线给出了公司经理的所有可能选择，也给出了股东的所有可能选择。在图 10 - 2 中，斜线的斜率为 - 1/1.1。

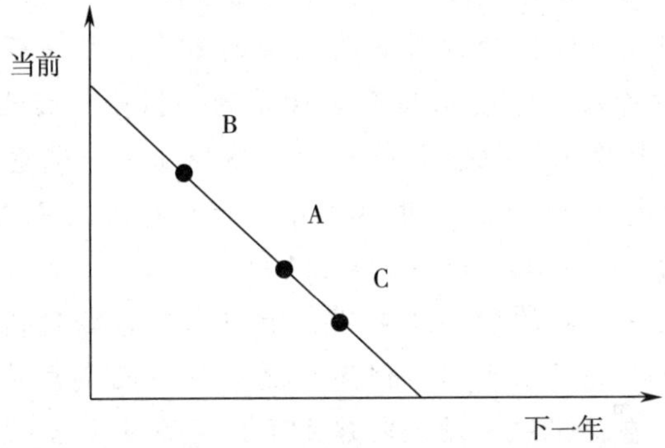

图 10 - 2　自制股利：当前股利和下一年股利之间的权衡

三、米勒和莫迪利安尼的股利政策无关论

米勒和莫迪利安尼（1961）给出了关于股利政策无关论的数学证明，具体如下。在米勒和莫迪利安尼的原文中，他们假定：（1）完美资本市场；（2）理性行为；（3）完美

的确定性。这三条假定和第三节第一条中的假定基本相同。假设某公司为全权益融资公司，$d(t)$ 为公司在第 t 期的每股股利，$x(t)$ 为公司在第 t 期总的净收益，$I(t)$ 为公司在第 t 期的投资额，$n(t)$ 为公司在第 t 期期初的股票数量，$m(t+1)$ 为第 t 期内增发的股票数量，$p(t)$ 为公司在第 t 期期初的股票价格（发放 $t-1$ 期的股利之后的价格），$V(t)$ 为公司在第 t 期时的市场价值，$\rho(t)$ 为股票的回报率，有

$$\frac{d(t)+p(t+1)-p(t)}{p(t)}=\rho(t) \tag{10-1}$$

式（10-1）可变为

$$p(t)=\frac{1}{\rho(t)}[d(t)+p(t+1)] \tag{10-2}$$

公司第 t 期的价值：$V(t)=n(t)\times p(t)$

公司第 t 期发放的股利总额：$D(t)=n(t)\times d(t)$

将式（10-2）两边同时乘以 $n(t)$，又由于 $n(t+1)=n(t)+m(t+1)$

即可得到公司总价值的表达式：

$$\begin{aligned}V(T)&=\frac{1}{1+\rho(t)}[D(t)+n(t)\cdot p(t+1)]\\&=\frac{1}{1+\rho(t)}[D(t)+V(t+1)-m(t+1)\cdot p(t+1)]\end{aligned} \tag{10-3}$$

由于公司的资金来源与资金运用相等，所以有

$$m(t+1)\cdot p(t+1)=I(t)-[X(t)-D(t)] \tag{10-4}$$

将式（10-4）代入式（10-3），可得

$$V(t)=\frac{1}{1+\rho(t)}[X(t)-I(t)+V(t+1)] \tag{10-5}$$

从式（10-5）中可以看出，股利 $D(t)$ 并没有出现在公式中，这表明：只要公司的投资政策不发生变化，公司股票的价值不会因为股利政策的变化而变化，也即公司的股利政策与公司价值无关。这就是著名的“股利政策无关论”。

第三节 税收与股利政策

一、税差效应理论

在前面的分析中，我们均假定不存在税收和交易成本。但在现实生活中，税收普遍存在，在这一节中，我们将讨论税收因素对股利政策的影响。

通常而言，股东收到的现金股利将按普通收入征税，而资本利得税的税率通常较低。① 对个人投资者而言，股利收入的税率要高于资本利得的税率。为讨论税收因素的

① 我国《个人所得税法》规定，现金股利的所得税税率为20%，资本利得不征税。

影响，我们将公司划分为没有充足现金的公司和有充足现金的公司。

对于没有充足现金支付股利的公司，如果公司想要发放 100 元的股利，就必须以发行股票或债券的方式募集资金。如果没有税收，那么公司募集的 100 元资金将全部以股利的形式发放出去，发放股利后的股东没有收益也没有损失。但如果个人所得税税率为 20%，则同样可以募集到 100 元的资金，但是当这 100 元的资金以股利的形式发放出去时，股东所能得到的资金将仅为 80 元［100 ×（1 - 20%）］，从而使股东损失了 20 元。此外，通过发行新股的方式募集资金还会导致交易成本，这将进一步加剧股东的损失。因此，在存在个人所得税的情况下，不应该通过发行新股的方式来发放股利。

在现实生活中，一些公司倾向于采取稳定的股利政策。如果这样的公司在某一年的现金流量突然减少，公司是否应当通过发行新股的方式来保持股利的连续性？依据前面的分析，我们认为不应当通过发行新股的方式来发放股利，但一些公司还是基于现实的原因发行了新股。

对于有充足现金支付股利的公司，依据前面的逻辑，由于存在公司所得税，这样的公司也不应当发放股利。但事实上，对于有充足现金支付股利的公司而言，这一规则并不适用。通常而言，当公司有额外的现金时，公司往往会选择加大现有项目的投资或进行兼并收购等。Jensen（1986）的研究认为，公司的管理者有扩大公司规模的倾向，但投资于净现值为负的项目而不发放股利会损害股东利益。对于兼并收购而言，收购价往往会高于市场价，这使得兼并和收购往往也会损害股东利益。这就说明，尽管由于个人所得税因素的影响，公司会倾向于减少现金股利的发放，但由于节省下来的资金往往会投资在一些净现值为负的项目上（也包括兼并收购），因此理性的公司往往也会在一些时候发放现金股利。

针对个人所得税的分析，我们可以得出以下几个结论。

（1）公司不应当通过发行新股的方式来发放现金股利。

（2）公司倾向于减少现金股利以降低税收因素的影响，而寻求更为有效的资金运用渠道。

（3）尽管存在个人所得税的负面影响，但这一负面影响还不足以使公司取消所有的现金股利。

二、股票回购：一种规避税收因素影响的利润分配方式

我们首先讨论在无税、无交易成本、无其他不完美的情况下，现金股利和股票回购之间的关系。假设一家公司有 1 00 000 元的剩余现金，目前正准备将这笔现金以现金股利的形式发放给股东。公司预计在发放股利之后的年度利润总额为 150 000 元，假定流通在外的股份数量为 100 000 股，则每股收益为 1.5 元。假定同类公司的市盈率为 6，那么该公司股票的市场价格将为 9 元。

此外，公司也可以使用这笔现金回购公司的股票，假设回购价为每股 10 元，公司

回购了10 000股，回购后流通在外的股份数变为90 000股。由于发行在外的股份数减少，每股收益将上升为每股1.67元，由于市盈率为6，因此股票价格将变为10元。

可见，当公司选择发放股利时，每位股东将获得价值为9元的股票和1元的股利，总价值为10元，而当公司采用股票回购的方式时，每位股东也将获得10元的总价值。这说明，当无税、无交易成本、无其他市场不完美时，选择回购股票还是发放现金股利是无差别的。

当存在个人所得税，且股利的个人所得税税率要高于资本利得税税率时，股东将更偏好于股票回购。假设对投资者的股利收入征税的税率为20%，而对于资本利得收入征税的税率为0。如果发放100元的股利，那么股东将只能获得80元。但如果采用股票回购的方式，那么股东将获得全部的100元。不仅如此，即便资本利得税的税率为20%，由于资本利得税只是对增值部分征税，通过出售股份获得100元的股东所缴纳的税收也将少于20元。

三、追随者效应理论

追随者效应（Clientele Effect）理论是税差效应理论的扩展。税差效应理论没有考虑投资者的选择问题，而在真实的经济生活中，投资者会根据自己的偏好选择不同股利水平的股票。低税收等级的投资者会选择高股利水平的股票以规避不确定性；高税收等级的投资者会选择低股利水平的股票以规避税收的负面影响。这种股东集中在各自偏好的股利政策的股票周围的现象被称为“追随者效应”。

Elton和Gruber（1970）认为，公司的股利政策不可能同时满足所有投资者的需求，公司股利政策的变化只能够吸引那些偏好变更后的股利政策的投资者，且一部分现有的投资者还会选择卖出已有的股票。当偏好某一类股利政策的投资者的比例大于实施此类股利政策的公司的比例时，实施此类股利公司的股票价格会上升，直至两者的比例相等，市场重新回到均衡。当市场处于均衡状态时，没有公司能够通过改变股利政策来影响股票价格。这实际上从另一个角度论证了股利政策无关论。这就意味着，在均衡的情况下，公司不能够通过变更股利支付率水平的方式来提高公司价值。

第四节 其他的股利政策理论

一、“在手之鸟”理论

在米勒和莫迪利安尼（1961）发表著名的“股利政策无关论”之前，在理论界占据主导地位的是“在手之鸟”理论。该理论认为，股票价格的波动一般比较大，而投资者又是风险厌恶型的，所以投资者认为现金股利要比留存收益带来的资本利得收益更为可靠。现金股利就像“手中之鸟”，而留存收益的再投资尽管可能较大，但它就像“林中之鸟”一样不可靠。该理论的代表人物Gordon（1959）认为，高股利政策之所以有益于股东，是因为它能够消除不确定性。投资者通过未来的股利贴现以确定股票价格。远期收到的股利较近期收到的股利有更大的不确定性，且由于不确定性和贴现率正相关，因而近期发放较多股利的公司的股票价格会相对较高。但这一理论得出的这一推论却是错误的。公司的折现率由公司的现金流风险决定，我们很难想象公司的现金流风险会随着股利政策的变化而变化。

二、信号传递理论

已有的实证研究结果表明：当现期股利增加时，公司的股票价格通常会上升（Asquith and Mullins，1983）；当现期股利减少或消失时，公司的股票价格通常会下跌（Michaely 等，1995）。而通过我们前面的理论分析并不能得出这样的推论。例如，MM 的股利政策无关论认为，股利政策是无关的，即股利政策的变化不会影响股票价格；而税差效应理论认为，增加现期股利会增加税收成本，从而导致股票价格的下降。或许有人会认为，由于人们偏好现期收入，所以当现期股利增加时，股票价格会上升。但追随者效应理论告诉我们，动态调整的结果仍然是股利政策与股票价格无关。

信号传递理论提供了一种可能的解释。Bhattacharya（1979）提出的信号传递理论认为，管理者和投资者之间存在信息不对称，管理者拥有一些投资者不知道的信息，因此投资者将会以市场平均质量来推断公司的质量，这使得那些高质量公司的管理者有动力向市场发送其高质量的信号。但发送的信号需要满足一定的条件，即高质量的公司发送这一信号的成本要低于低质量公司发送相同信号的成本，而高额股利是满足这一条件的。只有当公司的管理者预期到未来的业绩增长良好时，他们才会选择发放高股利；相反，如果管理者预期公司的未来业绩不理想，他们仅会选择低股利。由于高股利意味着高质量，因此增加股利会导致股票价格上升，而减少股利会导致股票价格下跌。

三、代理成本理论

在前面的分析中，我们都假定公司内不存在代理问题，而事实上代理问题普遍存在。管理者和股东之间存在代理问题，股东和债权人之间存在代理问题，大股东和小股东之间也存在代理问题。在这里，我们主要分析前两类代理问题对股利政策的影响。

当内外部治理机制不能够确保管理者和股东利益的一致性时，就会出现管理者和股东之间的代理问题。管理者有动力减少现金股利，原因是现金是最容易被侵占的资产，增加现金股利会降低管理者对现金的支配权。此外，发放高额股利意味着当管理者要满足新的投资需求时，就必须寻求外部的权益和债务融资。而外部融资都需要经过第三方的严格审核，从而有利于降低代理成本（Jensen，1986）。

股东和债权人之间的利益冲突也很常见。债权人希望股东尽可能多地保留现金，这样能够确保在公司陷入财务困境时，公司有足够的现金偿还债务，而股东往往倾向于将现金发放给自己。理性的债权人能够预见到股东的这一倾向，因此为保护自己，债权人往往会要求较高的收益率水平以作为补偿，而股东为降低债务成本，往往会选择在贷款协议中约束自身的股利发放水平。

四、行为公司金融学理论

法玛（Fama）和弗兰奇（French）（2001）的一篇经典论文指出，近年来，美国发放股利的公司比例呈下降趋势。随后，其他欧洲国家的学者也发现了相似的规律。为对这一现象进行解释，Baker 和 Wurgler（2004）提出了股利迎合理论。

Baker 和 Wurgler（2004）指出，由于某些心理和制度因素，投资者往往对于支付股利的公司的股票有强烈的需求，从而导致了这些股票存在所谓的“股利溢价”，而这一现象无法用前述的追随者效应解释，这主要是因为追随者效应理论仅考虑了股利的需求面，而没有考虑供给面。他们认为，有些投资者偏好发放股利的公司，因而给予这类公司溢价，而有些投资者偏好不发放股利的公司，因而给予这类公司溢价。为实现公司价值最大化，管理者通常会选择相应的股利政策以迎合投资者。他们发现，当股利溢价为正时，管理者倾向于发放股利，而当股利溢价为负时，管理者倾向于不发放股利。

行为公司金融学理论是当前公司金融研究的热点问题，在这里我们仅给出了一个从迎合理论的视角解释股利政策变化的例子。对行为公司金融学理论有兴趣的同学可以参看舍夫林（2007）的《行为公司金融——创造价值的决策》。

第五节　股利政策的影响因素及类型

一、股利政策的影响因素

公司的股利政策通常需要与公司的融资政策、投资政策等内部因素和法律、契约等外部因素结合起来考虑。通常而言，影响一家公司的股利政策的因素如下。

（一）法律因素

由于股利分配涉及各方的利益，而负责确定分配方案的股东往往会更多地基于自身利益的考虑来确定股利分配方案，因此为确保各方的合法权益得到保障，各国的法律都会对股利政策作出相应的规定。《中华人民共和国公司法》（2018）规定，公司分配当年税后利润时，应当提取利润的百分之十列入公司法定公积金。公司法定公积金累计额为公司注册资本的百分之五十以上的，可以不再提取。公司的法定公积金不足以弥补以前年度亏损的，在依照前款规定提取法定公积金之前，应当先用当年利润弥补亏损。公司从税后利润中提取法定公积金后，经股东会或者股东大会决议，还可以从税后利润中提取任意公积金。公司弥补亏损和提取公积金后所余税后利润，有限责任公司依照本法第三十四条的规定分配；股份有限公司按照股东持有的股份比例分配，但股份有限公司章程规定不按持股比例分配的除外。股东会、股东大会或者董事会违反前款规定，在公司弥补亏损和提取法定公积金之前向股东分配利润的，股东必须将违反规定分配的利润退还公司。公司持有的本公司股份不得分配利润。

（二）契约因素

如前所述，由于股东和债权人之间的代理问题的存在，债权人往往会要求更高的回报率作为补偿，而股东为了降低债务资本成本，往往会选择通过债务的积极条款和消极条款来约束自身的行为，其中就会涉及对股利分配的限制。如这些债务合同往往会对每股股利的上限作出限制，也会对拟发放股利的公司的流动比率、速动比率和利息保障倍数等比率进行限制。而公司的股利政策都需要满足这些契约的要求。

（三）公司特征因素

1. 投资机会。公司股利政策在很大程度上取决于其投资机会。如果一个公司拥有较多的好的投资机会，那么它往往会选择低股利支付率的股利政策。很多公司在成长的初期往往选择低股利政策或者零股利政策。相反，如果一个公司的投资机会较少，那么它往往会选择高股利支付率的股利政策。

2. 盈余稳定性。公司的盈余稳定性是影响公司股利政策的另一重要因素。盈余稳定的公司由于有稳定的资金来源，因而有能力支付较高的股利水平。相反，盈余不稳定的公司采取低股利支付水平的股利政策将是合意的。

3. 筹资能力。公司的股利政策还会受到筹资能力的影响。筹资能力较弱的公司往往会选择低股利政策，原因是这类公司一旦遇到好的投资机会，就难以通过外部融资的方式募集所需资金。而筹资能力较强的公司则可以选择高股利政策，原因是即便这类公司有好的投资机会需要利用，也可以通过外部融资的方式募集所需资金。

（四）股东因素

股东可能出于控制权的考虑而降低股利水平。一旦公司发放了高额股利，就可能造成公司的资金短缺，这使得公司不得不借助于外部融资。而在债务能力受到限制的情况下，发行新股将导致原有股东控制权的稀释。股东的投资机会也会影响股利支付水平。当公司的投资机会较多，而股东的投资机会较少时，股东将倾向于低股利支付政策。税收政策是影响股利支付水平的又一因素。如果公司股东的边际税率较高，那么公司将倾向于选择低股利支付率政策；反之，将倾向于选择高股利支付率政策。

二、股利政策的类型

在企业的财务管理实践中，股利政策一般可分为四类：剩余股利政策、固定或稳定增长股利政策、固定股利支付率政策和正常股利加额外股利政策。

（一）剩余股利政策

所谓剩余股利政策，是指公司将满足其资金需求后的剩余利润用于股利的发放。一般而言，剩余股利政策可以划分为四步：首先确定公司的最优资本结构；其次确定公司下一年度需要的资金量；再次按照最优资本结构确定需要增加的股东权益额；最后将剩余的资金量用于发放现金股利。

【例 10－4】

剩余股利政策

假定 A 公司 2012 年度的净利润为 1 000 万元，2013 年度投资项目所需的资金为 800 万元，公司的目标资本结构为 50%，公司流通在外的股份数为 500 万股，公司实施的股利政策为剩余股利政策，求该公司当年的每股现金股利。

按照最优资本结构，净利润中应当用于投资的数额应当为 400 万元（800 × 50%）。因此按照剩余股利政策的要求，公司可用于发放的股利数额应当为：1 000万元 －400 万元 =600 万元。每股现金股利为 1.2 元/股（600 万元/500 万股）。

剩余股利政策既有优点，又有缺点。其优点是：公司可以以成本较低的内部资金为新项目筹资，并保持公司的最优资本结构。其缺点是：每次发放的股利会受到投资机会和盈利水平的影响，使得股利的波动性较大。

（二）固定或稳定增长股利政策

所谓固定或稳定增长股利政策，是指公司将每年发放的股利额定在某一特定的水平上，在一定时间之内，无论公司的盈利状况如何、投资需求如何，发放的股利额都保持不变。

【例 10－5】

固定或稳定增长股利政策

假定 B 公司流通在外的股份数为 500 万股，确定的股利支付水平为每年发放 500 万元。公司第一个至第五个会计年度的净利润分别为 1 000 万元、800 万元、700 万元、500 万元、400 万元。在这一假定下，公司在第一个至第四个会计年度的股利水平将为 1 元/股，而在第五个会计年度，如果公司之前年度有未使用的未分配利润（在资产项表现为现金），则可以使用这些未分配利润进行分配，以保持 1 元/股的股利水平；如果公司没有闲余资金，则要么通过外部融资的方式确保固定的股利水平，要么放弃这一固定股利政策。但放弃固定股利政策往往意味着股票价格的下跌。

稳定的股利政策有利于向外界传递公司经营稳定的信息，同时使投资者获得稳定的股利收入。但稳定的股利政策通常也存在一些缺陷，例如，当公司的经营出现短暂的困难时，实施稳定的股利政策可能会侵蚀公司的未分配利润，甚至要以发行新股的方式满足公司的股利发放需求，这势必将影响公司的正常运营。

（三）固定股利支付率政策

所谓固定股利支付率政策，是指公司从税后利润中提取某一固定比例的资金用于股利发放。固定股利支付率越高，留存比率就越低。

【例 10-6】

固定股利支付率政策

假定 C 公司流通在外的股份数为 500 万股，确定的股利支付率为 50%。公司在第一个至第五个会计年度的净利润分别为 1 000 万元、800 万元、700 万元、500 万元、400 万元。在这一假定下，公司第一个至第五个会计年度的股利支付水平将分别为 1 元/股、0.8 元/股、0.7 元/股、0.5 元/股、0.4 元/股。

固定股利支付率政策与公司的盈利能力紧密相连，不会出现像固定股利政策那样因净利润水平过低导致的不得不放弃已有股利政策的情况。但固定股利支付率政策会随着公司盈利状况的变化而变化，容易给投资者造成公司经营不稳定、投资风险过大的印象。此外，固定股利支付率政策还容易给公司造成较大的财务压力。

（四）正常股利加额外股利政策

所谓正常股利加额外股利政策，是指公司稳定地支付某一固定股利，当公司的净利润较多、资金较为充沛时，再在固定股利的基础上以额外股利的形式发放给股东。一般而言，固定股利的数额相对较低。这种股利政策介于固定股利政策和固定股利支付率政策之间。该政策的优点是赋予那些盈利波动较大的公司在股利分配时有较大的弹性。当盈利水平较低时，公司有能力以固定股利水平支付股利；当盈利水平较高时，公司可以将额外的资金以额外股利的形式发放给股东。不过，投资者通常习惯将某一年的额外股利当成是“正常股利”，从而使公司在不发放股利时被误认为公司财务状况已恶化。

不同的股利政策适用于不同的企业生命周期。在公司的创始阶段，适用的股利政策是剩余股利政策，原因是这时候公司的盈利很不稳定；在公司的快速发展阶段，适用的股利政策是正常股利加额外股利政策，原因是此时公司有盈利，但仍需要大量的额外投资；在公司稳定成长阶段，适用的股利政策是固定或稳定增长股利政策，原因是此时公司的业务增长较为稳定，盈利水平也呈现出稳中有升的态势；在公司的成熟阶段，适用的股利政策是固定股利支付率政策，原因是此时市场已趋于饱和，公司的盈利水平也趋于稳定；在公司的衰退阶段，适用的股利政策是剩余股利政策，原因是公司的获利能力已开始下降，不再使用其他的股利支付政策了。

【本章小结】

1. 股利可分为现金股利、股票股利、财产股利和负债股利，但最主要的股利形式是前两种。

2. 在股利的发放过程中，股利宣告日、股权登记日、除权除息日和股利发放日是四个重要的时点，其中除权除息日非常重要，原因是股票价格会在除权除息日下跌。

3. MM提出了股利政策无关论，该理论的核心观点是，在完美的情况下，选择不同的股利政策不会影响公司价值，原因是投资者可以无成本地“自制股利”。

4. 税收是影响股利政策的重要因素，当存在个人所得税时，由于股息的个人所得税税率高于资本利得的个人所得税税率时，发放现金股利会导致税收损失，因此公司倾向于减少现金股利的发放。但公司不应当通过发行新股的方式来发放股利，个人所得税也不足以使公司取消所有股利。此外，股票回购是一个规避个人所得税影响的手段。

5. 追随者效应理论认为，投资者会根据自己的偏好选择不同股利水平的股票，由于这种追随者效应的存在，使市场会出现一种动态均衡，没有公司能够通过改变股利政策来影响股票价格。这实际上也是另一种形式的股利政策无关论。

6. 还存在一些其他的股利政策理论。“在手之鸟”理论认为，投资者喜欢确定的现期股利，不喜欢不确定的未来股利，因而会对现期股利水平较高的股票估价较高。这一理论的错误在于认为现金流风险会随着股利政策的变化而变化。信号传递理论认为，股利水平是传递公司高质量的信号。高质量的公司能够选择高股利，原因是高质量的公司盈利水平较高，稳定性较好，而低质量公司则相反。代理成本理论认为，发放高额股利可以迫使管理者进行外部融资，而外部融资需要接受第三方审核，从而有利于降低管理者和股东之间的代理问题。相反，债权人不希望股东发放高额股利，因为低股利可以使公司尽可能多地保持现金，使公司在陷入财务困境时有足够的现金偿还债务，因而在贷款协议中往往会有约束股东选择股利政策的条款。行为公司金融学理论认为，由于心理和制度的因素，部分股票存在“股利溢价”，而公司为了迎合这些投资者，会在股利溢价为正时发放股利，而在股利溢价为负时不发放或少发放股利。

7. 影响股利政策的因素包括法律因素、契约因素、公司特征因素和股东因素。股利政策的类型包括剩余股利政策、固定或稳定增长股利政策、固定股利支付率政策和正常股利加额外股利政策。生命周期不同的企业适用不同的股利政策。

【重要概念】

股利　现金股利　股票股利　股利宣告日　股权登记日　除权除息日
股利政策无关论　税差效应理论　追随者效应理论　“在手之鸟”理论
信号传递理论　代理成本理论　股利迎合理论　剩余股利政策
固定或稳定增长股利政策　固定股利支付率政策
正常股利加额外股利政策

【扩展阅读】

请阅读以下案例分析和调查问卷研究结果，深入了解我国上市公司的股利政策动因、经济后果以及其中的影响机制。

1. 张阳. 控股股东利益导向与股利政策安排——基于用友软件“高派现”的案例分析［J］. 当代财经，2003（10）：54－57.

2. 陈信元，陈冬华，时旭．公司治理与现金股利：基于佛山照明的案例研究［J］．管理世界，2003（8）：118－126．

3. 李礼，王曼殊，齐寅峰．股利政策由谁决定及其选择动因——基于中国非国有上市公司的问卷调查分析［J］．金融研究，2006（1）：74－85．

4. 张光荣，曾勇．大股东的支撑行为与隧道行为——基于托普软件的案例研究［J］．管理世界，2006（8）：126－135．

【思考与练习】

1. 股利政策无关论成立的前提条件有哪些？

2. 税差理论的主要结论是什么？

3. 如果资本利得税高于红利税，那么公司通过发行新股的方式来发放股利具有合理性吗？

4. 股票回购会如何影响公司的资产负债率？它是剩余现金的一种用途吗？

5. 从追随者效应理论的角度来看，如果许多投资者喜欢高股利政策，那么公司可以通过提高股利支付率的方式使其股价上升吗？

6. “在手之鸟”理论具有理论上的合理性吗？为什么？

7. 现在观察到某公司在提高现金股利支付水平后股票价格上涨了，请使用已有的股利政策理论分析这一现象。

8. 现金股利为什么可以降低管理者和股东之间的代理问题？

9. 请分析股利迎合理论和追随者效应理论之间的区别。

10. 影响股利政策的因素有哪些？

11. 股利政策的类型有哪些？它们的优缺点有哪些？

12. 假定某公司宣告的股利政策为每 10 股送 3 股派 4 元，无资本利得税，红利税的税率为 20%。该公司在股利宣告日前一天的收盘价为 25 元/股。请问：如果股利的发放未传递任何与公司价值有关的信息，无新信息出现，市场是有效的，那么股票价格将变为多少？

13. 假定你拥有 100 股某公司的股票，该公司拟在一年后发放 40 元每股的现金股利，两年后发放 30 元每股的清算股利。该公司股票的必要报酬率为 10%。在不考虑所得税因素影响的情况下，该公司当前的股票价格应当为多少？如果你希望随后两年的股利水平相等，你应当如何自制股利？

14. 假定某公司的市值资产负债表如下表所示，其发行在外的股份为 10 000 股。公司已经宣告的股利政策是每股发放 2 元的现金股利，且在明天除息。假定不存在任何税收。

现金	40 000	股东权益	160 000
固定资产	120 000		
资产总额	160 000	负债与股东权益合计	160 000

（1）今天的股票价格会是多少？

（2）明天的股票价格会是多少？

（3）股利发放后，公司的资产负债表会如何变化？

（4）假定公司拟回购10 000元的股票，那么会有多少股票被回购？

（5）回购后的每股价格是多少？

（6）请比较现金股利和股票回购之间的异同。

15. 假定某公司遵循的股利政策是剩余股利政策，且该公司的目标资产负债率为50%。

（1）如果该公司今年的年度盈余是1 000 000元，那么在没有新增权益的基础上，公司最大的资本支出水平会是多少？

（2）如果该公司下一年度计划的资本支出水平是2 500 000元，那么公司会发放股利吗？如果会，会是多少？如果不会，为什么？

第十一章

企业价值评估

向文波是湖南三一重工的执行总裁，但在2006年，他获得了比三一重工掌门人梁稳根更高的曝光率，事件的起因是向文波在个人博客上质疑凯雷投资并购徐州工程机械集团有限公司的出价过低，从而引发了一场人们对国有资产流失和产业安全的大讨论。整个事件是这样的。

徐州工程机械集团有限公司（以下简称徐工集团）成立于1989年3月，是江苏省政府委托经营的国有独资企业，归口徐州市管理。自公司成立以来，徐工集团始终保持中国工程机械行业排头兵的地位。进入21世纪以来，徐工集团经营业绩出现下滑。为获得企业发展资金，解决员工安置等历史遗留问题，同时将股权分散化，进一步做大做强企业，徐工集团在2002年开始启动改制计划，并试图以徐工机械为集团改制的平台，通过引入战略投资者的方式完成改制重组。2004年，徐工集团对潜在投资者进行了第一轮淘汰，同时公布了六家入围者：美国卡特彼勒公司、华平创业投资有限公司、美国国际投资集团、摩根大通亚洲投资基金、凯雷亚洲投资公司（以下简称凯雷）和花旗亚太企业投资管理公司，最终在2005年敲定凯雷为其战略投资者。

事情似乎进展得非常顺利，然而就在徐工集团等待商务部最后批复的过程中，也就是在2006年6月6日，三一重工的执行总裁向文波在其个人博客上发表了题为《战略产业发展的主导权是国家主权》的文章，从而揭开了炮轰徐工集团廉价甩卖给外资凯雷的序幕。随后，在6月8日的题为《三亿美元，三一能否收购徐工?》的博文中，向文波质疑道："拥有强大品牌优势、主导产品市场占有率第一、年收入170亿元的徐工竟然以20亿元人民币出让。""全盘接受凯雷方案，并加价30%，也就是26亿元人民币，三一能否收购徐工?"6月14日的题为《徐工并购案中的价格欺骗》的博文更是直指并购案中存在价格欺骗，并明确质问"徐工管理层是否清楚地向员工和社会说明了收购价格、价格构成以及支付方式?"随后，也就是2006年7月17日至19日，商务部召集所有与此项并购有关的单位进行质询，同时也召集了向文波和三一重工的董事长梁稳根进京接受问询。最后，在2007年3月15日，凯雷和徐工签订了新的协议，收购比例降低至45%，剩余股权由徐州市国资委持有，单位价格也出现了大幅度上升。一时甚嚣尘上的凯雷徐工并购案也告一段落。

除产业安全外，向文波质疑凯雷徐工并购案的焦点就在于并购价格，尽管最终没能阻止凯雷和徐工的并购，但并购价格却得到了大幅度提升。同时，这一场论战还直接促成了商务部等六部委联合发布了《关于外国投资者并购境内企业的规定》（以下简称《规定》）。和2003年的《外国投资者并购境内企业暂行规定》相比，《规定》在第二章第十四条中明确规定："并购当事人应以资产评估机构对拟转让的股权价值或拟出售资产的评估结果作为确定交易价格的依据。并购当事人可以约定在中国境内依法设立的资产评估机构。资产评估应采用国际通行的评估方法。"而所谓的国际通行的评估方法就是本章介绍的企业价值评估方法。①

第一节　企业价值的评估方法

在前面的章节中，我们已经知道，企业价值最大化或股东财富最大化是当前普遍接受的财务管理目标。无论是企业的投资者还是管理者都需要对企业价值有充分的认识。在这一章中，我们将对企业价值的评估方法作全面的介绍。

企业价值的评估方法大致可以分为以下四类：

1. 贴现现金流量法。贴现现金流量法就是将资产产生的现金流进行贴现，得到的贴现值就作为资产的价值。对于企业价值评估而言，具体的方法可以分为三类：加权平均资本成本法（WACC）、调整净现值法（APV）和权益现金流方法（FTE）等。贴现现金流量法是实务中应用较多的方法，在企业的财务数据较为齐全时，可以应用该方法对企业价值进行全面的评估。但是，当信息披露不全面、资料搜集存在困难时，该方法的应用就受到一些局限。

2. 相对价值估价法。通过可比企业的价值来评估目标企业的价值。该方法认为，可比企业之间的某些比例关系是相同的，因而可以应用这些比例关系来估算企业的价值。相对价值模型包括市盈率模型（PE Ratio）、市净率模型（PB Ratio）和市价收入比模型（PR Rario）等，其中最具代表性的当属市盈率模型。该方法简便易行，但也存在一些缺陷，如它假设了短期的盈利数据可以用于反映长期的价值。

3. 会计估价法。会计估价法是以资产的账面价值为评估的起点，对企业价值进行评估的一种方法。常用的会计估价模型包括剩余收益模型（RIV）、非正常收入模型（AEG）和经济增加值模型（EVA）等。以剩余收益模型为例，该方法将股票价值与股东权益的账面价值和未来盈利联系在一起，从而确定了企业价值和会计账面价值之间的关系。会计估价法能够充分利用会计信息，但其结果的有效性高度依赖于会计信息的准确性。

4. 实物期权法。在当前的估价方法中还存在一种期权估价方法，该方法考虑了企业决策过程中的选择权的价值，即企业不是被动地接受既定方案，而是可以根据实际

---

① 资料来源：依照向文波的博客和新浪新闻整理。

情况，主动选择对自己有利的方案，这一方法叫作实物期权法。实物期权法能够考虑未来的选择权的价值，但实际操作起来较为困难，其中有些指标难以估计。

在第六章中，我们比较详细地介绍了实物期权在项目价值评估中的应用，因而在本章的后面部分，我们将重点介绍贴现现金流量法，同时也对相对价值法进行简要的介绍，并且将企业价值影响因素的变化纳入分析。

第二节 贴现现金流量法

一、贴现现金流量法的基本原理

贴现现金流量法是企业价值评估实践中运用最多的方法，其基本思想是：企业的价值应当是其未来预期现金流的贴现值，因此其价值可以由式（11－1）表示。

$$\text{企业价值} = \sum_{t=1}^{n} \frac{\text{现金流量}_t}{(1+\text{资本成本})^t} \tag{11－1}$$

从式（11－1）中可以看出，想要估算企业价值就需要估算现金流量、资本成本和现金流的持续年限。

估计对象不同会导致现金流量的表现形式不同。股票的现金流量是股利；债券的现金流量是本金和利息；企业的现金流量是自由现金流量。资本成本是在计算现值时所使用的折现率。依据投资学理论中的风险收益原理，资本成本必须与现金流量的风险相匹配。风险越大，折现率就应当越高。对于现金流的持续年限，就理论上而言，公司制企业是可以永续存在的，但在实际的估计过程中，我们不可能去估计非常久远的未来的现金流量和资本成本，因此往往会以某一个时点为界。在这一时点之前，我们需要估计各期的现金流量，在这一时点之后，我们仅需要估计一个总体价值。

估算企业价值的现金流量增长模型通常可分为永续增长模型、两阶段增长模型和三阶段增长模型。事实上，三阶段增长模型可以看成是两阶段增长模型的一个特例，因此，我们将仅介绍永续增长模型和两阶段增长模型。

所谓永续增长，是指假定企业的现金流量始终保持了一个长期、稳定的可持续的增长水平。永续增长模型就是在永续增长这一假设下，对企业的现金流量进行折现的价值评估模型。在永续增长的假定下，企业的现金流量增长率和时间之间的关系如图11－1所示。

在图11－1中，横轴表示时间，纵轴表示企业现金流量的增长率水平，从图11－1中可以看出，在永续增长模型的假定之下，企业现金流量的增长率水平不会随着时间的变化而变化，始终保持为 g 的水平。在永续增长的假定下，企业价值评估模型的计算公式为

$$V = \frac{CF_0(1+g)}{r_{WACC}-g} \tag{11－2}$$

式中，V 表示企业价值；CF_0 表示当期的企业现金流量；r_{WACC} 表示加权平均资本成本；g 表示现金流的增长率水平。

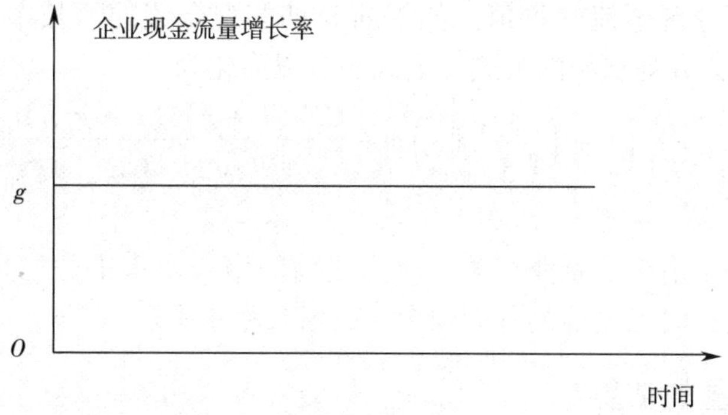

图 11-1　永续增长模型中企业现金流量增长率和时间之间的关系

所谓两阶段增长，是指假定企业的现金流量的增长率水平可划分为两个阶段，一个是不平稳增长的高增长率阶段；另一个是平稳增长的低增长率阶段。两阶段增长模型就是在两阶段增长这一假设下，对企业的现金流量进行折现的价值评估模型。在两阶段增长的假定之下，企业的现金流量增长率和时间之间的关系将如图 11-2 所示。

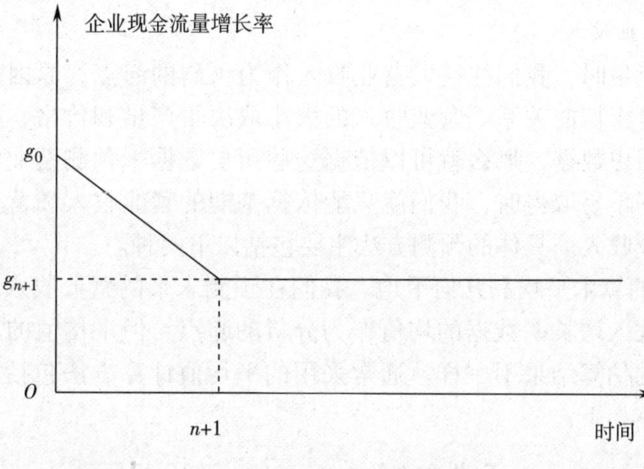

图 11-2　两阶段增长模型假定下企业现金流量增长率和时间之间的关系

在图 11-2 中，横轴表示时间，纵轴表示企业现金流量的增长率水平，从图 11-2 中可以看出，在两阶段增长的假定下，前 n 年的增长率水平分别为 g_1，g_2，…，g_n，而从第 $n+1$ 期开始，增长率水平就稳定在了 g_{n+1} 的水平之上。在两阶段增长的假定之下，企业价值评估模型的计算公式为

$$V=\frac{CF_0(1+g_1)}{(1+r_{WACC})}+\frac{CF_0(1+g_1)(1+g_2)}{(1+r_{WACC})^2}+\cdots+\frac{CF_0(1+g_1)\cdots(1+g_n)}{(1+r_{WACC})^n}$$
$$+\frac{CF_0(1+g_1)\cdots(1+g_{n+1})}{(r_{WACC}-g_{n+1})}/(1+r_{WACC}) \qquad (11-3)$$

式中，第一行表示的是前 n 期现金流的现值，第二行表示的是 $n+1$ 期之后的现金流的现值。由于 $n+1$ 期之后的现金流开始保持平稳增长，因此我们可以使用永续增长模型

的公式计算这一部分现金流的价值。如果前 n 期的现金流的增长率水平为某一常数，如 g，那么使用等比数列求和的公式，上式还可以简化为

$$V = \frac{CF_0(1+g)}{(r_{WACC}-g)}\left[1-\left(\frac{1+g}{1+r_{WACC}}\right)^n\right]+\frac{CF_0(1+g)^n(1+g_{n+1})}{r_{WACC}-g_{n+1}}(1+r_{WACC}) \tag{11-4}$$

在现实的经济生活中，企业在某一时点之前的增长率水平往往是不稳定的，因此通常需要估算在这一时点之前的各期现金流的增长率水平。

二、现金流量的估算

现金流量的估算是企业价值评估的重要环节。对于不同的估价方法，需要估算的现金流量是不同的。例如，加权平均资本成本法和调整净现值法需要估计的是无杠杆公司的企业现金流量，而权益现金流法需要估计的则是有杠杆公司的权益现金流量。由于有杠杆公司的权益现金流量只是在无杠杆公司的企业现金流量的基础上调整债权人的现金流量，所以我们将重点介绍企业现金流量的估算。企业现金流量的估算大致可以分为以下几步。

（一）预测营业收入

在预测现金流量时，我们往往以营业收入作为预测的起点，原因是企业的现金流量与营业收入具有密切的关系。营业收入的大小取决于产量和价格，如果我们可以获得产量和价格的历史数据，那么就可以依据这些历史数据来预测营业收入。而当产量和价格的历史数据不易取得时，我们就只能依据基期的营业收入和营业收入的增长率来预测未来的营业收入。具体的预测方法主要包括以下两种。

1. 历史数据的算术平均和几何平均。我们在预测未来的营业收入增长率时，往往会以历史的营业收入增长率数据的均值作为分析的起点。但平均值的计算方法不同会导致增长率数据的估算结果不一样。通常采用的平均值计算方法包括两种：算术平均和几何平均，具体如下：

$$\text{算术平均数} = \frac{1}{n}\sum_{t=-n}^{-1} g_t$$

$$\text{几何平均数} = \left(\frac{REV_0}{REV_{-n}}\right)^{\frac{1}{n}} - 1$$

式中，g 表示营业收入增长率；REV 表示营业收入。当营业收入的增长率变化不大时，两者的差异很小，而当营业收入的增长率变化较大时，两者的差异可能很大。当两者的差异较大时，几何平均数更能够反映真实的增长率水平。

2. 回归分析的方法。虽然几何平均能够避免在营业收入增长率变化很大时估计不准确的问题，但由于几何平均数仅利用了两个观测值的信息，因此对信息的利用并不完全。为了充分利用历史信息，我们可以采用回归分析的方法。回归分析的方法可以有两种因变量形式，一种是因变量为营业收入的水平变量形式，另一种是因变量为营业收入的自然对数形式，具体如下：

$$REV_t = \alpha + bt + \varepsilon_t \qquad \text{（水平变量形式）}$$

$$\ln(REV_t) = \alpha + bt + \varepsilon_t \qquad \text{（自然对数形式）}$$

通过因变量对自变量求偏导数，我们可以知道，当因变量为水平变量形式时，时间变量的系数表示的是每一时期营业收入的变化，而当因变量为自然对数形式时，时间变量的系数表示的是每一时期营业收入的变化率。

但是，无论是使用求平均数的方法还是使用回归分析的方法，我们都是使用历史数据来预测未来，用学术一点的话来讲，就是遵循了适应性预期的理论。显然，企业当前的情况和历史的情况会存在较大差异，如果仅仅使用历史信息进行预测会导致较大的预测偏差。因此，分析者在分析时还应当利用所有公开可得信息对依据历史数据估算出来的结果进行适当的调整，以更准确地预测未来的营业收入增长率。

【例 11 -1】

营业收入增长率的估算

假定某公司历年的营业收入数据如表 11 -1 所示，计算营业收入的增长率。

表 11 -1　　某公司历年的营业收入数据　　单位：万元,%

年份	营业收入	增长率
2008	20 154	—
2009	22 133	0. 098
2010	23 558	0. 064
2011	24 798	0. 053
2012	26 666	0. 075
2013	28 998	0. 087
2014	29 976	0. 034
2015	30 889	0. 030
2016	29 124	-0. 057
2017	29 155	0. 001
2018	30 338	0. 041
2019	31 286	0. 031
2020	32 446	0. 037

在计算营业收入的算术平均增长率水平时，首先需要计算出每年的增长率水平，即表 11 -1 的第 3 列，然后将各年的增长率水平相加再除以年份数，结果等于 0. 041。在计算营业收入的几何平均值时，我们仅需要用 2020 年的营业收入数据除以 2008 年的营业收入数据，开 12 次方，再减去 1 即可，结果等于 0. 040，要略小于算术平均值。

在使用回归分析方法时，如果我们使用水平变量的回归形式，那么系数 b 的估计结果为 914. 92，在 1% 的显著性水平上显著，这说明，平均而言，营业收入每年增长 914. 92 万元；如果我们使用自然对数变量的回归形式，那么系数 b 的估计结果为0.035，在1%的显著性水平上显著，这说明，平均而言，营业收入的年增长率水平为0.035。可见，回归分析的结果又不同于算术平均和几何平均计算得到的增长率水平。

（二）确定增长形式

企业的营业收入不可能始终以一个较高的增长率水平持续增长下去。根据企业的生命周期理论，企业的增长率往往会经历一个高速增长阶段和一个平稳增长阶段。企业高速增长阶段的期限越长，企业的价值往往越大。因此，确定企业高增长时期的长度是企业价值评估的关键之一。

在确定高增长率时期的长度方面并没有一个统一的分析框架，但在以下情况下，我们一般可以做较为准确的估计：第一，如果公司目前的增长率水平接近于稳定增长率水平，且公司没有形成高速增长预期的理由，那么我们可以认定公司已经进入了稳定增长阶段；第二，如果公司的增长率水平高于稳定增长率水平，且可以确定该高增长率是来自于公司某一受保护的产品或服务，那么我们可以认定该高增长率的期限和该产品或服务受保护的期限一样长。

然而，事情往往没有那么简单，我们需要估计的情形通常较为复杂。此时，我们需要作出如下假定：第一，公司收益的增长率相对稳定增长率而言越高，高增长的期限就越长，虽然这一期间的增长率可能会出现突然下跌；第二，公司的规模越大，高增长的期限就越短；第三，行业进入壁垒的强弱，包括法律机制（如专利）和市场机制（如商誉），都会影响到公司高增长时期的长短。通常而言，我们可以把高增长期限的长度作为目前增长率的一个函数并提供如下准则（达摩达兰，2012），具体可见表11－2。当然，具体的时间长度还应当根据实际情况作相应的调整。

表11－2　高增长期限的评估准则

目前增长率	高增长期限的长度
超过稳定增长率的幅度≤1%	无高增长时期
超过稳定增长率的幅度在1%～10%	5年
超过稳定增长率的幅度>10%	10年

这里还存在一个问题，即什么是稳定增长率水平？在稳定增长率水平下，各项效益的衡量指标都可以以相同的速度稳定增长。我们可以试想，如果一家公司的股利增长率长期大于公司的收益增长率，那么迟早有一天公司的股利水平会超过公司的收益水平，因而这一种状态往往是不稳定的。稳定增长率水平的一个合意选择是经济的长期增长率水平。我们同样可以试想，如果一个公司的收益水平的增长率长期大于经济的长期增长率水平，那么迟早有一天公司的规模会大于经济规模；同样的，如果一个公司的收益水平的增长率长期小于经济的长期增长率水平，那么迟早有一天该公司会被驱逐出行业，因此将稳定增长率水平定在经济的长期增长率水平之上是合意的。

尽管我们已经知道经济的长期增长率水平可以作为稳定增长率水平，也已经了解了高增长期限长度的评估准则，但表 11－2 中列示的高增长期限的评估准则仍然弹性过大，我们很难根据这一准则对高增长的期限作出一个确定性的判断。通常情况下，我们可以通过观察公司历年的增长率变化规律来判断公司的增长率水平经过多少年会降至稳定增长率水平，并通过和表 11－2 的准则对照来确定一个具体的高增长期限。

（三）预测现金流量

现金流量的预测是关键的一步，我们往往采用如下公式进行计算：

企业现金流量 = 经营性现金流量 − 资本支出 − 净营运资本的变化

经营性现金流量 = 息税前利润 − 所得税 + 折旧

息税前利润 = 营业收入 − 营业成本 − 折旧

在以上的公式中，有几点需要注意的地方。一是计算经营性现金流量中的息税前利润，准确来说应当是税前利润，原因是我们在计算现金流量时一般不考虑负债因素的影响，即不考虑利息因素的影响。也就是说，在计算现金流量时基于的是全权益假定。我们对债务因素的任何调整都是反映在折现率中，而不涉及现金流量。二是我们在计算息税前利润时是基于简化的利润分配表，而不是真实的利润分配表。在真实的利润分配表中，我们还需要考虑管理费用、销售费用和投资损益等科目的影响，但为了讲授方便，我们假定不存在这些因素的影响。在实际操作过程中，我们仅需要按照本章列示的方法考虑这些科目的影响即可。

在前面的部分中，我们仅对营业收入的估算过程进行了说明，但在实际的操作过程中，上述公式中的每一项都需要进行估计。对于营业成本而言，如果原材料的单价和需求量可以预测，那么就可以单独对营业成本进行估算，但更为常见的做法往往是假定营业成本是营业收入的某一比例。其他科目往往也被假定是营业收入的某一比例。

三、折现率的估算

在计算完现金流量之后，我们就需要开始计算折现率了。计算折现率的基本准则是：折现率应当是与分子中的现金流风险相匹配的折现率。如果分子中的现金流量是企业现金流量，那么折现率就应当选择加权平均资本成本（WACC）；如果分子中的现金流量是全权益公司的现金流量，那么就应当选择全权益公司的权益资本成本；如果分子中的现金流量是杠杆公司的权益现金流量，那么就应当选择杠杆公司的权益资本成本。由于在计算加权平均资本成本的过程中会涉及其他两类资本成本，因此我们将重点介绍加权平均资本成本的计算方法。

需要计算折现率的对象往往是非上市公司，因而通常没有可供参考的股价信息，这时候就需要利用可比公司的股价信息。所谓可比公司，是指与公司处于相同行业，且经营风险基本相同的公司。但由于可比公司的资本结构状况和拟估价公司的资本结构状况并不相同，因此计算拟估价公司的权益资本成本时还需要根据资本结构水平作相应的调整。具体过程如下。

第一步：计算可比公司的权益资本成本。

我们可以利用投资学中的资本资产定价模型来确定可比公司的权益资本成本 R_S，具体方程如式（11－5）所示。

$$R_S = R_F + \beta[E(R_M) - R_F] \quad (11-5)$$

式中，$E(R_M)$ 为市场的预期收益率，R_F为无风险利率。在估计出可比公司的 β 后，就可以计算出可比公司的权益资本成本。β 的计算方法可参考投资学的相关部分。

第二步：计算可比公司全权益融资时的资本成本。

我们可以根据第八章中有税情况下的 MM 定理的命题Ⅱ来计算可比公司全权益融资时的资本成本，具体方程如式（11－6）所示。

$$R_S = R_0 + (D/S)(1 - T_C)(R_0 - R_D) \quad (11-6)$$

式中，R_0即为可比公司全权益融资公司的资本成本，D 为债务水平，S 为权益水平，T_C为公司所得税税率，R_D为可比公司的债务资本成本。

第三步：计算拟估价公司的权益资本成本。

同样的，我们可以根据第八章中有税情况下的 MM 定理的命题Ⅱ来计算拟估价公司的权益资本成本，具体方程如式（11－7）所示。

$$R_S = R_0 + (D/S)(1 - T_C)(R_0 - R_D) \quad (11-7)$$

式中，R_0为可比公司全权益融资时的权益资本成本，D 为拟估价公司的债务水平，S 为拟估价公司的权益水平，T_C为公司所得税税率，R_D为拟估价公司的债务资本成本。

第四步：确定拟估价公司的加权平均资本成本。

在计算出拟估价公司的权益资本成本后，我们就可以使用式（11－8）来计算加权平均资本成本 R_{WACC}。

$$R_{WACC} = [S/(S+D)] \times R_S + [D/(S+D)] \times R_D \times (1 - T_C) \quad (11-8)$$

【例 11－2】

加权平均资本成本的计算

假定 A 公司拟进入建材行业，为该项目计划按照负债—权益比为 1/3 融资。在建材行业内一家 B 公司，该公司的负债—权益比为 2/3，该公司的权益 β 为 1.2，借款利率为 10%。A 公司在为该项目借款时的利率为 8%，公司的所得税税率均为 25%，市场风险溢价为 6%，无风险利率为 6%。请问，A 公司用于该建材行业项目的折现率应当为多少?

第一步：计算可比公司——B 公司的权益资本成本。根据资本资产定价模型，B 公司的权益资本成本应当为

$$E(R_{SB}) = R_F + \beta[E(R_M) - R_F] = 6\% + 1.2 \times 6\% = 0.132$$

式中，R_{SB}为 B 公司的权益资本成本，R_F为无风险利率水平，$E(R_M)$ 为市场的期望收益率。

第二步：计算 B 公司为全权益融资公司时的权益资本成本。根据有税情况下的 MM 定理的命题Ⅱ，则有

$$13.2\% = R_0 + (2/3) \times (1-0.25) \times (R_0 - 0.10)$$

式中，R_0为B公司为全权益融资公司时的权益资本成本，解该方程，可得R_0 = 0.1213。可见，全权益融资公司的权益资本成本要略小于有债务情况下的权益资本成本。

第三步：计算A公司的权益资本成本。根据有税情况下的MM定理的命题Ⅱ，则有

$$R_{SA} = 0.1213 + (1/3) \times (1-0.25) \times (0.1213 - 0.08) = 0.1316$$

可见，有负债情况下的权益资本成本要略大于全权益融资公司的权益资本成本。

第四步：计算A公司的加权平均资本成本。根据加权平均资本成本计算方法，则有

$$R_{WACC} = (1/4) \times 0.08 \times (1-0.25) + (3/4) \times 0.1316 = 0.1137$$

四、估价方法的选择：APV、FTE和WACC

多数情况下，企业的资金来源中会有一部分是负债。对于同一个项目，在一个全权益企业中可能是不可行的，而在一个杠杆企业中则可能是可行的，原因是债务往往能够降低企业的加权平均资本成本，从而使一部分项目的*NPV*由正变负。这就意味着杠杆企业的价值应当会高于无杠杆企业的价值。在本部分，我们将讨论杠杆企业的三种估价方法，并对其优劣和适用范围进行分析。为方便起见，在这部分的例子中，我们假定企业现金流量为永续现金流。

（一）调整的净现值法

调整的净现值法（APV）的基本思路是将公司的价值划分为两部分，一部分是全权益融资公司的价值，另一部是使用债务带来的价值，因此公司价值可表述为如下式子：

$$APV = NPV + NPVF$$

式中，*APV*为杠杆企业的价值，*NPV*为无杠杆企业的价值，*NPVF*为使用负债这种融资方式所带来的连带效应。总体而言，债务的这种连带效应可以归结为以下三个方面。

一是债务的税盾效应。在前面的章节中，我们已经指出，由于债务的利息是在税前抵扣的，所以会形成一笔永续的节税额，而这一节税额的价值为$T_C \times D$，其中T_C为公司所得税，D为公司的债务水平。

二是新债务的发行成本。企业在发行债务时是有成本的，在发行债券的过程中会有投资银行的参与，投资银行参与所引致的成本最终都会由债务发行人来承担，从而降低了公司的价值。

三是财务困境成本。在前面的章节中，我们已经认识到，使用债务不只带来债务

的税盾好处，还会带来财务困境成本，它既包括财务困境的直接成本，也包括财务困境的间接成本。

此外，在美国，由于地方政府发行债券的利息是免税的，这种利率的补贴也会影响公司的价值。在实际的操作过程中，债务的税盾效应是最大的，因此有时也会将其他的效应忽略掉。在仅考虑利息的税盾作用时，公司的价值可以写成

$$APV = NPV + T_C \times D$$

式中，NPV 是全权益公司的价值。

【例 11－3】

调整的净现值法的应用

假定已知某公司的信息如下：营业收入每年为 500 万元，永续年金；营业成本为营业收入的 60%；折旧每年为 50 万元；净营运资本增加额每年为 0；资本支出每年为 50 万元；所得税税率为 25%，全权益融资公司的资本成本 R_0 为 20%。计算该公司的价值。

该公司的现金流量如表 11－3 所示。

表 11－3　　某公司对应的无杠杆企业的现金流量　　单位：万元

营业收入	500
营业成本	500×60%＝300
折旧	50
营业利润	150
所得税	150×25%＝37.5
经营性现金流量	162.5
净营运资本的变化	0
资本支出	50
无杠杆企业的现金流量	112.5

由于无杠杆企业每期的现金流量均为 112.5 万元，因此无杠杆企业的公司价值为

$$NPV = 112.5/0.20 = 562.5(\text{万元})$$

假定该企业的融资来源中有 321.43 万元来自于负债，那么该公司的价值为多少？

依据调整的净现值法，我们有

$$APV = NPV + T_C \times D = 562.5 + 0.25 \times 321.43 = 642.86(\text{万元})$$

此时，公司的资产负债率为 50%。

（二）权益现金流量法

权益现金流量法（FTE）是只对杠杆企业中属于权益所有者的现金流进行折现，

折现率为权益资本成本，具体的计算过程如下。

第一步：计算有杠杆企业的权益现金流量。

全权益融资公司的现金流量和有杠杆企业的权益现金流量的主要差异在于税后利息的支付，也就是说：

$$LCF = UCF - (1 - T_C) \times r_D \times D$$

式中，LCF 为有杠杆企业的权益现金流量；UCF 为无杠杆企业的权益现金流量。

第二步：计算有杠杆企业的权益资本成本。

这一步的计算过程与折现率估算部分相同，我们先找到可比公司的权益资本成本，然后计算全权益公司的资本成本，再依据第八章中有税情况下的 MM 定理的命题Ⅱ来计算有杠杆企业的权益资本成本。

第三步：估价。

在现金流为永续现金流的假定下，有杠杆企业的权益现金流量的现值为：LCF/r_S。

【例 11－4】

权益现金流量法的应用

假定所有信息与【例 11－3】相同，使用权益现金流量法计算该公司的价值。

第一步：计算有杠杆公司的权益现金流量 LCF。在表 11－4 中，有杠杆公司和无杠杆公司的权益现金流量之差等于税后的利息支付，因此有杠杆公司的权益现金流量等于 112.5－（1－0.25）×32.14＝88.39（万元）。

表 11－4　某公司对应的权益现金流量　　单位：万元

营业收入	500
营业成本	500×60%＝300
折旧	50
息税前利润	150
利息（假定贷款利率为 10%）	321.43×0.10＝32.14
税前息后利润	117.86
所得税	117.86×0.25＝29.47
净营运资本的变化	0
资本支出	50
有杠杆公司的权益现金流量	88.39

第二步：计算有杠杆公司的权益资本成本。根据有税情况下的 MM 定理的命题Ⅱ，假定公司的目标资产负债率为 50%，我们有

$$R_S = R_0 + (D/S)(1 - T_C)(R_0 - R_D)$$

$$= 20\% + (1/1) \times (1 - 0.25) \times (20\% - 10\%) = 0.275$$

第三步：估价。有杠杆公司权益现金流量 LCF 的现值为

88.39/0.275＝321.42（万元）

因此，公司的价值为321.42+321.43=642.85（万元），与使用调整的净现值法得到的结论是相同的（小数位差异因四舍五入而产生）。此时，公司的资产负债率为50%。

（三）加权平均资本成本法

在前面讲授现金流量的估计部分，我们已经说明，在估算项目价值或企业价值时，我们往往将债务的影响放在折现率部分，即在计算企业的现金流量时不考虑债务因素的影响。也就是说，现金流使用的是全权益融资的公司的现金流量，而资本成本则使用考虑了债务的税盾因素之后的加权平均资本成本，这种企业估价方法被称为加权平均资本成本法（WACC）。加权平均资本成本为

$$R_{WACC} = [S/(S+D)] \times R_S + [D/(S+D)] \times R_D \times (1-T_C)$$

在现金流为永续现金流的假定下，企业的价值为

$$UCF/R_{WACC}$$

【例11-5】

加权平均资本成本法的应用

假定所有信息与【例11-3】相同，且假定该公司的目标资产负债率为50%，请使用加权平均资本成本法计算该公司的价值。

第一步： 计算有杠杆公司的权益的价值。根据有税情况下的MM定理的命题Ⅱ，有

$$R_S = R_0 + (D/S)(1-T_C)(R_0-R_D)$$
$$= 20\% + (1/1) \times (1-0.25) \times (20\%-10\%) = 27.5\%$$

第二步： 计算加权平均资本成本。根据加权平均资本成本的计算公式，有

$$R_{WACC} = (1/2) \times 27.5\% + (1/2) \times 10\% \times (1-0.25) = 17.5\%$$

第三步： 计算公司价值。根据加权平均资本成本法的计算公式，有

$$112.5/0.175 = 642.86(\text{万元})$$

因此，公司的价值为642.86万元，与APV法和LTE法得到的结论基本相同。

需要注意的是：APV法和WACC法计算的是整个公司的价值，而FTE法计算的是权益的价值，因此想要比较三者价值的大小，还需要在APV法和WACC法计算的整个公司的价值基础上扣除负债的价值。

（四）APV法、FTE法和WACC法的比较

从上面的例子中可以看出，这三者在应用上存在较大的差别。APV法是先对无杠杆企业的现金流使用无杠杆企业的折现率进行折现，得到无杠杆企业的价值，然后再加上负债的连带效应；FTE法是对有杠杆企业中的属于权益部分的现金流使用有杠杆企业权益的折现率进行折现，得到权益的市场价值，再加上负债的价值，从而得到企

业的总价值；WACC 法是对无杠杆企业的现金流使用加权平均资本成本进行折现，从而得到企业的总价值。但显然，这三种价值评估方法得到的结论基本是一致的，问题是，为什么这三种不同的方法能得到相同的结论呢？

在 APV 法和 WACC 法方面，两者都使用了无杠杆企业的现金流量。APV 法使用的折现率是无杠杆企业的折现率，而将债务因素的影响放到了负债的连带效应上；WACC 法使用的折现率是杠杆企业的加权平均资本成本，即将债务因素的影响反映在了折现率上。尽管我们没有提供严格的证明，但两者的结论是一样的。

在 FTE 方面，这一方法看起来和其他二者之间有较大的差别。虽然我们使用的折现率是权益的折现率，但我们使用的现金流也仅仅是流向了权益投资者的现金流，因而可以计算得到权益的价值。需要注意的是，这里得到的仅是权益的价值，而不是整个公司的价值，整个公司的价值还需要在权益价值的基础上加上债务的价值。

虽然三者在评估企业价值时得到的结论基本是一样的，但在应用的过程中，在有些情况下适宜采用某一种方法，而在另外一些情况下则适宜采用另外的方法。从前面的例子中可以看出，在使用 APV 法时，我们仅需要知道负债的水平，就可以计算负债在每期形成的节税额；在使用 WACC 法和 FTE 法时，我们仅需要知道负债—权益比，即仅需要知道资本结构水平。因此，如果企业有明确的资产负债率目标，那么就应当采用 WACC 法和 FTE 法；如果企业的负债水平是明确可知的，那么就应当采用 APV 法。

我们在前面讨论项目价值评估时，仅仅考虑了全权益融资公司的资本预算方法，而本章的价值评估方法则可以用来讨论有杠杆企业的资本预算问题。

五、贴现现金流量法示例

在这一部分，我们将给出一个较为贴近实际的例子以说明贴现现金流量法的运用方法。在三种方法中，我们重点介绍 WACC 法，其他种方法的计算与这种类似，在此就不做重点介绍了。

【例 11－6】

贴现现金流量法的应用

假定公司 C 试图并购公司 D，需要知道公司 D 的真实价值，因而需要对公司 D 的价值作出评估。假定公司 D 历年的相关数据已经获知，请运用贴现现金流量法评估公司 D 的价值。

第一步：预测营业收入的增长率和高速增长期。

假定公司 2015—2022 年的营业收入如表 11－5 所示。

表 11－5　　2015—2022 年 D 公司的营业收入数据　　单位：千万元

年份	2015	2016	2017	2018	2019	2020	2021	2022
营业收入	44.3	50.2	56.3	60.0	67.2	72.8	80.2	87.9

通过将营业收入的自然对数对时间t进行回归的方法，我们可以得到回归的系数为0.096，在1%的显著性水平上显著。经过分析，我们认为，2023年仍将能保持9.6%的增长率水平。假定根据测算，我国经济的潜在增长率水平为6%，要比当前公司的营业收入增长率水平低3.6%。依据表11－2的准则，再结合公司D所处行业的竞争程度逐渐加剧的现实，我们认为，公司D的营业收入增长率的水平将从2023年开始每年下降0.6个百分点，直至经济的潜在增长率水平为6%。2030年以后，公司D的营业收入增长率将稳定在6%的水平上。因此，我们预计公司D的营业收入的增长率水平将如表11－6所示。

表11－6　　预计的D公司2023—2030年的营业收入增长率　　单位：%

年份	2023	2024	2025	2026	2027	2028	2029	2030
预测的营业收入增长率	9.6	9	8.4	7.8	7.2	6.6	6	6

第二步：预计利润表和资产负债表。

由于利润表中的一些项目会反映到资产负债表中，因此往往需要同时编制这两张报表。在编制利润表时，我们通常假定利润表的各个项目和营业收入之间呈现出某一稳定的比例关系，进而依据这一关系来确定利润表的各个项目。在这里，为简化起见，我们仅基于简化的利润表，而不是真实的利润表进行分析。D公司的利润表和资产负债表中各项目和营业收入之间的比例关系如表11－7所示。

表11－7　　预计的D公司2023—2030年利润表和资产负债表中各项目和营业收入之间的比例关系　　单位：%

年份	2023	2024	2025	2026	2027	2028	2029	2030
预测假设								
营业成本/营业收入	80	80	80	80	80	80	80	80
折旧/营业收入	1	1	1	1	1	1	1	1
债务利率	10	10	10	10	10	10	10	10
所得税税率	25	25	25	25	25	25	25	25
公司的目标资产负债率	50	50	50	50	50	50	50	50
流动资产/营业收入	40	40	40	40	40	40	40	40
固定资产净额/营业收入	80	80	80	80	80	80	80	80
流动负债/营业收入	30	30	30	30	30	30	30	30

在预计利润表时，我们仅需要预计变形后的利润表，即不考虑负债因素影响的利润表。[①] 在这里，我们往往假设营业成本和折旧为营业收入的某一比例。在预计资产负债表时，我们仅需要预计资产负债表中的流动资产项、固定资产净额项、流动性负债项。[②] 同样的，在这里，我们往往假定这三个会计科目也和营业收入之间保持某一比例关系。根据表 11 - 7，预计的对应的全权益融资公司的利润简表将如表 11 - 8 所示。

表 11 - 8　预计的 D 公司 2023—2030 年对应的全权益融资公司的利润简表

单位：千万元

年份	2023	2024	2025	2026	2027	2028	2029	2030
营业收入	96.34	105.00	113.83	122.71	131.54	140.23	148.64	157.56
营业成本	77.07	84.00	91.06	98.17	105.23	112.18	118.91	126.05
折旧	0.96	1.05	1.14	1.23	1.32	1.40	1.49	1.58
息税前利润	18.30	19.95	21.63	23.31	24.99	26.64	28.24	29.94
所得税	4.58	4.99	5.41	5.83	6.25	6.66	7.06	7.48
净利润	13.73	14.96	16.22	17.49	18.74	19.98	21.18	22.45

为考虑资本支出和净营运资本的变动，我们还需要对部分资产负债表的项目进行预测，其中最为关键的科目有流动资产、流动负债和固定资产净额等。通常情况下，这三个科目和营业收入之间也保持着一定的比例关系。依据表 11 - 7 的假定，我们可以得到预测的简易资产负债表如表 11 - 9 所示。

表 11 - 9　预计的 D 公司 2023—2030 年简易资产负债表　单位：千万元

年份	2023	2024	2025	2026	2027	2028	2029	2030
流动资产	38.54	42.00	45.53	49.08	52.62	56.09	59.46	63.02
固定资产净额	77.07	84.00	91.06	98.17	105.23	112.18	118.91	126.05
流动负债	28.90	31.50	34.15	36.81	39.46	42.07	44.59	47.27

第三步：预测现金流量表。

在预测了对应的全权益融资公司的利润表和简易资产负债表之后，我们可以开始编制预测的现金流量表了，具体如表 11 - 10 所示。

① 注意：在这里，我们假定公司可以无成本地调节自身的资产负债结构，即发行和回购权益或债务都是无成本的，因而无须考虑利润对所有者权益的影响，进而无须考虑是否需要发行和回购权益或债务的问题。如果我们考虑发行和回购权益或债务的成本，那么问题将变得更加复杂，但基本原理仍然是相同的。

② 在这里，我们假定不存在固定资产减值损失，即固定资产净值和固定资产净额是相等的。

表 11-10　　预计的 D 公司 2023—2030 年现金流量表　　单位：千万元

年份	2023	2024	2025	2026	2027	2028	2029	2030
净利润	13.73	14.96	16.22	17.49	18.74	19.98	21.18	22.45
+折旧	0.96	1.05	1.14	1.23	1.32	1.40	1.49	1.58
=经营性现金流量	14.69	16.01	17.36	18.72	20.06	21.38	22.67	24.03
-净营运资本的增加额①	9.64	10.5	11.38	12.27	13.16	14.02	14.87	15.75
-资本支出②	7.71	7.98	8.2	8.34	8.38	8.35	8.22	8.72
企业现金流量	6.13	7.17	8.27	9.49	10.80	12.16	13.61	14.42

注：①净营运资本=流动资产-流动负债；②固定资产净额=固定资产原值-固定资产累积折旧-固定资产减值损失，在不存在固定资产减值损失时，前一期固定资产净额-前一期固定资产折旧+资本支出=当期固定资产净额，因此有：资本支出=当期固定资产净额-前一期固定资产净额+折旧。

根据前述计算企业现金流量的公式有：企业现金流量=息税前利润-所得税+折旧-净营运资本增加额-资本支出，可以算得各期的企业现金流量为表 11-10 中的结果。由于从 2030 年开始，公司开始进入稳定增长阶段，营业收入的增长率稳定在 6% 的水平，因此企业的现金流量也会按照 6% 的增长率水平增长。

第四步：计算资本成本。

在这里，我们假定公司债务的资本成本为 8%（为简化起见，我们假定短期债务和长期债务的资本成本相同），且与公司 D 的行业相同的公司 E 的权益 β 为 1.5，无风险利率为 5%，市场的风险溢价为 8%，资产负债率为 1/3，债务资本成本为 6%，公司的所得税税率为 25%。

结合以上条件，依据资本资产定价模型，可知公司 E 的权益资本成本为：$0.05+1.5\times0.08=0.17$。依据有税情况下的 MM 定理的命题Ⅱ，可得

$$0.17 = R_0 + (1/2)\times(1-0.25)\times(R_0-0.06)$$

解之得，$R_0=0.14$，其中 R_0 为全权益融资公司的权益资本成本。

再依据有税情况下的 MM 定理的命题Ⅱ，可得 D 公司的权益资本成本 R_S 为

$$R_S = 0.14 + (1/1)\times(1-0.25)\times(0.14-0.08) = 0.185$$

此时，依据加权平均资本成本的计算公式，可得 D 公司的权益资本成本 R_{WACC} 为

$$R_{WACC} = 0.185\times(1/2) + 0.08\times(1/2)\times(1-0.25) = 0.1225$$

第五步：计算企业价值。

此时，我们已经计算出了各期的现金流，也计算出了加权平均资本成本，可以开始计算企业价值了。2023—2029 年各期的现金流为不平稳增长的现金流，因此需要单独计算，而从 2030 年开始，公司的现金流以 6% 的速度平稳增长，因此可以使用永续年金的计算公式进行计算。因此，2023—2029 年各年的现金流的现值如表 11-11 所示。

表 11-11　预计的 D 公司 2023—2029 年现金流量的现值

年份	2023	2024	2025	2026	2027	2028	2029
企业现金流量	6.13	7.17	8.27	9.49	10.80	12.16	13.61
现金流量的现值	5.46	5.69	5.85	5.98	6.06	6.08	6.062

2030 年之后的各期现金流量的价值之和为

$$14.42/(0.1225-0.06)/(1+0.1225)^{8}=91.56$$

因此，公司的总价值为 132.75，即各期的现金流的现值之和。

第三节　相对估价法

贴现现金流量方法已成为一种被普遍接受的企业价值评估方法。然而，该方法估计结论的准确与否依赖于其所依据的参数的准确性。在估计的过程中，营业收入增长率和加权平均资本成本估计的准确与否将严重影响估计结果的准确性。在实际应用过程中，该方法还会遇到一些操作上的问题。因此我们还需要使用一些其他的方法来印证该方法所得结论的准确性。在这一节中，我们将介绍另一种被广泛应用的企业价值评估方法——相对估价法。

相对估价法的思想非常简单，它认为企业的价值会受某一关键变量的影响，市场价值和该关键变量的比值在同行业的各企业间是相似的。其基本思路如下：首先确定关键变量；其次计算可比企业的市场价值和该变量的比值；再次预测拟估价企业该关键变量的数值；最后使用可比企业的比值乘以预测的该关键变量的数值，计算得到企业价值。

一、市盈率模型与企业价值倍数模型

（一）市盈率模型

在相对估价法中，一个广泛使用的估价模型是市盈率模型。其中，市盈率等于每股市价除以每股盈余。市盈率模型认为，同行业内的不同企业之间的市盈率是相似的。因此可以使用以下公式计算拟估价公司的价值。

目标企业的每股价值 = 可比企业的平均市盈率 × 目标企业的每股市盈率

【例 11-7】

市盈率模型的应用

假定我们试图使用市盈率模型对某行业内的 A 公司进行估价，公司 A 当前的每股盈余为 0.35 元，行业内其他公司的市盈率如表 11-12 所示，请估计公司 A 的股权价值。

表 11－12　　A 公司所处行业内的其他公司的市盈率水平

公司	B	C	D	E	F
市盈率	23	25	22	18	16

通过计算，这五家公司的平均市盈率为 20.8，因此根据市盈率模型，可知 A 公司每股股权的价值约为 $20.8\times0.35=7.28$（元/股）。

表面看来，市盈率模型简单易用，但在应用过程中会存在这样和那样的问题。我们可以通过以下模型来分析市盈率模型在应用过程中应当注意的问题。在贴现现金流模型中，我们有两种方法用于评估企业价值，一是股利折现模型，二是企业现金流折现模型。在分析市盈率模型的问题时，使用股利折现模型会更加方便。假定公司的股利处于稳定增长的状态，那么公司的股权价值将为

$$P=DIV_1/(R_S-g)$$

式中，P 为股权价值；DIV_1 为下一期的股利；R_S 为股权资本成本；g 为股利增长率。由于 $DIV_1=E_0\times(1+g)\times PR$，其中 E_0 为当期的每股盈余，PR 为股利支付率。因此有

$$P=E_0\times(1+g)\times PR/(R_S-g)$$

整理可得

$$P/E_0=(1+g)\times PR/(R_S-g)$$

由此可见，市盈率会受到增长率、股利支付率和权益资本成本的影响。然而，在应用过程中，我们在多数情况下都没有考虑到这三者对市盈率模型应用合理性的影响。股利支付率依赖于企业的股利政策，而权益资本成本依赖于企业的资本结构水平。因此，在应用市盈率模型时，除了要考虑增长率因素的影响外，还需要考虑股利政策和资本结构水平的影响。

（二）企业价值倍数模型

为排除股利支付率和权益资本成本的影响，我们更倾向于使用企业价值倍数模型，即使用公司价值和 EBIT 之比作为可比比例。假定公司的营业收入处于稳定增长的状态，那么根据企业现金流折现模型，公司价值应当为

$$V=CF_1/(R_{WACC}-g)=CF_0\times(1+g)/(R_{WACC}-g)$$

式中，V 为公司价值；CF 为企业现金流量；R_{WACC} 为加权平均资本成本。又由于 $CF=EBIT(1-T)+D-\Delta NOC-CI$，其中 $EIBT$ 为息税前利润，D 为折旧，ΔNOC 为净营运资本的变动，CI 为资本支出。在不存在资本减值损失的情况下，$CI=\Delta NFA+D$，其中 ΔNFA 为固定资产净额的变动。假定净营运资本占 $EBIT$ 的比重为 w_1，固定资产净额占 $EBIT$ 的比重为 w_2，那么有

$$V/EBIT=[(1-T)-g\times(w_1+w_2)]\times(1+g)/(R_{WACC}-g)$$

通常情况下，由于行业特性较为相同，因此同行业公司的净营运资本和固定资产净额占 EBIT 的比重较为接近；由于经营风险较为接近，R_{WACC} 也较为接近；处于同一行

业中的企业面对的税收政策也基本相同，因此，我们在选择可比公司时只需要考虑增长率因素的影响。由此可见，企业价值倍数模型在某种程度上要优于市盈率模型。

二、市净率模型

在相对估价法中，另一种被广泛使用的模型是市净率模型。其中市净率等于每股市价除以每股净资产。市净率模型认为，同行业内的不同企业之间的市净率是相似的。因此可以使用以下公式计算拟估价公司的价值：

目标企业的每股价值 = 可比企业的平均市净率 × 目标企业的每股市净率

与市盈率模型相同，市净率模型也存在着类似的问题。同样的，我们也可以使用股利折现模型来分析市净率模型在应用过程中应当注意的问题。假定公司的股利处于稳定增长的状态，那么公司的股权价值为

$$P = E_0 \times (1 + g) \times PR/(R_S - g)$$

在方程两边同时除以每股净资产 B，则有

$$P/B = (E_0/B) \times (1 + g) \times PR/(R_S - g)$$

式中，E_0/B 等于股东权益收益率。可见，市净率会受到股东权益收益率、增长率、股利支付率和权益资本成本的影响。同样的，股利支付率会受到股利政策的影响，股东权益回报率和权益资本成本会受到资本结构因素的影响。因此，在应用市净率的过程中不仅要考虑增长率因素的影响，还应当考虑股利政策和资本结构政策的影响，以使得市净率模型的应用更加合理。

第四节 蒙特卡洛模拟

基于贴现现金流量法（DCF）的企业价值分析方法没有考虑不确定性因素的影响。现实生活中，风险可能会受到很多因素的共同影响，且引发的结果可能有数百个。模拟法被广泛使用于针对多个变量的持续性风险研究。需要注意的是，虽然模拟法对影响因素的数量不设限制，但是在实际的企业估值中，研究者会首先筛选变量。这样做的原因如下：其一，过多的变量不仅在估计中耗费时间，而且结果复杂，可能无法提供或者解读出有价值的结果；其二，因素的影响力有强弱之分，因而舍弃影响力较弱的变量有利于研究者将关注点集中于那些对企业价值有重大影响的变量。

在经典的模拟估值方法中（如蒙特卡洛模拟），研究者将首先估计出重要变量的价值分布区间，同时还需要检验变量之间的相关性；然后运行模拟，在每次模拟中，研究者根据每个分布区间得到的一个结果，生成唯一一组现金流和估值结果；最后多次重复模拟的过程，研究者可以推导出投资或资产价值分布区间，以反映在估计企业价值时所面临的潜在不确定性。

一、蒙特卡洛模拟的含义和步骤

蒙特卡洛模拟（Monte Carlo Simulation）是考虑所有可能变动组合的一种工具，它

是一种有效的统计实验计算法。这种方法的基本思想是人为地造出一种概率模型，使它的某些参数恰好重合于所需计算的量；通过实验，用统计方法求出这些参数的估值；把这些估值作为要求的量的近似值。从理论上来说，蒙特卡洛模拟需要大量的实验，实验次数越多，得到的结果越精确。

根据阿斯沃思·达摩达兰的《估值》所述，蒙特卡洛模拟的一般步骤描述如下：

（1）确定按“概率”分布的变量。

（2）确定这些变量的概率分布区间。

（3）检验变量间的相关性。

（4）运行模拟。

在以上四个步骤中，确定变量的概率分布区间是模拟分析的关键，也是分析的难点，主要采用的方法有三种：历史数据、横截面数据、统计分布和参数。第一，历史数据方法要求该变量具有较长的历史且历史数据较为可靠，其隐含的假设是：市场上不存在任何会导致历史数据不可靠的结构性变化。第二，横截面数据通过寻找与被投资企业相似的现有企业，以可比企业特定变量的分布来替代被投资企业相关变量的分布，其隐含假设是：相似投资企业的某一特定变量的基本分布相同。第三，如果前两个方法不能提供可靠的估计，研究中则不得不自己判断并输入变量波动规律的统计分布（如均匀分布、正态分布等），并估计该分布的各项参数（如最大值、最小值、期望、方差等）。值得注意的是，检验变量间的相关性是常被忽略但却非常重要的一步，因为如果两个关键的参数高度相关，为了提高估值的精确度，研究者需要决定是简单地二者选其一，还是使用复杂的软件包将相关性明确纳入模拟之中。

在运行模拟的步骤中需要特别注意，并非模拟次数越多结果越好，因为每次模拟对最终结果的边际贡献会不断下降。合理的模拟次数取决于以下三个因素：概率型输入变量的数量、概率分布特征，以及结果的分布范围。具体来说，首先，模拟次数与概率型输入变量的数量成正比。其次，模拟次数与概率分布的多样化程度成正比。最后，模拟次数与每个输入变量的潜在结果分布范围成正比。

二、蒙特卡洛模拟在企业价值评估中的应用

数字世界正在成为物理世界的“镜像”，GDUF 公司准备实施一个长期的权益投资项目，该项目希望通过对互联网科技公司进行权益投资以分享数字世界的发展红利。我们以一家虚拟的名为“海豚”的公司为例进行企业价值分析。

海豚公司是一家于 20 世纪 90 年代成立的互联网科技公司，致力于用创新的产品和服务提升全球各地人们的生活品质。迄今为止，海豚的通信和社交服务连接全球逾 10 亿用户，帮助他们与亲友联系，畅享便捷的出行、支付和娱乐生活。而且，海豚公司发行多款风靡全球的电子游戏及其他优质数字内容，为全球用户带来丰富的互动娱乐体验。此外，海豚公司为企业提供云计算、广告、金融科技等一系列服务，支持企业用户实现数字化转型，进而促进企业发展。总之，海豚公司扎根于数字互联网领域，

依托其自身技术和龙头优势，积极探索未知的数字世界的可能性。

海豚公司于21世纪初在香港联交所上市，截至2021年12月1日，海豚公司每股价格为462.600港元，流通总股本约为9.604亿股，总市值达到约4.44千亿港元。下面我们将使用蒙特卡洛模拟方法估算海豚公司的每股价值，并与当前的市场价值对比，以便指导投资决策。每股价值的估算公式为

$$每股价值 = \frac{股权价值}{实际流通股数量}$$

$$股权价值 = 高速增长期股权现金流的现值 + 股权终值的现值$$

股权价值的估计分为三个步骤：高速增长的时间、高速增长期股权现金流的现值和股权终值的现值。首先，根据海豚公司公布的2021年中期报告和近期的相关新闻，我们可以预测其将以增强现实（Augmented Reality，AR）、云基础设施、PaaS及SaaS等技术为切入点，打开通往数字虚拟空间的未来世界大门。同时回顾互联网的发展历程，大致10年为一个时代，未来的10年是万物互联的数字物联网时代，如果公司不能在前半场领跑，那么大概率会在后半场被淘汰。所以，我们假设公司将在未来5年保持高速增长，之后处于稳定增长阶段。

高速增长期的现金流的现值估计需要三个重要变量的估计值和概率分布：现金流、折现率和增长率。需要四个重要变量的估计值和概率分布：现金流、折现率、增长率和终值。由于在该实例中，我们从投资者的角度衡量海豚公司的股权投资价值，所以我们估计现金流和折现率都是只针对股东而言，即分别为股权自由现金流和股权资本成本。

（一）股权自由现金流

投资者购买上市公司股票获得收益的途径主要由股息和资本利得两部分组成，而股票的预期价格则取决于未来的股息现值。但是，很多成长型企业，如海豚公司，很少派发股息，也许会不定期地通过股票回购向股东返还现金。所以，我们根据股权自由现金流（FCFE）关注潜在股息。根据上市公司财务年报和股权自由现金流公式，可得海豚公司的股权自由现金流，如表11-13所示。

$$FCFE = 净利润 - 再投资需求 - 偿债现金流$$

$$再投资需求 = 资本支出 - 折旧 + 非现金运营资本的变动额$$

$$偿债现金流 = 本金支付额 - 新发行的债务$$

表11-13　　海豚公司股权自由现金流　　单位：10亿元

年份	2006	2007	2008	2009	2010	2011	2012	2013
股权自由现金流	1.24	0.87	0.72	1.40	5.31	6.29	10.78	16.46
年份	2014	2015	2016	2017	2018	2019	2020	2021
股权自由现金流	30.50	23.18	36.21	58.37	-4.56	27.54	72.13	59.57

表 11－13 展示了海豚公司在 2006—2021 年的历史股权自由现金流，其中在 2018 年的 FCFE 是负值，原因在于再投资对现金流的需求超过了净利润。该情况在成长型企业中很普遍，尤其是对于处于企业生命周期早期的成长型企业。而且，再投资过程具有一定的连贯性，公司可能在某些年份大量投资长短期资产，而在其他年份却不做任何投资，进而导致股权自由现金流在大规模再投资年份中为负值，而在其他年份则为正值。我们使用历史数据估算未来五年自由现金流的变化，即假设股权自由现金流 FCFE 服从期望值为 21.62、标准差为 23.31 的正态分布。

（二）股权资本成本

关于资本成本估算的常用方法和细节性内容可参考第七章的内容，这里我们直接给出股权成本的计算公式。股权成本是指股东要求的回报率，最常用到的估计模型为 CAPM 模型，其公式为

$$预期收益率 = 无风险利率 + \beta \times 股权风险溢价$$

其中，无风险利率参考 2021 年 12 月的 10 年期国债收益率 2.87%。选择国债和 10 年期限可以尽可能满足无风险利率的两个条件：一是不存在违约风险；二是不存在再投资风险。[①]

投资的 β 系数依靠技术和历史数据，使用 2011 年 10 月 3 日至 2021 年 12 月 2 日海豚公司历史收益率与恒生市场指数的日数据进行回归，考虑到估计的 β 系数可能存在偏差，我们随机选取多个时间段作为子样本进行回归，得到 β 的均值为 1.47，标准差为 0.07，并且假设 β 服从正态分布。

我们使用恒生指数在 2005—2020 年的月收益率数据估计市场风险溢价。值得注意的是，为了更准确地描述变量的概率分布，我们选择了月度数据而非年度数据确保足够的观测值。而且，为了尽量保持投资区间的一致性，计算溢价时使用的无风险利率使用短期 3 个月的国债利率 2.28%。此外，参考海豚公司占恒生指数的市值比重，我们对市场风险溢价进行调整，提出了海豚公司年度股权风险溢价的合理假设：服从期望值为 9.89%、标准差为 1.45% 的对数正态分布。根据以上变量的概率分布和 CAPM 模型，股权成本将在蒙特卡洛模拟的运算过程中被估计出来。

（三）增长率

增长率的估计需要区分股权收益的增长率和营业利润的增长率，虽然二者具有显著的相关性，但是会因股票的发行和回购、财务杠杆、经营杠杆等因素的变化而出现差异性。由于我们的研究目的是判断海豚公司的投资价值，所以我们从股东的角度出发，根据历史数据，估计净资产收益率 *ROE* 及其增长率，即股权收益的增长率。其中：

$$ROE = \frac{净利润}{所有者权益}$$

---

① 当然，虽然 10 年期国债在我们的案例中不需要考虑到期后的再投资风险，但是在现实生活中仍然面对票面利息的再投资风险，为了使案例分析简单化，我们假设投资者没有将定期收到的票面利息用于再投资，而是用于消费。

$$股权收益增长率 = \frac{ROE_t - ROE_{t-1}}{ROE_{t-1}}$$

根据海豚公司2006—2021年的资产负债表和利润表的相关信息，我们估计出海豚公司的净资产收益率 *ROE* 的均值为22.25%，标准差为0.08，基于 *ROE* 的历史数据，估算可得股权收益增长率的期望值为11.36%。我们假设增长率服从均匀分布，且最大值和最小值分别为13%和9%。

根据FCFE的期望、标准差和正态分布的假设，我们使用Excel软件模拟估计2000次2021年海豚公司的股权自由现金流；根据β值和股权风险溢价的期望、标准差和概率分布的假设，同样使用Excel软件模拟估计2000次，并根据CAPM模型计算对应的股权资本成本；根据股权收益增长率的期望和均匀分布的假设，使用Excel软件模拟估计2000次，并根据估计的增长率分别计算与之对应的2022—2026年的股权自由现金流的估计值。限于篇幅，表11－14列出5次模拟估计值。

表11－14　海豚公司股权自由现金流的估计值和现金流的现值　　单位：10亿元

模拟次数	FCFE（2021年）	增长率（%）	FCFE（2022年）	FCFE（2023年）	FCFE（2024年）	FCFE（2025年）	FCFE（2026年）	β	r_m（%）	r_e（%）	现值
1	61.53	0.115	68.58	76.43	85.17	94.92	105.79	1.55	9.54	17.69	489.05
2	40.85	0.105	45.14	49.88	55.12	60.90	67.30	1.53	7.87	14.88	182.05
3	52.91	0.109	58.68	65.08	72.18	80.05	88.78	1.43	11.1	18.78	216.39
4	39.32	0.115	43.86	48.92	54.56	60.86	67.88	1.44	11.3	19.22	161.70
5	14.92	0.103	16.45	18.14	20.00	22.05	24.32	1.51	8.02	15.02	65.83

注：表格中增长率表示股权收益增长率；r_m 表示股权风险溢价；r_e 表示股权资本成本；现值表示高速增长期的股权自由现金流的现值总和。其中，FCFE（2021年）、增长率、β、r_m 为Excel软件根据假设条件模拟生成的数据，FCFE（2022—2026年）、r_e、现值为根据相应公式计算所得数据。

最后根据5年后稳定增长的假设估计股权终值的现值。虽然公司作为独立法人可以永远生存下去，但是我们无法估计永久延续的现金流，所以我们需要给估值模型赋予一个终止点，在该点停止现金流的估计。在该案例中，我们认为海豚公司在估计期结束时，仍然会持续经营下去，所以，我们假设现金流在5年后以恒定速度继续增长。由于任何企业都不可能以高于经济增长率的速度永远增长，因此稳定期的恒定增长率将低于经济整体增长率。同时，由于长期内的真实无风险收益率必将收敛于整体经济的实际增长率，所以稳定期增长率理论上不会超过无风险利率2.87%。综上所述，此案例假设稳定期的恒定增长率 *g* 为2%。其股权的终值计算公式为

$$股权终值 = \frac{净利润_{2026} \times \left(1 - \frac{g}{ROE_{2025}}\right)}{股权成本}$$

海豚企业公布的2021年的净利润为123.79亿元。随着数字化的推进、人工智能技术的持续突破，海豚公司有望在社交平台、游戏、云服务等板块实现产品优化和业

务增量。参考多家证券公司的分析师研究报告，我们预计企业未来的净利润和 ROE 预期如表 11－15 所示。

表 11－15 海豚公司盈利预测 单位：亿元

年份	2021	2022E	2023E	2024E	2025E	2026E
营业收入	560.12	554.55	629.42	704.03	783.37	797.03
净利润	123.79	115.65	149.05	169.79	193.70	207.36
ROE	27.9%	26.1%	21.9%	20.6%	19.4%	18.9%

由于股权资本成本将在模拟运算的过程中生成，所以股权的终值也将随之估算得到。综合以上四个变量的估计值，海豚公司的股权价值便可以得到。

根据以上参数变量的分析和估算，我们首先使用 EXCEL 软件中的“数据”选项卡，打开“数据分析”对话框，在“分析工具”列表框中选择“随机数发生器”项，分别针对每个随机变量 *FCFE*、β、股权风险溢价、增长率输入上文估计的分布和参数，并分别运行系统模拟生成 2 000 个随机数。然后，根据 CAPM 公式计算股权资本成本，根据增长率和股权资本成本估算股权终值，并使用股权资本成本和 DCF 模型估算 *FCFE* 现值和股权终值的现值；两个现值之和即为股权价值。虽然海豚公司的财务报表和数据以人民币记录，但是在香港交易所上市。所以，假设人民币兑港元的汇率为 1:1.225，把根据股权价值除以在外流通的股票数所得的每股价值修正为港元衡量。其模拟结果如图 11－3 所示。

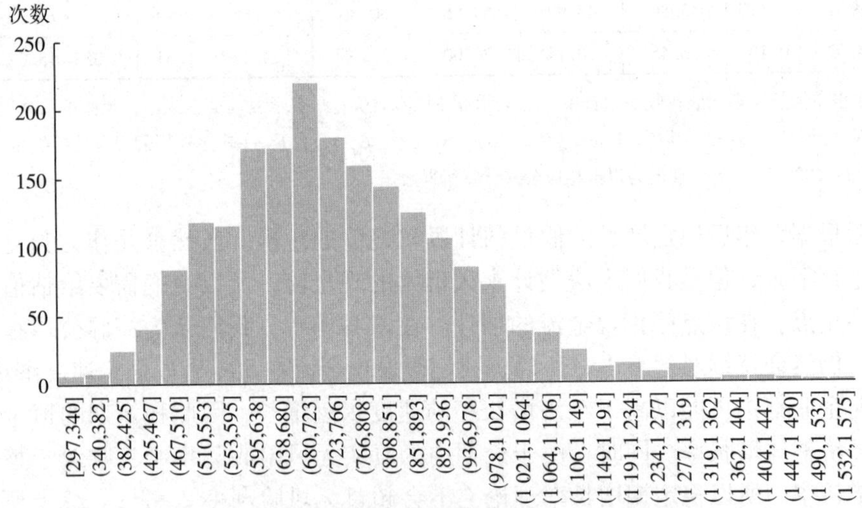

图 11－3 针对海豚公司每股股票价值的模拟结果

模拟结果的统计分析如表 11－16 所示。

表 11－16 蒙特卡洛模拟结果统计分析

统计参数	模拟次数	均值	中值	标准差	最小值	最大值
统计结果	2 000	753.06	732.55	191.62	297.03	1 574.73

根据股东潜在自由现金流、股东资本成本、高度增长区间、增长率和终值估算出海豚公司的每股价值为753.06港元，与当前股价462.6港元相比，股权价值被低估的可能性较高。

上述估计可能会存在如下问题。首先，本案例使用股权自由现金流估计潜在股息，但是不排除公司在之后的经营中可能会不定期发放股息，所以该估值方法较为保守。其次，海豚公司在中国香港上市，估值可能会由于汇率的变化而产生偏差。最后，海豚公司的估值过程主要还是依靠该公司的历史数据，估计过程也不可避免地存在一些假设，但投资更应关注企业的未来发展潜力，所以建议投资者可以同时给多家相似的互联网公司估值，并进行对比分析。

【本章小结】

1. 企业价值的评估方法大致可以分为四类，即贴现现金流量法、相对价值估价法、会计估价法和实物期权法。当前应用最多的评估方法是贴现现金流量法和相对价值估价法。

2. 贴现现金流量法的基本原理是将未来预期的现金流以合适的折现率进行折现，对不同对象的现金流进行折现，就得到不同对象的价值。

3. 依据企业现金流量增长形态的不同，估算企业价值的现金流量增长模型可以分为永续增长模型、两阶段增长模型和三阶段增长模型。

4. 现金流量的估算是企业价值估算最重要的环节之一。现金流量的估计大致可以分为预测营业收入、确定增长形式和预测现金流量三步。预测营业收入的方法有算术平均法、几何平均法和回归分析法。确定增长形式的核心是确定稳定增长率水平并进而确定非平稳增长时期的长度。预测现金流量需要计算企业的经营性现金流量、资本支出和净营运资本的变化。

5. 折现率的估算是企业价值评估的又一重要环节。它的操作步骤包括选择可比公司后计算可比公司的权益资本成本，计算可比公司全权益融资时的资本成本，计算拟估价公司的权益资本成本，确定拟估价公司的加权平均资本成本四个环节。

6. 贴现现金流量法具体可供选择的方法还有三类，即调整的净现值法（APV）、权益现金流量法（FTE）和加权平均资本成本法（WACC）。

7. 调整的净现值法是将公司的价值划分为全权益融资的价值和使用债务带来的附加价值。计算全权益融资公司的价值时，现金流使用的是全权益融资公司的现金流，而资本成本使用的也是全权益融资公司的资本成本。使用负债带来的附加价值包括债务的税盾效应、新债务的发行成本、财务困境成本和利息补贴的价值。通常情况下，我们仅考虑前两者的影响。

8. 权益现金流量法是将杠杆公司中属于权益投资者的现金流以权益资本成本进行折现，进而得到权益的价值。需要注意的是，此时得到的价值只是权益的价值，而不是公司的价值，因此，想要得到公司的价值，还需要在该数值的基础上加上负债的价值。

9. 加权平均资本成本法是最为常用的方法，它是将全权益融资公司的现金流使用加权平均资本成本进行贴现，最终得到整个公司的价值。

10. 尽管方法不同，但 APV、FTE 和 WACC 得到的企业价值评估结论是一样的。APV 法和 WACC 法的不同之处就在于前者将债务因素的影响单独列出，而后者则将债务因素的影响放在了折现率上。在应用过程中，如果我们知道整个生命周期内的资产负债率，那么就应当使用 WACC 法和 FTE 法，如果我们知道整个生命周期内的负债的绝对水平，那么就应当使用 APV 法。

11. 相对价值估价法是另一种被普遍接受的方法。该方法认为企业的价值会受某一关键变量的影响，在同一行业内价值和该变量的比值基本保持稳定，因而可以通过预测的该变量的值和行业内该比例的均值的乘积来计算企业价值。

12. 市盈率法和市净率法是广泛使用的相对价值评估方法，但这两种方法均没有考虑资本结构政策和股利政策的不同，因而会使估价结果存在一定的偏误。另一种修正的相对价值评估方法是企业价值倍数模型。

13. 模拟法被广泛使用于针对多个变量的持续性风险研究，蒙特卡洛模拟是考虑所有可能变动组合的一种工具，它是一种有效的统计实验计算法。

【重要概念】

贴现现金流量法	相对价值估价法	永续增长	两阶段增长
稳定增长率水平	调整的净现值法	权益现金流量法	
加权平均资本成本法	市盈率模型	企业价值倍数模型	市净率模型
蒙特卡洛模拟			

【扩展阅读】

1. 结合搜狐网文章《互联网公司估值方法及案例分析》（网址：https://www.sohu.com/a/150560361_481840）、知乎网文章《互联网公司估值方法及案例分析（一）》（网址：https://zhuanlan.zhihu.com/p/99090572）学习互联网金融企业的估值。

2. 请阅读下述企业估值的案例研究和理论探讨。

(1) 郭崇. 周期性行业企业价值评估方法研究——以海螺水泥为例 [J]. 财会通讯，2018 (29)：7－11.

(2) 黄婧涵，李奉书. Uber 共享型企业价值评估 [J]. 商业经济研究，2018 (7)：104－108.

(3) 尹笑雯. 收购中的企业价值评估研究——以小天鹅为案例 [J]. 生产力研究，2010 (6)：210－212＋219.

(4) 郑征，朱武祥. 运用复合实物期权方法研究初创企业的估值 [J]. 投资研究，2017，36（4）：118－135.

（5）李珍，赵慧峰．基于蒙特卡洛模拟市场价倒算法的森林资源资产抵押价值评估［J］．商业会计，2018（2）：83－85.

【思考与练习】

1. 使用贴现现金流量法评估企业价值一般有哪几个环节？

2. 确定高速增长期限的长度时要考虑哪些因素的影响？

3. 简述 APV 法和 WACC 法之间的异同。

4. 简述 FTE 法与 APV 法和 WACC 法之间的主要差别。

5. 相对估价法最主要的前提假设是什么？

6. 市盈率模型的主要缺陷是什么？

7. 假定你正在决定公司是否应当承担一个新项目，且已经使用 WACC 法计算出了该项目的 *NPV*。此时公司的 CFO 质疑你没有考虑利息因素的影响，你该如何向他解释？

8. 假定某公司是一个全权益融资公司，其预期有永续的税前收益，每年为 4 000 万元，每年全部作为股利发放。目前公司权益的必要回报率为 20%。公司流通在外的股份数为 200 万股。公司的所得税税率为 25%。现在公司计划发行价值为 5 000 万元、利率水平为 9% 的债务以回购股票。

（1）计算消息公告前的权益价值和每股股票的价格。

（2）使用 APV 法计算资本结构调整消息公告后的权益价值和每股价格。

（3）有多少股票会被回购？回购完成后，权益的价值是多少？每股价格是多少？

（4）使用权益现金流量法计算资本结构调整后的公司价值。

（5）假定公司拟通过发行债务回购股票的方式将公司的资产负债率调整为 50%，请问回购后的公司价值为多少？有多少股票被回购？回购后的每股股价为多少？

9. 蒙特卡洛模拟有哪些主要步骤？该方法的优缺点是什么？

第十二章

营运资本管理

苏宁电器股份有限公司（以下简称苏宁电器）成立于1990年，自成立以来一直保持着快速稳健的发展势头。2000年苏宁电器在全国率先拓展信息家电，2002年1月建立四大作业终端体系“1+3”模式，即连锁店、物流中心、售后服务中心和客服中心。2004年7月，苏宁电器在深圳证券交易所成功上市，募集资金4亿元。作为一个全国领先的大型电器专业销售连锁企业，苏宁电器对于营运资本的有效管理值得借鉴。

第一个方面是采购渠道的营运资金管理。2004—2009年，苏宁电器采购渠道的营运资金周转期呈现逐年下降的趋势。根据财务报表的分析，苏宁电器在2004—2009年应付款项、应付票据的规模一直居高不下，并且呈上升趋势。说明苏宁电器正在利用自身的行业领导地位，不断增加对供货商的资金占用，从而提高营运资本的效率。

第二个方面是营销渠道的营运资金管理。2004—2009年，苏宁电器在其营销渠道的营运资金构成中，成品存货占有较大比重，各年均在80%以上。大量成品存货导致苏宁电器2004—2009年的营销渠道周转期一直居高不下。为了提高营运资本效率，苏宁电器在2006年启用了VMI（Vendor Managed Inventory）库存管理模式。供应商根据苏宁电器每日提供的商品销售资料和库存情况集中管理库存，替苏宁电器下订单或连续补货。通过苏宁电器发送的销售信息，供应商获得的需求信息和实际消费市场中的客户需求信息相一致，这样就大大提高了供应商的需求预测水平，从而及时满足客户的需求，降低存货过期的风险，极大地改善了存货的管理水平。①

第一节　营运资本管理概述

一、营运资本的概念

营运资本有广义和狭义之分。狭义的营运资本又称净营运资本，是指企业的流动

① 郭晓莎，吕素萍．供应链理论与营运资金管理绩效——基于苏宁供应链运作的案例研究［C］．中国会计学会2010年学术年会论文集，2010：217－227.

资产减去各类流动负债后的余额。净营运资本是一个抽象的概念，不是特指某一项具体的资产。狭义的概念常常用于研究企业的偿债能力和财务风险，是判断和分析企业资金运作状况和财务风险的重要依据。广义的营运资本就是企业的流动资产总额，它是一个具体的概念。从形式来说，广义的营运资本包括现金、有价证券、应收账款和存货等。广义的概念主要在研究企业资产的流动性和周转状况时使用。

二、永久性营运资本和临时性营运资本

依据时间的长短不同，营运资本一般可以分为永久性营运资本和临时性营运资本两类。所谓永久性营运资本是指满足企业长期经营最低需求的那一部分流动资产。永久性营运资本在两个方面与固定资产相似：第一，永久性营运资本尽管从本质上被定义为“流动资产”，但其具有长期性，金额也相对稳定；第二，对一家处于成长期的公司来说，所需要的永久性营运资本水平会随时间而增长，正如固定资产水平也增长一样。两者的差异主要表现在永久性营运资本处于不断的变化过程中，其中的具体对象是不断轮换的。临时性营运资本是指满足企业季节性、周期性或临时性需求的那一部分流动资产。如同永久性营运资本一样，临时性营运资本也是由形式不断变化的流动资产组成。随着企业的不断扩大，企业需要的永久性营运资本不断扩大，临时性营运资本的波动性也会不断扩大，如图 12－1 所示。

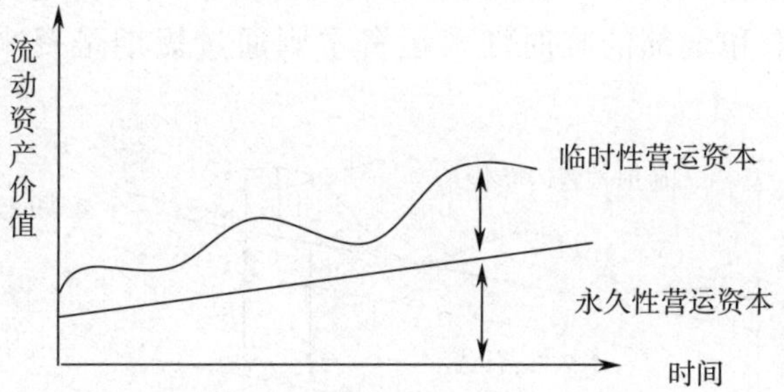

图 12－1　永久性营运资本和临时性营运资本

三、营运资本管理的策略

营运资本管理是指对企业各种流动资产形式的控制、持有规模的确定以及持有时间的选择等。根据流动资产的融资安排规模，营运资本管理的政策可以分为保守型融资策略、激进型融资策略和中庸型融资策略。

（一）保守型融资策略

保守型融资策略要求企业在经营过程中保持足够多的营运资本净额。采用这种策略，公司不但以长期资金来融通固定资产和永久性营运资本，而且还以长期资金满足临时性营运资本的需求。如图 12－2 所示，在资金需求淡季，通过长期融资取得的资金除了满足营运资本的需要以外还有剩余；在资金需求旺季，长期融资方式不能完全

满足临时性营运资本的需求，这部分缺口可以通过短期融资的方式来满足。

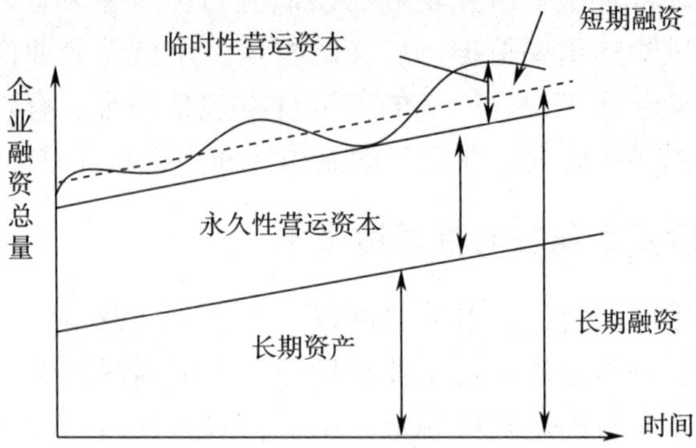

图 12－2　保守型融资策略

在保守型融资策略下，可以降低企业的财务风险，增强企业经营的安全性。但是，在资金需求淡季，保守的融资策略可能导致资金闲置；同时由于长期融资成本要高于短期融资成本，因此企业筹资的财务成本较高。

（二）激进型融资策略

与保守型融资策略相反，激进型融资策略要求企业在经营过程中保持较少的营运资本净额。通过长期融资方式取得的资金仅满足部分永久性营运资本的需要，还有一部分永久性营运资本和全部的临时性营运资本则通过短期融资来满足，如图 12－3 所示。

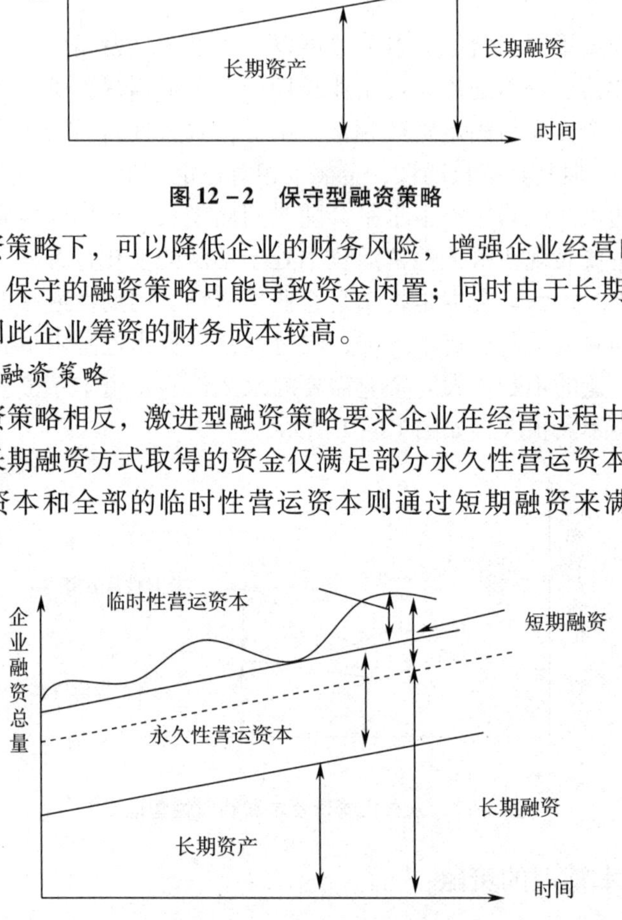

图 12－3　激进型融资策略

在激进型融资策略下，要求企业能够在短期内以较低的成本筹集到足够的资金。否则企业将面临非常大的流动性风险。大企业融资渠道多，融资能力强，常常采取激进型融资策略。

（三）中庸型融资策略

中庸型融资策略也称为正常融资策略，是企业最常见的融资策略。与前面两种极端的融资策略不同，中庸型融资策略要求企业在经营过程中保持适度的营运资本净额。所谓适度就是指永久性营运资本的需求通过长期融资方式来满足，而临时性营运资本的需求则通过短期融资的方式来满足，如图 12－4 所示。

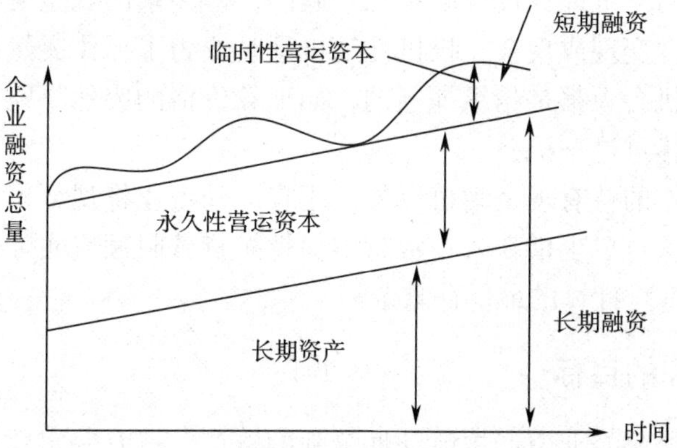

图 12－4　中庸型融资策略

中庸型融资策略一般适用于季节性产销变化比较大的企业，如从事农产品加工和销售的企业。在销售旺季时，企业所需的资金由短期融资予以保障，在销售淡季则回收应收账款以偿还短期负债。这种融资策略的优点是可减少闲置资金，提高资金的运行效率，同时与激进型融资策略相比风险性更小。但是，采取中庸型融资策略要求企业能够很好地预测其营运资金的波动，否则有可能弄巧成拙。

第二节　现金的管理

现金（Cash）是企业拥有的资产中流动性最强的资产。从财务管理的角度来说，现金包括企业的库存现金、银行存款、银行票据和商业票据等。为了满足日常营运的需要，企业必须在任何时刻都持有适量的现金。

一、企业持有现金的动机

现金管理的目标可与企业持有现金的动机联系起来考虑。沿用凯恩斯的货币需求理论，可以把企业持有现金的动机分为以下几种。

（一）交易性动机

交易性动机是指企业为了维持日常周转及正常商业活动所需持有的现金额。企业每日都在发生许多支出和收入，这些支出和收入在数额上不相等，以及在时间上不匹配，企业需要持有一定现金来调节，以使生产经营活动能持续进行。

（二）预防性动机

预防性动机是企业为了防范各种可能发生的意外事件。在日常生产经营中，企业会面临一些难以预测的费用支出。可能是政治环境变化，也可能是企业的某个大客户违约导致企业突发性偿付等。因此，企业需要保留一部分现金，以避免因流动性不足而陷入窘境。

（三）投机性动机

企业的现金是与有价证券投资联系在一起的，即多余的现金购买有价证券，需要现金时则将有价证券变现成现金。投机性动机是企业为了抓住突然出现的获利机会而持有的现金，这种机会大都是稍纵即逝的，如证券价格的突然下跌，企业若没有用于投机的现金，就会错过这一机会。

除上述三种基本的持有现金动机以外，还有一些企业将现金作为补偿性余额来持有。补偿性余额是银行要求借款人在银行中保持按贷款限额或实际借用额一定百分比（一般为 10% ~20%）计算的最低存款余额。

二、现金管理的目标

如上所述，现金是企业资产中流动性最强的资产，持有一定数量的现金是企业开展正常生产活动的基础，是保证企业避免支付危机的必要条件；同时，现金又是获利能力最弱的一项资产，过多地持有现金会降低资产的获利能力。因此，现金管理的焦点就在于如何权衡盈利性和安全性之间的矛盾。基于盈利性角度，企业应当尽量少持有现金，以免资金闲置。基于安全性角度，企业应当尽量多持有现金，以避免因现金短缺而发生流动性风险，保证企业的稳健经营。

总之，企业现金管理的目标就是在确保企业流动性的前提下，尽量少持有现金，以增强企业的盈利性。

三、最佳现金持有量

最佳现金持有量又称为最佳现金余额，是指现金既能满足日常生产经营的需要，又能使现金使用效率最高时的最低持有量，即能够使现金管理的机会成本与转换成本之和保持最低的现金持有量。在西方财务管理理论中，关于最佳现金持有量的确定有很多模型，这里介绍三种经典的模型：成本分析模型、鲍曼模型、米勒—奥尔模型。

（一）成本分析模型（Cost Analysis Model）

在企业的实际经营过程中，企业持有现金有很多的成本，主要有机会成本、短缺成本和管理成本三种。

1. 持有现金的机会成本。持有现金的机会成本是指企业持有现金就必须放弃投资其他资产所获得的收益。一般来说，企业的投资收益率越高，企业持有现金的机会成本也越高。同时，企业持有的现金规模越大，其机会成本也越高。

2. 现金短缺成本。现金短缺成本是指企业由于缺乏足够的现金储备，而不能支付必要的费用或还贷等方面的现金需求而使企业遭受损失。例如，由于缺少现金，企业无法及时购进原材料或无法按时发放工资，由此导致企业停工的损失等。与现金持有的机会成本相反，现金持有量越大，现金短缺成本越小，当持有量达到一定水平时，现金短缺成本降为零；而现金持有量越小，现金短缺成本就会越大，当持有量为零时，现金短缺成本迅速上升，最大短缺成本为企业破产。

3. 现金管理成本。企业持有现金就必然会产生一定的管理费用，如管理人员的工资、控制制度的费用、安全措施的费用等。与前两种成本相比较，管理成本的量比较固定，它与现金持有量之间没有明显的比例关系，只有当现金持有量达到一定的规模之后，管理成本才会上升。

【例 12-1】

某企业有三种现金持有方案，它们各自的持有成本、短缺成本、管理成本以及总成本如表 12-1 所示。

表 12-1　某企业现金持有方案及其对应的成本　单位：元

项目	A 方案	B 方案	C 方案
现金持有量	100 000	200 000	300 000
持有成本	10 000	20 000	30 000
短缺成本	48 000	25 000	10 000
管理成本	20 000	20 000	20 000
现金持有的总成本	78 000	65 000	60 000

根据表 12-1 可知，比较三个方案的现金持有总成本可以看出，C 方案的总成本最低。也就是说，当现金持有规模为 300 000 元时，总成本最低为 60 000 元。所以，300 000 元是该企业现金持有的最佳规模。

（二）鲍曼模型（Baumol Model）

鲍曼模型是由美国经济学家鲍曼（W. J. Baumol）于 1952 年提出的。鲍曼认为最佳现金余额的确定在很多方面与最佳存货量的确定相似，因此其基本原理来自存货的经济订货批量模型。

鲍曼认为，持有现金余额的总成本包括两个方面。一方面是持有现金的机会成本，即持有现金而放弃的投资收益。在鲍曼模型中，假定企业剩余的现金都转换为有价证券，从而假定持有现金的机会成本就是有价证券的收益率。另一方面是交易成本，即现金与有价证券的转换成本，主要是卖出有价证券换回现金时所支付的成本。

若以 T 表示一定时期内的现金需求总额，N 表示每次转换的现金额，i 表示证券收益率，b 表示每次转换的成本，C 表示总成本，则可以把鲍曼模型表示如下：

$$C = \frac{N}{2} \times i + \frac{T}{N} \times b$$

根据模型的原理可知，每次转换的现金额 N 越小，则企业持有现金的机会成本就越低，但是转换的次数就会增加，因而转换成本会增加；反过来，每次转换的现金额 N 越大，则企业持有现金的机会成本就越高，但是转换的次数就会减少，因而转换成本会下降。所以应当在两种成本之间进行权衡，以实现总成本 C 最小。总成本最小的现金额 N 就是最佳现金持有量。

对其求 N 的一阶导数，并使其等于 0，可以得出

$$N^{*} = \sqrt{\frac{1bT}{i}}$$

由于企业平均现金持有余额是$\frac{N}{2}$，所以最佳现金持有量为$\frac{1}{2}\sqrt{\frac{2bT}{i}}$，即$\sqrt{\frac{bT}{2i}}$。

【例 12-2】

假定某企业预计每月需要现金 100 000 元，现金和有价证券的转换成本为每次 200 元，有价证券的收益率为 10%。由鲍曼模型，企业每次转换的最佳现金额为

$$N^{*} = \sqrt{\frac{2 \times 100\ 000 \times 200}{10\%}} = 20\ 000(\text{元})$$

可知，该企业的变现次数 = 100 000 ÷ 20 000 = 5（次）。该企业的最佳现金持有量为 20 000/2 = 10 000 元。

（三）米勒—奥尔模型（Miller - Orr Model）

鉴于鲍曼模型的过于简化而造成使用上的限制，米勒与奥尔两位学者便在放松现金周转均匀这个严格的假设条件后，设定了一个现金持有额的波动区间，即设定现金持有规模的上下限，这是一个决定最佳现金持有规模的一般化模型，称为米勒—奥尔模型（MO 模型）。

该模型是建立在对控制上限（H）、控制下限（L）以及目标现金余额（Z）这三者进行分析的基础之上的。企业的现金余额在上下限间随机波动。当现金余额处于 H 和 L 之间时，可不予理会任其变动。当现金余额升至 H 时，如点 X（上限），则企业购入 $H-Z$ 单位的有价证券，使现金余额降至 Z。同样的，当现金余额降至 L，如点 Y（下限），企业就需售出 $Z-L$ 单位有价证券，使现金余额回升至 Z。其中，下限 L 是根据企业对现金短缺风险的意愿承受程度而确定的。

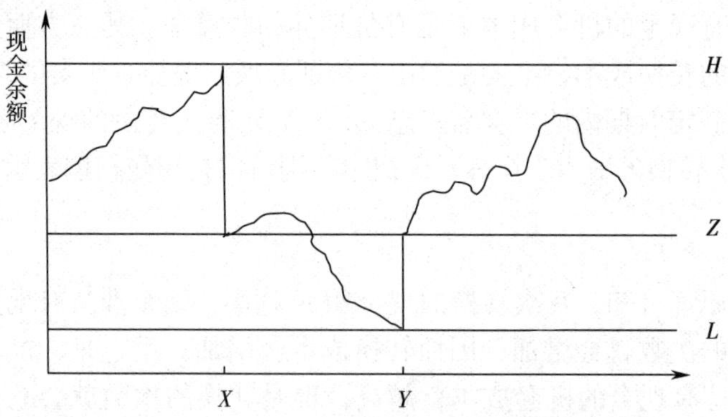

图 12-5　米勒—奥尔模型

与鲍曼模型相同，米勒—奥尔模型中的最佳现金持有量也是机会成本与交易成本之和。与鲍曼模型不同的是，米勒—奥尔模型每期的交易次数是一个随机变量，且根据每期现金流入与流出量的不同而发生变化。因此，每期的交易成本就决定于各期有价证券的期望交易次数。同理，持有现金的机会成本就是关于每期期望现金额的函数。

给定企业设定的 L，米勒—奥尔模型就可以解出目标现金余额 Z 和上限 H。米勒—奥尔模型确定令期望总成本最小的 Z（目标现金余额）和 H（上限）的值为

$$Z = L + \sqrt[3]{\frac{3b\sigma^2}{4i}} \quad H = 3Z - 2L$$

式中，b 为现金与有价证券的转换成本；σ^2 为日净现金流量的方差，表示现金持有额的波动程度；i 表示证券收益的日利率。米勒—奥尔模型中的平均现金余额为

$$平均现金余额 = \frac{4 \times Z - L}{3}$$

第三节　有价证券的管理

本节所讲的有价证券都是指短期证券。短期证券是指各种能够随时变现、持有时间不超过一年的有价证券。短期证券的变现能力非常强，因为公司可以随时在证券市场出售，因此常被人们称为“准现金”。从有效利用资金的角度来看，有价证券在保证企业流动性的同时，能尽可能地为企业创造盈利机会，因此有价证券的管理同样具有重要意义。

一、持有短期有价证券的目的

企业进行短期证券投资主要基于以下两个目的。

（一）作为现金的替代品

首先，在发达的金融市场上，有价证券流动性很强，具有很强的变现能力。等到企业急需资金时，通过这些短期有价证券的变现能及时解决企业资金问题。其次，短期证券的收益率一般会高于银行的存款利率，所以不少企业愿意将一部分闲置资金投资于短期有价证券上，以获得一定的收益。

（二）完全作为短期投资

有时企业在手头上会积压一定的资金，这对于企业来说是一种隐性的损失。如果有些企业的经营具有较强的季节性和循环性，那么在资金需求不高的季节里，企业可以把一部分资金暂时投资在有价证券上，以获得一定的投资报酬。另外，有价证券还可以作为贷款的抵押物，以增强企业的筹资能力。

二、短期有价证券的种类

企业可以持有一些流动性很强的短期有价证券，主要包括以下一些类型。

1. 短期政府债券。短期政府债券是由政府发行并承担还本付息责任的短期信用凭

证，期限多为3个、6个、9个、12个月等。短期政府债券具有违约风险低、流动性强等特点。

2. 银行承兑汇票。银行承兑汇票是商业汇票的一种。银行对企业签发的商业汇票进行承兑是银行基于对企业资信的认可而给予的信用支持。因此，银行承兑汇票实际上是企业运用银行的信用来进行融资。银行承兑汇票的融资期限从30天到270天不等，但一般都在180天以内。

3. 商业本票。商业本票是由工商企业发行的短期无担保票据。商业本票大多采用折价方式发行，大多数是通过经纪商的渠道发售的。商业票据的最长期限一般为270天。

4. 大额可转让定期存单。大额可转让定期存单是商业银行吸收大额定期存款的一种手段。它具有面额大、期限较短、利率较高、可自由流通转让等特点。大额定期存单的期限一般为3~6个月。

5. 回购协议。回购协议是指证券交易双方确定卖方在今后一定时期按照预定价格向买方回购证券的协议。回购协议的期限从1天到数月不等，最常见的回购协议期限在14天之内。

三、短期有价证券的管理

企业在投资和管理短期有价证券时，需要考虑以下因素。

（一）较低的投资风险

短期有价证券的风险主要有信用风险和利率风险。信用风险又称违约风险，是指证券发行人因种种原因，不愿或无力履行合同条件而构成违约，致使投资者遭受损失的可能性。利率风险是指市场利率变动的不确定性给投资者造成损失的可能性。一般认为，短期政府债券的投资风险最低，其次是银行承兑汇票、大额可转让定期存单、回购协议等。反之，公司债券和股票就不适宜作为短期证券来投资。

（二）较强的流动性

较强的流动性是指有价证券能够以一个合理的价格顺利变现的能力。有价证券的流动性取决于证券市场的发达程度以及证券的交易活跃度。企业用闲散的营运资本投资的有价证券必须具有较高的流动性。

（三）兼顾投资收益

企业投资有价证券的目的就是在保证安全性和流动性的同时，实现一定的盈利性。在有效的金融市场上，盈利性总是和风险相伴而生的。所以，在选择投资的有价证券时，必须在风险与收益间进行权衡，以尽可能获得较大收益。

第四节　应收账款的管理

应收账款（Accounts Receivable）是指企业在正常的经营过程中因销售商品、提供劳务等业务，应向购买单位收取的款项。包括应向购货单位收取的购买商品、材料等的账款，收到承兑的商业汇票，代垫的包装物和各种运杂费等。

一、应收账款产生的原因

（一）商业竞争

这是发生应收账款的主要原因。在激烈的市场竞争下，企业采取各种手段以扩大销售。这些手段除了产品质量、价格、售后服务、广告等外，赊销也是扩大销售的有效手段之一。出于扩大销售的竞争需要，企业不得不以赊销或其他优惠方式招揽客户，于是就产生了应收账款。由商业竞争引起的应收账款是一种商业信用。

（二）销售和收款的时间差

虽然现实生活中的现金销售是很普遍的，特别是零售企业更常见。不过就一般批发和大规模生产企业来讲，发货的时间和收到货款的时间往往不同，这是因为货款结算需要时间，这也导致了应收账款。结算手段越是落后，结算时间就越长，销售企业只能承认这种现实，并承担由此引起的资金垫支。

此外，造成企业应收账款居高不下的原因也可以从两个方面来归纳。一方面是由于市场竞争的激烈，企业为了扩大销售，不得不采用赊销的方式去争取客户。而很多企业又故意拖欠账款，加上市场信用体制不健全，导致形成了大量的应收账款。另一方面是由于企业自身的问题。从主观上企业管理者普遍只重视销售而忽视应收账款的管理；客观上他们对于应收账款的管理，无论是在经验方面还是理论方面都十分缺乏。

二、持有应收账款的成本

对于企业来说，持有应收账款也会产生相应的成本，持有应收账款的成本可以分为机会成本、管理成本和坏账损失成本三个方面。

（一）机会成本

应收账款的机会成本是现金不能收回而丧失再投资机会的损失。应收账款的机会成本取决于应收账款平均回收期的长短、应收账款的持有量以及企业平均投资收益率，机会成本是与上述三个因素呈正相关的。具体计算过程如下：

应收账款机会成本＝维持赊销所需资金×企业平均投资收益率

式中，

维持赊销所需资金＝应收账款平均余额×（变动成本/销售收入）

应收账款平均余额＝赊销收入净额/应收账款周转率

此处假定企业的固定成本总额维持不变。随着销售收入的增加，变动成本相应增加，而固定成本不变。因此，在计算应收账款的机会成本时，只需要考虑变动成本。

（二）管理成本

应收账款的管理成本就是因为进行应收账款管理所发生的费用。它主要有调查客户信用情况的费用、催收和组织收账的费用、其他与管理有关的费用。现代企业中大多设有专门信用管理部门，用于协助制定和执行公司的信用政策，建立客户档案管理数据库，评估客户资信，审核信用额度，监控应收账款，执行收账政策。这一部门发生的日常费用就是类似于固定费用的管理成本，它不会随着应收账款数额的增加而增加。催收和组织收账的费用则与应收账款的数量和应收账款的时间呈正方向变动。

（三）坏账损失成本

坏账成本是指应收账款不能收回而形成的所谓坏账给企业造成的损失。对于应收账款来说，最大的风险就是坏账损失，它不但使企业在销售货物后无法实现相应的利润，而且连本金都无法收回。一般来说，坏账损失与企业的应收账款规模成正比关系。而且根据大数定理，常常可以按照一定的百分比来预测。当企业的信用销售突然扩大时，承担的坏账损失也就会增大。

可以看到应收账款能通过扩大销售、减少存货为企业增加收益，但也会产生机会成本、管理成本和坏账损失成本等，因此需要在应收账款的收益与成本间进行权衡，以确定最优的应收账款额。

三、信用政策

影响企业应收账款水平的主要因素有经营状况、产品定价、产品质量和信用政策等。除了信用政策外，其他因素基本上都不是财务经理所能控制的。信用政策（Credit Policy）又称为应收账款政策，是指企业对应收账款进行规划与控制而确立的基本原则与行为规范，是企业财务政策的一个重要组成部分。信用政策包括信用标准、信用期间、现金折扣政策和收账政策，其中最重要的是信用标准的确定。

（一）信用标准

信用标准（Credit Standards）是指客户获得企业的交易信用所应具备的条件。如果客户达不到信用标准，便不能享受企业的信用或只能享受较低的信用优惠。企业在设定某一客户的信用标准时，往往先要评估他赖账的可能性，这可以通过“5C”系统来进行。“5C”指的是品质（Character）、能力（Capacity）、资本（Capital）、抵押（Collateral）和条件（Condition）。信用的“5C”系统代表了信用风险的判断因素，要做到客观、准确地判断，关键在于能否及时掌握客户的各种信用资料。这些资料的来源主要有以下几个渠道：财务报表、银行证明、企业间证明、信用评级和信用报告等。在收集、整理客户的信用资料后，企业即可采用“5C”系统分析客户的信用程度。

企业信用标准的制定必须具有适当性和有效性。如果信用标准过于苛刻，则会将大量信誉条件稍差的客户拒之门外，影响企业的竞争力和销售量；如果信用标准过于宽松，则可能导致大量的坏账损失和大量延时付款情况的发生，使企业蒙受损失，甚至破产倒闭。因此，企业应当根据不同类型的客户确定合理的信用标准，使信用标准与企业的目标保持一致，以增强企业的竞争力。

（二）信用期间

信用期间（Credit Period）是指企业为客户规定的从购买货物到支付货款的最长付

款时间。例如，某企业允许客户在购货后的50天内付款，则信用期间为50天。一般来说，较长的信用期间有利于企业提高竞争力，扩大销售，增加收入；但是，如果信用期间太长会增加企业应收账款占用的资金，从而导致应收账款机会成本增加，同时也可能导致坏账损失和收账费用的增加。因此，企业必须慎重研究，规定出恰当的信用期。

信用期的确定，主要是分析改变现行信用期对收入和成本的影响。如果延长信用期，销售额的增加幅度超过持有应收账款的成本增加幅度，则可以延长信用期，否则不宜延长。如果缩短信用期，情况与此刚好相反。

【例12－3】

某公司2012年生产并销售A产品，信用期为30天，预计销售量为10万件，全部采取赊销的方式进行销售。A产品目前单位售价为12元，单位可变成本为6元，固定成本总额为20万元。2012年公司采取赊销方式的收账费用为12 000元，坏账损失率为4%，平均收款期限是40天，公司有价证券的年收益率为10%。

2013年公司打算改变信用政策，其方案如下：延长信用期为50天，预计销售量增长25%，此时收账费用为20 000元，原来销售额部分的坏账损失率为4%，新增部分的坏账损失率为8%。平均收账期为60天。分析公司新的信用政策是否可行?

公司信用期限改变后，根据已知条件，计算可得

增加的销售收入＝100 000×25%×12＝300 000（元）

增加的变动成本＝100 000×25%×6＝150 000（元）

增加的收账费用＝20 000－12 000＝8 000（元）

增加的坏账损失＝300 000×8%＝24 000（元）

增加的机会成本＝新方案的机会成本－原来的机会成本①

$$= \frac{60}{360} \times 12 \times 125\ 000 \times \frac{6 \times 125\ 000}{12 \times 125\ 000} \times 10\%$$

$$- \frac{40}{360} \times 12 \times 100\ 000 \times \frac{6 \times 100\ 000}{12 \times 100\ 000} \times 10\%$$

$$= 5\ 833(\text{元})$$

增加的收益＝300 000－150 000－8 000－24 000－5 833＝112 167（元）

通过计算可得，新的信用政策能使公司的收益增加，故延长公司的信用期是可行的。

---

① 机会成本的计算过程如下：

（1）机会成本＝维持赊销业务所需要的资金×资金成本率

（2）维持赊销业务所需要的资金＝应收账款平均余额×变动成本率

（3）应收账款平均余额＝平均每日赊销额×平均收账天数

（4）变动成本率＝变动成本/销售收入×100%

（5）平均每日赊销额＝年赊销额/360天

总公式为：机会成本＝（平均收账天数/360）×年赊销额×（变动成本/销售收入）×资金成本率

（三）现金折扣政策

现金折扣（Cash Discount）又称信用折扣，它是指公司为了促使客户在规定的信用期限内提前还款，而给予其一定货款减免的优惠。现金折扣率常常在1%～3%之间，大于3%的折扣率就称为商业折扣了。现金折扣常采用如“5/10，3/20，n/30”的表示形式，“5/10”表示10天内付款，可享受5%的价格优惠，即只需支付原价的95%。“3/20”表示10～20天内付款，可享受3%的价格优惠，即只需支付原价的97%。“n/30“表示付款的最后期限为30天，此时付款无优惠，即按全价付款。

现金折扣的主要目的在于吸引客户为享受优惠而提前付款，缩短企业的平均收款期。另外，现金折扣也能招揽一些视折扣为减价出售的客户前来购货，借此扩大销售额。当企业给予客户某种现金折扣时，应当考虑折扣所能带来的收益与成本孰高孰低，择优选择。

【例12－4】

仍采用上例的数据，该公司拟向客户提高现金折扣，其方案如下：折扣条件为“2/10，n/30”，预计可以使销售量增加到15万件，估计有80%的客户会享受现金折扣，平均收账期限缩短到20天，预计坏账损失率降低至1%，收账费用为2 000元。

现金折扣条件改变后，根据已知条件，计算可得

销售收入＝150 000×12＝1 800 000（元）

增加的销售收入＝150 000×12－100 000×12＝600 000（元）

增加的变动成本＝50 000×6＝300 000（元）

增加的收账费用＝2 000－12 000＝－10 000（元）

增加的坏账损失＝（150 000×12）×1%－100 000×12×4%＝－30 000（元）

增加的机会成本＝新方案的机会成本－原来的机会成本

$$=\frac{20}{360}\times 1\ 800\ 000\times\frac{6\times 150\ 000}{1\ 800\ 000}\times 10\%-\frac{40}{360}\times 100\ 000\times 12\times\frac{6\times 100\ 000}{12\times 100\ 000}\times 10\%$$

$$=-1\ 667(\text{元})$$

增加的现金折扣成本＝12×150 000×0.8×2%＝28 800（元）

增加的收益＝600 000－300 000－（－10 000）－（－30 000）－（－1 667）－28 800
＝312 867（元）

通过分析可以看出，该方案能增加企业的收益多达312 867元，所以可以采用新的现金折扣政策。

（四）收账政策

收账政策（Collection Policy）是指企业催讨已过期账款所采用的措施，主要包括收账程序和收账成本决策两个部分。一般对于短期拖欠户，应采用较婉转的书信方式催讨；对长期拖欠户，可采用直接的电话或上门催讨；对于恶意拖欠户应采用法律方式解决。

催收账款要发生费用，某些催款方式的费用还会很高（如诉讼费）。一般来说，收款的花费越大，收账措施越有力，可收回的账款就越多，坏账损失就越少。因此制定收账政策，要在收账费用和所减少的坏账损失之间作出权衡。制定有效得当的收账政策在很大程度上靠有关人员的经验。从财务管理的角度讲，也有一些量化的方法可予参照，根据应收账款总成本最小化的道理，使收账的边际收益与边际成本相等的点是最佳点。

四、应收账款的日常管理

企业确定了信用标准、信用期间、现金折扣政策和收账政策等信用政策后，已建立了基本的信用控制条件。下一步应当将有效的信用政策具体地运用，即应收账款的日常管理。具体来讲，可以从以下几方面做好应收账款的日常管理工作。

1. 做好基础记录，了解客户付款的及时程度。基础记录工作包括企业对客户提供的信用条件，建立信用关系的日期，客户付款的时间，尚欠款数额以及客户信用等级变化等。企业只有掌握这些信息，才能及时采取相应的对策。

2. 检查客户是否突破信用额度和信用期间。企业对客户提供的每一笔赊销业务，都必须检验客户所欠债务总额是否突破了信用额度，同时要检查是否有超过信用期间的记录，以便及时采取措施与客户联系提醒其尽快付款。

3. 分析应收账款周转率和平均收账期。平均收账期的变化会直接影响企业资金的周转和利用效率，对其分析应结合多项指标进行。这些指标包括应收账款周转率、应收账款平均占用变动率、应收账款收现率和应收账款与销售收入变动系数等。对这些指标的计算和分析有助于企业全面把握收账期变化的程度与原因，并能够充分了解公司资金的周转和利用水平。企业可通过这些指标，与其他企业相比，来评价应收账款管理中的成绩与不足，并修正信用条件。

4. 建立坏账准备金。企业要遵循稳健性原则，对坏账损失的可能性预先进行估计，积极建立弥补坏账损失的准备制度。并考察应收账款被拒付的百分比，即坏账准备率，以决定企业信用政策是否应改变。如实际坏账准备率大于或低于预计坏账准备率，企业必须看信用标准是否过于严格或宽松，从而修正信用标准。

5. 编制账龄分析表。应收账款的账龄分析是指定期对赊销客户的付款状况进行期限、金额和结构等方面的分析。通过账龄分析，企业能够及时了解应收账款的基本状况，从而采取有效的收账政策。

【例 12 -5】

假设某公司的信用条件是“2/30，n/60”，其账龄情况如表 12 -2 所示：

表 12 -2　　应收账款账龄分析

应收账款账龄（天）	客户数量（户）	金额（万元）	占应收账款总额比率（%）
0 ~ 30	100	500	50
30 ~ 60	80	300	30
61 ~ 180	50	100	10
181 ~ 365	50	50	5
超过一年	20	50	5
合计	300	1 000	100

从表 12 -2 中可以看到，有 80%（50% +30%）的应收账款处于信用期限 60 天内。这些款项未到偿付期，没有收回是正常的，只需给予一定的监督管理。另有 10%的应收账款账龄在半年之内，这部分应收账款必须加紧催收。还各有 5% 的应收账款账龄超过半年和一年，这些应收账款有较大的可能成为坏账。因此对这部分应收账款应提取坏账准备金，提前做好损失的准备。

第五节　存货的管理

一、存货的意义

所谓存货（Inventory）就是指企业在经营过程中为了销售或生产耗用的需要而必须储备的各种物资，主要包括产成品、半成品、在产品、原料、燃料和低值易耗品等。企业储备存货一般来说是出于以下三个方面的考虑。

（一）获得规模经济的好处

随着产量的提高，生产中的固定成本可以得到更好的分摊，因而产品的平均生产成本可以得到降低。为取得这种规模经济效益，企业倾向于采用大批量生产方式，从而产生了大量库存。此外，企业为获得批量购买和大批运输的折扣，也会导致库存的堆积。

（二）企业购、产、销的时间差

任何企业从购入原料到销售产品之间都有一个时间差，它们不可能总是在同一时间发生的，有些行业这个时间差还可能非常长。为了缓冲企业从生产到销售之间的时间差，企业总是要储备一定的存货。

（三）防止需求和订货的不确定性

市场的供求总是不断波动的，有时候可能会出现断货或者由于其他客观原因不能按时交货，如果没有一定的存货保证，就可能使企业遭受停工的损失，或者因无法按时交货而蒙受极大的信誉损害。因此，为了保证企业生产和销售的稳定性，就必须储备一定量的存货。

此外，某些原料或产品的季节性（如食品厂用来制造果汁的水果和用于供应圣诞市场的礼品等）也会导致必要的库存积累。更有一些企业出于投机的动机，进行“囤积居奇”式的库存储备。

总之，存货对于企业维持正常的生产经营具有重要意义。若存货不足，就会影响其正常的生产和销售，蒙受不必要的损失；但是，企业储备存货也会增加成本。存货管理就要在储备存货的收益与成本之间进行权衡，使两者达到最佳的结合。从理论上讲，就是找到储备存货的边际收益等于其边际成本的点。

二、存货的成本

一般而言，储备存货的成本包括以下三种：购买成本、订货成本和储备成本。

（一）购买成本

购买成本指存货本身的价值，通常用进货的数量与其单位价格的乘积来表示。假设存货购进量为 Q，购买的单位价格为 P，则购买成本为 $P \times Q$。

（二）订货成本

订货成本指取得订单的成本，包括办公费、差旅费、邮费、电报、电话费等支出。订货成本包括一部分固定采购成本，如企业在购货地常设采购机构的支出；还包括一部分可变的采购成本，它与订货量无关，但是与订货的次数有关。

（三）储备成本

储备成本指企业为了保持存货而发生的各项费用支出，主要包括存货占用资金的机会成本、仓库费用、保险费等。储备成本也可以分为固定成本和变动成本。固定成本与存货的数量无关，如仓库折旧费、仓库职工的工资；变动成本与存货数量有关，如存货的机会成本、存货的保险费用等。

因此，企业存货持有的总成本 = 购买成本 + 订货成本 + 储备成本。

三、ABC 存货分类管理法

ABC 存货分类管理法是由意大利经济学家巴雷特（Vilfredo Pareto）创立的，所以又称巴雷特方法。1951 年，管理学家戴克首先将 ABC 存货分类法用于库存管理。它是指在对存货进行分析、分类排队的基础之上，确定存货管理的重点和具体的措施，从而最有效地控制存货资金占用的一种存货管理方法。ABC 存货分类法的具体步骤是：

1. 收集和处理数据。应收集的数据包括每种存货的平均库存量、存货的单价等。并对存货的平均资金占用额进行分析，以了解哪些存货占用资金多，以便实行重点管理。

2. 制定 ABC 分析表。根据一定的分类标准将全部存货划分为 A、B、C 三类。一般来说，可以将累计品目占比为 5% ~15%，而平均资金占用额为 60% ~80% 的存货，确定为A类。另外将累计品目占比为20% ~30%，而平均资金占用额也为20% ~30%的存货，确定为B类。最后将累计品目占比为60% ~80%，而平均资金占用额为5% ~15%的存货，确定为C类。

3. 对ABC类存货区别管理。A类存货品种数量少，但占用库存资金额多，是企业非常重要的物料，要实行重点和严格的管理。具体措施有按照需求、小批量、多批次地采购入库；与供应商建立良好合作关系，尽可能缩短订货期；科学设置最低定额、安全库存和订货点报警点；严格执行物料盘点制度，定期检查等。B类存货是一般重要的物料，采取常规管理方法即可。C类存货是企业不太重要的物料，可以采取较为粗放的管理方法。

四、经济订货批量模型

经济订货批量模型（Economic Order Quantity，EOQ）是固定订货批量模型的一种，可以用来确定企业一次订货（外购或自制）的数量。当企业按照经济订货批量来订货时，可实现订货成本和储存成本之和最小化。如前所述，企业存货持有的总成本 = 购买成本 + 订货成本 + 储备成本。

1. 购买成本的计算：假设年总需求量为 D，购买的单位价格为 P，则总购买成本 $= P \times D$。

2. 订货成本的计算：假定每次订货量为 Q，则年订货次数等于 D/Q；每次订货成本为 s，则总订货成本 $=\frac{sD}{Q}$。

3. 储备成本的计算：假定单位年储备成本为 c，则总储备成本为：$\frac{cQ}{2}$（注意平均库存是每次订货量 Q 的一半）。

把存货的三种成本相加，可得

$$TC = PD + \frac{sD}{Q} + \frac{cQ}{2}$$

对上式中的 Q 求导数，并使其等于零，可求出经济订货批量为

$$Q^* = \sqrt{\frac{2sD}{c}}$$

【例12-6】

假定某企业每年消耗某种物料50万吨，每次订货成本是500元，单位存货的年储存成本是2 000元，可求得该企业经济订货批量为

$$Q^* = \sqrt{\frac{2sD}{c}} = \sqrt{\frac{2 \times 500 \times 50}{2\ 000}} = 5(\text{万吨})$$

可知，该企业每次最佳采购量是5万吨，一年共采购10次（50/5），平均存货量为2.5万吨（5/2）。

【本章小结】

1. 广义的营运资本就是企业的流动资产总额，营运资本可以分为永久性营运资本和临时性营运资本两类。

2. 营运资本管理的政策可以分为保守型融资策略、激进型融资策略和中庸型融资策略三种。

3. 企业持有现金的动机有交易性动机、预防性动机和投机性动机三种。企业现金管理的目标就是在确保企业流动性的前提下，尽量少持有现金，以增强企业的盈利性。

4. 最佳现金持有量的计算有三种经典的模型：成本分析模型、鲍曼模型、米勒—奥尔模型。

5. 企业在投资和管理短期有价证券时，需要考虑以下因素：较低的投资风险；较强的流动性；兼顾投资收益。

6. 持有应收账款的成本可以分为机会成本、管理成本和坏账损失成本三方面。

7. 信用政策包括信用标准、信用期间、现金折扣政策和收账政策，其中最重要的是信用标准的确定。

8. 储备存货的成本包括以下三种：购买成本、订货成本和储备成本。存货的管理方法主要有ABC存货分类管理法和经济订货批量模型。

【重要概念】

营运资本	永久性营运资本	临时性营运资本	保守型融资策略
激进型融资策略	中庸型融资策略	交易性动机	预防性动机
投机性动机	成本分析模型	鲍曼模型	米勒—奥尔模型
应收账款	信用政策	信用标准	信用期间
现金折扣政策	收账政策	ABC存货分类管理法	
经济订货批量模型			

【扩展阅读】

阅读下述营运资金管理的理论探讨和案例分析，进一步深入理解营运资本管理。

1. 张振华，周伟杰．基于随机现金管理模型的流动资产约束参数估计分析［J］．统计与决策，2013（22）：150－153.

2. 张敦力，张今，江新峰．企业营运资金管理问题研究——以格力电器为例［J］．财会通讯，2018（8）：67－71.

3. 付广敏．企业应收账款管理问题探究——以比亚迪股份有限公司为例［J］．财会通讯，2017（29）：72－75.

4. 罗艳妮．区块链技术在应收账款资产证券化中的应用［J］．财会通讯，2021（12）：106－110.

【思考与练习】

1. 如何区别永久性营运资本和临时性营运资本？

2. 保守型融资策略、激进型融资策略和中庸型融资策略各表示什么含义？

3. 企业如何对现金实施有效的管理？

4. 企业应该如何有效管理短期有价证券？

5. 信用政策包括哪些方面的内容？

6. 企业储备存货的意义何在？企业应该如何管理存货？

7. 某公司现金的收支状况比较稳定，计划全年的现金需求量为 1 440 000 元，现金与有价证券的每次转换成本为 800 元，有价证券的利率为 16%，请计算：（1）企业目前持有现金 240 000 元，则机会成本、转换成本和现金管理总成本各为多少元？（2）现金的最佳持有量为多少元？有价证券的交易次数为多少次？交易的时间间隔为多少天？

8. 某企业按“1/20，*n*/30”的条件赊购材料一批，总价款为 100 万元。请计算：（1）若企业在 20 天内付款，计算其免费信用额；（2）若企业在 30 天内付款，计算其商业信用的资金成本（单利）。

9. 某公司年耗用材料 72 000 吨，单位采购成本为 200 元/吨，年单位储存成本为 4 元/吨，平均每次进货费用为 40 元，假设该材料不存在缺货情况。请计算：（1）该材料的经济进货批量；（2）年度最佳进货批次；（3）经济进货批量下的相关总成本。

参考文献

[1] 阿斯沃思·达摩达兰. 应用公司财务（第三版）[M]. 北京：中国人民大学出版社，2012.

[2] 陈信元，陈冬华，时旭. 公司治理与现金股利：基于佛山照明的案例研究 [J]. 管理世界，2003 (8)：118-126.

[3] 赫什·舍夫林. 行为公司金融——创造价值的决策 [M]. 北京：中国人民大学出版社，2007.

[4] 郭崇. 周期性行业企业价值评估方法研究——以海螺水泥为例 [J]. 财会通讯，2018 (29)：7-11.

[5] 郭晓莎，吕素萍. 供应链理论与营运资金管理绩效——基于苏宁供应链运作的案例研究 [C]. 中国会计学会2010年学术年会论文集，2010：217-227.

[6] 付广敏. 企业应收账款管理问题探究——以比亚迪股份有限公司为例 [J]. 财会通讯，2017 (29)：72-75.

[7] 何燕. 投资项目风险分析模型制作——决策树分析与蒙特卡洛模拟的综合运用 [J]. 会计之友（下旬版），2010 (3)：43-46.

[8] 黄婧涵，李奉书. Uber共享型企业价值评估 [J]. 商业经济研究，2018 (7)：104-108.

[9] 霍晓萍，任艺. 企业股权资本成本的估算与分析：2000—2016 [J]. 财会通讯，2019 (20)：81-84.

[10] 黄伟和，郑丕谔. 石油勘探工程三种期权价值分析 [J]. 西安电子科技大学学报（社会科学版），2008 (3)：94-99.

[11] 李心合. 嵌入社会责任的公司财务目标研究（上）[J]. 财会通讯，2010 (1)：17-21.

[12] 李心合. 嵌入社会责任的公司财务目标研究（下）[J]. 财会通讯，2010 (4)：14-17.

[13] 李建凤. 基于企业战略的财务报表分析——以格力电器为例 [J]. 财会通讯，2017 (8)：67-71.

[14] 林玲. CAS 31框架下现金流量表争议项目列报相关问题剖析 [J]. 财会月刊，2018 (7)：94-98.

[15] 林玲. 从项目钩稽关系识别财务报表的异常 [J]. 财会月刊，2020 (5)：76-81.

[16] 黎精明，邱英. 基于实物期权的NPV资本预算方法改进：以地产项目为例 [J]. 财会月刊，2013 (4)：91-93.

[17] 李永吉，汪玉兰，张守文. 企业投资管控制度如何实现学习与创新？——基于三峡集团WACC财务评价体系的案例研究 [J]. 会计研究，2018 (9)：72-79.

[18] 李礼，王曼殊，齐寅峰. 股利政策由谁决定及其选择动因——基于中国非国有上市公司的问卷调查分析 [J]. 金融研究，2006 (1)：74-85.

[19] 李悦，熊德华，张峥，刘力. 公司财务理论与公司财务行为——来自167家中国上市公司的证据 [J]. 管理世界，2007 (11)：108-118.

[20] 李珍，赵慧峰．基于蒙特卡洛模拟市场价倒算法的森林资源资产抵押价值评估［J］．商业会计，2018（2）：83－85.

[21] 罗艳妮．区块链技术在应收账款资产证券化中的应用［J］．财会通讯，2021（12）：106－110.

[22] 马朝阳，李国清，李京娥，胡乃联．基于蒙特卡洛模拟的境外矿业投资风险分析［J］．工业技术经济，2019（3）：110－115.

[23] 乔纳森·伯克，彼得·德马佐．公司理财（第三版）［M］．北京：中国人民大学出版社，2014.

[24] 让·梯若尔．公司金融理论［M］．北京：中国人民大学出版社，2015.

[25] 王洪强，张梦情，程敏．PPP 项目动态调价机制与利益相关方敏感性研究——以污水处理 PPP 项目为例［J］．价格理论与实践，2017（8）：148－151.

[26] 斯蒂芬·A. 罗斯，伦道夫·W. 威斯特菲尔德，杰弗利·F. 杰富，布拉德福德·D. 乔丹．公司理财（第十一版）［M］．北京：机械工业出版社，2017.

[27] 孙铮，刘凤委，李增泉．市场化程度、政府干预与企业债务期限结构——来自我国上市公司的经验证据［J］．经济研究，2005（5）：52－63.

[28] 沈艺峰，肖珉，林涛．投资者保护与上市公司资本结构［J］．经济研究，2009（7）：131－142.

[29] 唐秀球．资本成本：一个由来已久的误解［J］．财会通讯，2020（20）：10－14.

[30] 吴景阳．用净现值评价资本预算时折现率的影响因素分析［J］．商业会计，2011（9）：17－18.

[31] 王化成．面对一张报表，“我”到底要看什么——读《从报表看企业》有感［J］．财务与会计，2013（11）：76－78.

[32] 王跃堂，王亮亮，彭洋．产权性质、债务税盾与资本结构［J］．经济研究，2010（9）：122－136.

[33] 亚当·斯密．国富论［M］．上海：上海三联出版社，2009.

[34] 尹笑雯．收购中的企业价值评估研究——以小天鹅为案例［J］．生产力研究，2010（6）：210－212＋219.

[35] 姚益龙．现代公司理财［M］．北京：机械工业出版社，2010.

[36] 闫骏强．企业现金流量管理研究［J］．山西财经大学学报，2019，41（S2）：65－66.

[37] 余明桂，潘洪波．政治关系、制度环境与民营企业银行贷款［J］．管理世界，2008（8）：9－21.

[38] 谢德仁，刘劲松，廖珂．A 股公司资本回报支付能力总体分析（1998—2018）——基于自由现金流量创造力视角［J］．财会月刊，2020（19）：9－31.

[39] 张新．中国金融学面临的挑战和发展前景［J］．金融研究，2003（8）：36－44.

[40] 张阳．控股股东利益导向与股利政策安排——基于用友软件“高派现”的案例分析［J］．当代财经，2003（10）：54－57.

[41] 张成思．现代金融学的历史演进逻辑［J］．金融评论，2020（3）：1－26.

[42] 张杰．金融学在中国的发展：基于本土化批判吸收的西学东渐［J］．经济研究，2020（11）：4－18.

[43] 朱文莉，白俊雅．“乐视生态”视域下的乐视网财务风险问题研究［J］．会计之友，2017（23）：62－66.

［44］邹颖，汪平．资本成本：概念的演进、困惑与思考［J］．经济与管理研究，2011（11）：61－67.

［45］周远祺，杨金强，刘洋．高能耗企业绿色转型技术的实物期权选择路线［J］．系统工程理论与实践，2019，39（1）：19－35.

［46］张敦力，张今，江新峰．企业营运资金管理问题研究——以格力电器为例［J］．财会通讯，2018（8）：67－71.

［47］张光荣，曾勇．大股东的支撑行为与隧道行为——基于托普软件的案例研究［J］．管理世界，2006（8）：126－135.

［48］张振华，周伟杰．基于随机现金管理模型的流动资产约束参数估计分析［J］．统计与决策，2013（22）：150－153.

［49］郑征，朱武祥．运用复合实物期权方法研究初创企业的估值［J］．投资研究，2017，36（4）：118－135.

［50］Altman E. I. A Further Empirical Investigation of the Bankruptcy Cost Question［J］. The Journal of Finance, 1984, 39（4）: 1067－1089.

［51］Andrade G, Kaplan S N. How Costly is Financial（Not Economic）Distress? Evidence From Highly Leveraged Transactions that Became Distressed［J］. The Journal of Finance, 1998, 53（5）: 1443－1493.

［52］Asquith P, Mullins Jr D W. The Impact of Initiating Dividend Payments On Shareholders' Wealth［J］. Journal of Business, 1983, 56（1）: 77－96.

［53］Bhattacharya S. Imperfect Information, Dividend Policy, and "the Bird in the Hand" Fallacy［J］. The Bell Journal of Economics, 1979, 10（1）: 259－270.

［54］Bar－Or Y D. An Investigation of Expected Financial Distress Costs［R］. Wharton School, University of Pennsylvania, 2000.

［55］Baker M, Ruback R S, Wurgler J. Behavioral Corporate Finance: A Survey［M］. The Handbook of Corporate Finance, Volume 1: Empirical Corporate Finance, edited by Espen Eckbo. New York: Elsevier/North－Holland, 2007.

［56］Baker M, Wurgler J. Market Timing and Capital Structure［J］. The Journal of Finance, 2002, 57（1）: 1－32.

［57］Baker M, Wurgler J. Appearing and Disappearing Dividends: The Link to Catering Incentives［J］. Journal of Financial Economics, 2004, 73（2）: 271－288.

［58］Durand D. Costs of Debt and Equity Funds for Business: Trends and Problems of Measurement［C］. NBER, 1952.

［59］Elton E J, Gruber M J. Marginal Stockholder Tax Rates and the Clientele Effect［J］. The Review of Economics and Statistics, 1970, 52（1）: 68－74.

［60］Fama E F, French K R. Disappearing Dividends: Changing Firm Characteristics or Lower Propensity to Pay?［J］. Journal of Financial Economics, 2001, 60（1）: 3－43.

［61］Fischer E O, Heinkel R, Zechner J. Dynamic Capital Structure Choice: Theory and Tests［J］. The Journal of Finance, 1989, 44（1）: 19－40.

［62］Farra D E, Selwyn L L. Taxes, Corporate Financial Policy and Return to Investment［J］. National Tax Journal, 1967, 20（4）: 444－454.

［63］Graham J R, Harvey C R. The Theory and Practice of Corporate Finance Evidence from the Field［J］. Journal of Financial Economics, 2001, 60（2－3）: 187－243.

[64] Hackbarth D. Managerial Traits and Capital Structure Decisions [J]. Journal of Financial and Quantitative Analysis, 2008, 43 (4): 843 - 881.

[65] Jensen M C. Agency Costs of Free Cash Flow, Corporate Finance, and Takeovers [J]. The American Economic Review, 1986, 76 (2): 323 - 329.

[66] Jensen M C, Meckling W H. Theory of the Firm: Managerial Behavior, Agency Costs and Ownership Structure [J]. Journal of Financial Economics, 1976, 3 (4): 305 - 360.

[67] Kraus A, Litzenberger R H. A State - Preference Model of Optimal Financial Leverage [J]. The Journal of Finance, 1973, 28 (4): 911 - 922.

[68] Leland H E, Pyle D H. Informational Asymmetries, Financial Structure, and Financial Intermediation [J]. The Journal of Finance, 1977, 32 (2): 371 - 387.

[69] Modigliani F, Miller M H. The Cost of Capital, Corporation Finance and the Theory of Investment [J]. The American Economic Review, 1958, 48 (3): 261 - 297.

[70] Miller M H, Modigliani F. Dividend Policy, Growth, and the Valuation of Shares [J]. The Journal of Business, 1961, 34 (4): 411 - 433.

[71] Modigliani F, Miller M H. Corporate Income Taxes and the Cost of Capital: A Correction [J]. The American Economic Review, 1963, 53 (3): 433 - 443.

[72] Myers S C, Majluf N S. Corporate Financing and Investment Decisions When Firms Have Information that Investors Do Not Have [J]. Journal of Financial Economics, 1984, 13 (2): 187 - 221.

[73] Michaely R, Thaler R H, Womack K L. Price Reactions to Dividend Initiations and Omissions: Overreaction Or Drift? [J]. The Journal of Finance, 1995, 50 (2): 573 - 608.

[74] Ross S A. The Determination of Financial Structure: The Incentive - Signalling Approach [J]. The Bell Journal of Economics, 1977: 23 - 40.

[75] Warner J B. Bankruptcy Costs: Some Evidence [J]. The Journal of Finance, 1977, 32 (2): 337 - 347.

[76] Weiss L A. Bankruptcy Resolution: Direct Costs and Violation of Priority of Claims [J]. Journal of Financial Economics, 1990, 27 (2): 285 - 314.

[77] Warner J B, White M J. Bankruptcy Costs and the New Bankruptcy Code [J]. The Journal of Finance, 1983, 38 (2): 477 - 488.